清宫林則徐檔案匯編

24

中國第一歷史檔案館
福建省林則徐研究會
編

海峽出版發行集團
海峽文藝出版社

第二四册　目録

具奏人	事由	日期	頁碼
兩廣總督林則徐奏摺	遵旨審明詹成章京控命案分别定擬	道光二十年七月初七日 一八四〇年八月四日	一
兩廣總督林則徐等奏摺	遵旨議覆葉紹本奏捕盜事宜謹就粤省情形力加整頓	道光二十年七月初七日 一八四〇年八月四日	一一
兩廣總督林則徐等奏摺	廣東道光二十年春夏二季各府州屬續獲陸亞裕等人犯多名	道光二十年七月初七日 一八四〇年八月四日	一八
兩廣總督林則徐奏摺	遵旨查明廣西平樂柳州二府現無習教匪徒	道光二十年七月初七日 一八四〇年八月四日	二五
兩廣總督林則徐等奏片	密陳重賞定海軍民人等誅滅英兵	道光二十年七月初七日 一八四〇年八月四日 *	三一

具奏人	事由	日期	頁碼
兩江總督伊里布等奏摺	遵議林則徐等奏漕務條陳勿庸置議江蘇漕務仍恪守舊章	道光二十年七月十六日 一八四〇年八月十三日	三六
兩江總督伊里布奏片	請再敕兩廣總督林則徐速即多派水師赴浙會剿	道光二十年七月十六日 一八四〇年八月十三日	四〇
兩廣總督林則徐題本	題參惠潮嘉道王貽桂等員疎防私梟被奪脱逃限滿人犯未獲	道光二十年七月十八日 一八四〇年八月十五日	四三
兩廣總督林則徐題本	題參廣西前任右江道林紱等員疎防命案限滿兇犯未獲	道光二十年七月十八日 一八四〇年八月十五日	五三
兩廣總督林則徐題本	題參廣東分巡高廉道易中孚等疎防劫財命案限滿兇犯未獲	道光二十年七月十八日 一八四〇年八月十五日	六四
兩廣總督林則徐題本	題參廣西左江道卞斌等員疎防搶牛命案限滿兇犯未獲	道光二十年七月十八日 一八四〇年八月十五日	七五
兩廣總督林則徐題本	題參惠潮嘉道王貽桂等員疎防搶案限滿贓犯未獲	道光二十年七月十八日 一八四〇年八月十五日	八六
兩廣總督林則徐題本	題參惠潮嘉道王貽桂等員疎防竊案限滿贓犯未獲	道光二十年七月十八日 一八四〇年八月十五日	九六
兩廣總督林則徐題本	劉文龍奉旨勒休雲騎尉世職請以嫡長子劉世斌補襲	道光二十年七月十八日 一八四〇年八月十五日	一〇七
兩廣總督林則徐等奏摺	遵旨查禁陳文翥所陳吏治積習以端吏治	道光二十年七月十九日 一八四〇年八月十六日	一一七

文件	事由	日期		頁碼
兩廣總督林則徐等奏片	請王篤暫留廣東署理臬篆俟臬司回任即令其交卸起程	道光二十年七月十九日 一八四〇年八月十六日		一二四
兩廣總督林則徐奏摺	遵旨查明廣東合浦縣現無囤販栽種罌粟並包庇情形	道光二十年七月十九日 一八四〇年八月十六日		一二六
兩廣總督林則徐等奏摺	英國在粤兵船擄船尋釁現續添兵勇酌籌剿堵情形	道光二十年七月十九日 一八四〇年八月十六日		一三六
兩廣總督林則徐奏片	粤省防務堵禦喫緊舟師驟難分遣赴浙	道光二十年七月十九日 一八四〇年八月十六日		一四四
兩廣總督林則徐奏片	密陳譯出英人信件探聞定海英兵情形	道光二十年七月十九日 一八四〇年八月十六日		一四八
兩廣總督林則徐奏片	副將陳朝良帶兵出洋剿辦請暫緩赴部引見	道光二十年七月十九日 一八四〇年八月十六日	*	一五一
兩廣總督林則徐等奏摺	粤省道光十九年份徵收新舊錢糧三年比較盈絀數目	道光二十年七月十九日 一八四〇年八月十六日	※	一五三
兩廣總督林則徐等清單	粤省道光十九年份徵收新舊錢糧比較上三年盈絀數目清單	道光二十年七月十九日 一八四〇年八月十六日	※	一五七
兩廣總督林則徐等奏摺	審明已故龍門縣知縣章芳僞家丁挪移倉庫錢糧分別定擬	道光二十年七月二十一日 一八四〇年八月十八日		一六四
上諭	著照林則徐等所請給還始興縣知縣莫春暉頂戴	道光二十年七月二十二日 一八四〇年八月十九日		一七五

兩廣總督林則徐等奏摺	拏獲迭劫及在逃多年盜犯審明分別辦理	道光二十年七月二十二日 一八四〇年八月十九日 ※	一七六
兩廣總督林則徐等奏摺	廣東省續獲鴉片人犯烟具確核實數	道光二十年七月二十四日 一八四〇年八月二十一日 ※	一九〇
兩廣總督林則徐等奏片	嚴拏鴉片重辦栽贓情形	道光二十年七月二十四日 一八四〇年八月二十一日 ※	一九五
兩廣總督林則徐奏片	請於關鹽盈餘項内動支修造參戰師船	道光二十年七月二十四日 一八四〇年八月二十一日 ※	一九九
上諭	著恪守漕運舊章金應麟林則徐等所奏變通事宜毋庸議	道光二十年八月初六日 一八四〇年九月一日	二〇二
兩廣總督林則徐奏摺	遵旨審明海陽縣民羅德茂京控五命案分別定擬	道光二十年八月十二日 一八四〇年九月七日	二〇四
兩廣總督林則徐等奏摺	審明出洋潛買鴉片入口囤積發賣各犯分別擬辦	道光二十年八月十二日 一八四〇年九月七日	二二〇
兩廣總督林則徐奏摺	廣東防務喫緊陸路提督郭繼昌請俟防務辦定後再請陛見	道光二十年八月十二日 一八四〇年九月七日	二三〇
兩廣總督林則徐等奏摺	拏獲迭劫逸犯陳亞幅審明擬斬立決梟示	道光二十年八月二十二日 一八四〇年九月十七日	二三四
兩廣總督林則徐等奏摺	拏獲在逃多年逸盜陸亞容審明擬斬立決梟示	道光二十年八月二十二日 一八四〇年九月十七日	二四〇

文件	事由	日期	頁碼
兩廣總督林則徐等奏摺	續獲在逃多年劫盜李亞二審明擬斬立決梟示	道光二十年八月二十六日 一八四〇年九月二十一日	二四六
兩廣總督林則徐等奏摺	拏獲迭劫盜犯關幡隴等審明分別辦理	道光二十年八月二十六日 一八四〇年九月二十一日	二五一
兩廣總督林則徐奏摺	恭讀批諭自請從重治罪	道光二十年八月二十九日 一八四〇年九月二十四日	二六〇
兩廣總督林則徐等奏摺	審明行劫餉銀盜犯分別擬辦官昕請賞還頂戴	道光二十年八月二十九日 一八四〇年九月二十四日 *	二六四
兩廣總督林則徐等奏摺	審明迭劫並拒捕致斃綫人盜犯分別定擬向培芳請開復原官	道光二十年八月二十九日 一八四〇年九月二十四日 *	二七五
兩廣總督林則徐題本	題參署廣東督糧道洪錫豫等員疎防渡船劫案限滿贓犯未獲	道光二十年八月二十九日 一八四〇年九月二十四日	二八九
兩廣總督林則徐題本	題參分巡惠潮嘉道王貽桂等員疎防竊案限滿贓犯未獲	道光二十年八月二十九日 一八四〇年九月二十四日	三〇〇
兩廣總督林則徐題本	題參分巡惠潮嘉道王貽桂等員疎防劫案限滿贓犯未獲	道光二十年八月二十九日 一八四〇年九月二十四日	三一二
上諭	著照部議林則徐鄧廷楨予以革職	道光二十年九月初八日 一八四〇年十月三日	三二三
署理吏部尚書敬徵等奏摺	遵旨嚴議林則徐應照溺職例革職鄧廷楨應行革任	道光二十年九月初八日 一八四〇年十月三日	三二四

署理兵部尚書賽尚阿等題本	題議林則徐所劾廣東武官楊映奎等應革職陳永揚等應勒休	道光二十年九月十三日 一八四〇年十月八日	三二九
欽差大臣兩江總督伊里布奏摺	粵省所探尚有不實不盡林則徐所陳破敵之策窒礙難行	道光二十年九月十四日 一八四〇年十月九日	三三五
兩廣總督林則徐等奏摺	請以張熙宇調補番禺縣知縣	道光二十年九月十四日 一八四〇年十月九日	三四三
兩廣總督林則徐奏摺	核銷粵省代修福建遭風師船	道光二十年九月十四日 一八四〇年十月九日	三四八
兩廣總督林則徐奏摺	遵查由閩粵竄入江西匪徒情形遴員馳赴大埔兜擒	道光二十年九月十四日 一八四〇年十月九日	三五三
兩廣總督林則徐奏片	覆奏出洋剿辦英軍情形並遵旨防範	道光二十年九月十四日 一八四〇年十月九日 *	三五八
兩廣總督林則徐奏片	水陸剿辦英軍出力王鵬年請賞戴花翎馬辰請開復遊擊	道光二十年九月十七日 一八四〇年十月十二日 ※	三六四
兩廣總督林則徐奏片	閩省咨借火藥已飭潮州各營撥解赴閩	道光二十年九月十七日 一八四〇年十月十二日 ※	三六六
兩廣總督林則徐等奏摺	請以梁星源調補南海縣知縣	道光二十年九月二十三日 一八四〇年十月十八日	三六八
兩廣總督林則徐等奏摺	廣東省徵收道光二十年上忙錢糧銀兩數目	道光二十年九月二十三日 一八四〇年十月十八日	三七二

兩廣總督林則徐等奏摺	廣東省道光二十年八月份收捐監生銀數已足委員解部	道光二十年九月二十三日 一八四〇年十月十八日	三七六
兩廣總督林則徐等奏摺	審明出洋潛買鴉片烟販陳亞幅擬斬立決梟示	道光二十年九月二十三日 一八四〇年十月十八日	三八一
兩廣總督林則徐題本	題報交卸兩廣督篆日期	道光二十年九月二十五日 一八四〇年十月二十日	三八六
兩廣總督林則徐題本	題參分巡惠潮嘉道王貽桂等員疎防竊案限滿贓犯未獲	道光二十年九月二十五日 一八四〇年十月二十日	三九一
兩廣總督林則徐題本	題參署廣東督糧道洪錫豫等員疎防行舟劫案限滿贓犯未獲（破損）	道光二十年九月二十五日 一八四〇年十月二十日	四〇一
署理兵部尚書賽尚阿等題本	題請如林則徐所請以祺壽陞補廣東黃岡協副將赴部引見	道光二十年九月二十七日 一八四〇年十月二十二日	四一三
上諭	著准林則徐等奏官昕疎防限内獲犯過半賞還頂戴	道光二十年九月二十九日 一八四〇年十月二十四日	四二〇
上諭	著准林則徐等奏向培芳二參限内斃命正兇戈獲從犯開復原官	道光二十年九月二十九日 一八四〇年十月二十四日	四二一
兩廣總督林則徐奏片	密陳查辦鴉片不能歇手並請戴罪赴浙隨營效力	道光二十年九月二十九日 一八四〇年十月二十四日 ※	四二三
上諭	著照林則徐所請以張熙宇調補廣東番禺縣知縣	道光二十年十月十七日 一八四〇年十一月十日	四二八

題名	事由	日期	頁碼
上諭	著照林則徐等所請以梁星源調補廣東南海縣知縣	道光二十年十月三十日 一八四〇年十一月二十三日	四二九
吏科給事中周春祺奏摺	密奏林則徐在粵防堵周密可令其獨當一面戴罪圖功	道光二十年十二月十七日 一八四一年一月九日	四三〇
閩浙總督顏伯燾等奏摺	瀝陳准林則徐鄧廷楨戴罪自贖馳驛赴浙會同籌辦攻勦	道光二十一年正月初六日 一八四一年一月二十八日	四三四
兩廣總督祁𡎴等奏摺	恩賞林則徐四品卿銜代奏謝恩並報馳赴浙江日期	道光二十一年閏三月二十日 一八四一年五月十日	四三九
欽差大臣兩江總督裕謙奏摺	密請賞派林則徐會同余步雲籌辦防勦事宜	道光二十一年四月十八日 一八四一年六月七日	四四四
浙江巡撫劉韻珂奏摺	代奏林則徐馳抵浙江候旨日期	道光二十一年四月二十二日 一八四一年六月十一日	四五三
閩浙總督顏伯燾奏片	密陳裕謙可當廣東之任並以林則徐為副當能得力	道光二十一年五月二十六日 一八四一年七月十四日	四五七
上諭	著免林則徐遺戍即發往東河效力贖罪	道光二十一年七月初三日 一八四一年八月十九日	四六〇
上諭	著裕謙等飛飭沿途令林則徐折回東河效力贖罪	道光二十一年七月初三日 一八四一年八月十九日	四六一
上諭	著牛鑑等截留林則徐飭令迅速折回東河效力贖罪	道光二十一年七月初六日 一八四一年八月二十二日	四六二

題名	事由	日期	頁碼
署理江蘇巡撫程矞采奏片	飛飭沿途暨護解委員林則徐即令遵旨速赴東河效力贖罪	道光二十一年七月十五日 一八四一年八月三十一日	四六三
河南巡撫牛鑑奏片	林則徐未據各屬稟報前來已遣弁探視飭令迅速來豫效力	道光二十一年七月二十日 一八四一年九月五日 ※	四六五
兩江總督裕謙奏片	林則徐計未出江南省境已飭沿途飭令兼程速赴東河	道光二十一年七月二十七日 一八四一年九月十二日 ※	四六七
南河總督麟慶奏摺	代奏林則徐蒙恩改發東河效力贖罪謝恩	道光二十一年八月初四日 一八四一年九月十八日	四六九
浙江巡撫劉韻珂奏片	林則徐計未出江境已移咨沿途各督撫轉飭速赴東河	道光二十一年八月十七日 一八四一年十月一日 ※	四七四
署理東河總督王鼎等奏片	林則徐抵工日期	道光二十一年八月二十一日 一八四一年十月五日 ※	四七六
署理東河總督王鼎等奏片	派令林則徐襄辦文案稽核總局	道光二十一年九月初二日 一八四一年十月十六日 ※	四七七
上諭	著王鼎等具奏東河辦理情形並林則徐辦工一切是否必要	道光二十一年十月二十五日 一八四一年十二月七日	四七八
署理東河總督王鼎等奏摺	張兆舊疾未復已飭令回江南林則徐辦工籌劃周詳深資得力	道光二十一年十一月初三日 一八四一年十二月十五日	四八〇
上諭	著王鼎等趲工及早合龍督飭林則徐董率工員趕緊催辦	道光二十一年十一月初八日 一八四一年十二月二十日	四八四

上諭	東河合龍在即著林則徐即行起解仍發伊犁效力贖罪	道光二十二年二月初七日 一八四二年三月十八日	四八六
欽差大臣王鼎等奏片	林則徐東河效力深資得力惟係革任總督恭候聖裁	道光二十二年二月十六日 一八四二年三月二十七日 ※	四八七
上諭	辦理洋務情形及為民除害本意	道光二十二年四月 一八四二年五月 *	四八八
兩廣總督祁𡎴題本	前任總督林則徐盤查廣西各屬道光十九年倉貯米穀數（首缺）	道光二十二年十月二十七日 一八四二年十一月二十九日	四九三
伊犁將軍布彥泰等奏片	奏報文沖林則徐到戍日期並當差情形	道光二十二年十一月初十日 一八四二年十二月十一日	五一七
上諭	著祁𡎴查明覆奏波啓善奏經林則徐派往澳門與英接仗情形	道光二十三年七月二十一日 一八四三年八月十六日	五一八
湖廣總督裕泰等奏片	林則徐等籌防襄河生息經費請留濟修濬江漢緊要隄河工程	道光二十三年閏七月十四日 一八四三年九月七日 *	五一九
御史福珠隆阿奏片	林則徐馭英商太過現粵督撫一味曲順均足誤事請宸衷獨斷	道光二十三年九月十九日 一八四三年十一月十日 *	五二三
上諭	著布彥泰傳諭派員隨林則徐履勘阿克蘇烏什和闐庫車情形	道光二十四年十月二十九日 一八四四年十二月八日	五二四
伊犁將軍布彥泰奏片	密陳林則徐承修龍口首段工竣實為人才難得請弃瑕録用	道光二十四年十月 一八四四年十一月 *	五二六

具文者	事由	日期	頁碼
上諭	著布彦泰傳諭林則徐一併履勘喀什噶爾荒地	道光二十四年十二月初八日 一八四五年一月十五日	五二九
伊犁將軍布彦泰奏摺	代奏林則徐履勘南路荒地謝恩並請暫留全慶會勘	道光二十四年十二月十四日 一八四五年一月二十一日	五三一
上諭	著布彦泰准令全慶暫緩北上會同林則徐履勘阿克蘇等處荒地	道光二十五年正月十四日 一八四五年二月二十日	五三九
伊犁將軍布彦泰奏片	林則徐起程日期已恭録諭旨飛行其欽遵前赴喀什噶爾	道光二十五年正月二十六日 一八四五年三月四日	五四一
前任喀喇沙爾辦事大臣全慶奏摺	林則徐經行喀喇沙爾並卸篆起程會勘日期	道光二十五年二月初八日 一八四五年三月十五日	五四五
伊犁將軍布彦泰奏片	全慶不日可行抵庫車會同林則徐履勘荒地	道光二十五年二月十五日 一八四五年三月二十二日	五四九
上諭	著全慶會同林則徐親赴喀喇沙爾覆勘墾荒情形	道光二十五年三月初七日 一八四五年四月十三日	五五一
伊犁將軍布彦泰奏摺	全慶林則徐呈報勘明庫車地畝體察實在情形請給回耕種	道光二十五年三月二十四日 一八四五年四月三十日	五五二
上諭	著布彦泰核明具奏全慶林則徐勘明妥議和爾罕墾荒情形	道光二十五年四月十七日 一八四五年五月二十二日	五六一
上諭	著布彦泰體察回情不强所難毋稍遷就傳諭全慶林則徐知之	道光二十五年五月初九日 一八四五年六月十三日	五六二

上諭	著布彦泰會同德全核明全慶林則徐查勘庫車濬渠各情形	道光二十五年五月二十九日 一八四五年七月三日	五六四
軍機大臣穆彰阿等奏摺	布彦泰奏撤烏什屯兵地畝撥回耕種議改汛兵亟招民户認種	道光二十五年六月初七日 一八四五年七月十一日 ＊	五六六
上諭	著全慶會同林則徐履勘伊拉里克墾荒情形	道光二十五年六月十九日 一八四五年七月二十三日	五七七
軍機大臣穆彰阿等奏摺	會議阿克蘇新墾地畝給回一節請飭布彦泰等覆加酌核	道光二十五年六月二十三日 一八四五年七月二十七日 ※	五七八

審擬詹成章京控案由

林則徐

發〇

奏

八月初十日

兩廣總督林則徐奏摺　遵旨審明詹成章京控命案分別定擬
道光二十年七月初七日

兩廣總督臣林則徐跪
奏為京控命案遵
旨審明定擬恭摺具
奏仰祈
聖鑒事竊由廣東饒平縣已革生員詹成章以伊
堂兄詹開基被陳成毆傷斃命陳昂甘
賄買朱肇朱才冒認嚴就指控陳阿岩為
正兇賄賂丁役弊延歷控不訊呈催被革生籍
赴都察院衙門呈控訊供具
奏奉
旨此案著交鄧廷楨親提人證卷宗秉公嚴訊
按律定擬具奏原告生員詹成章該部照例解

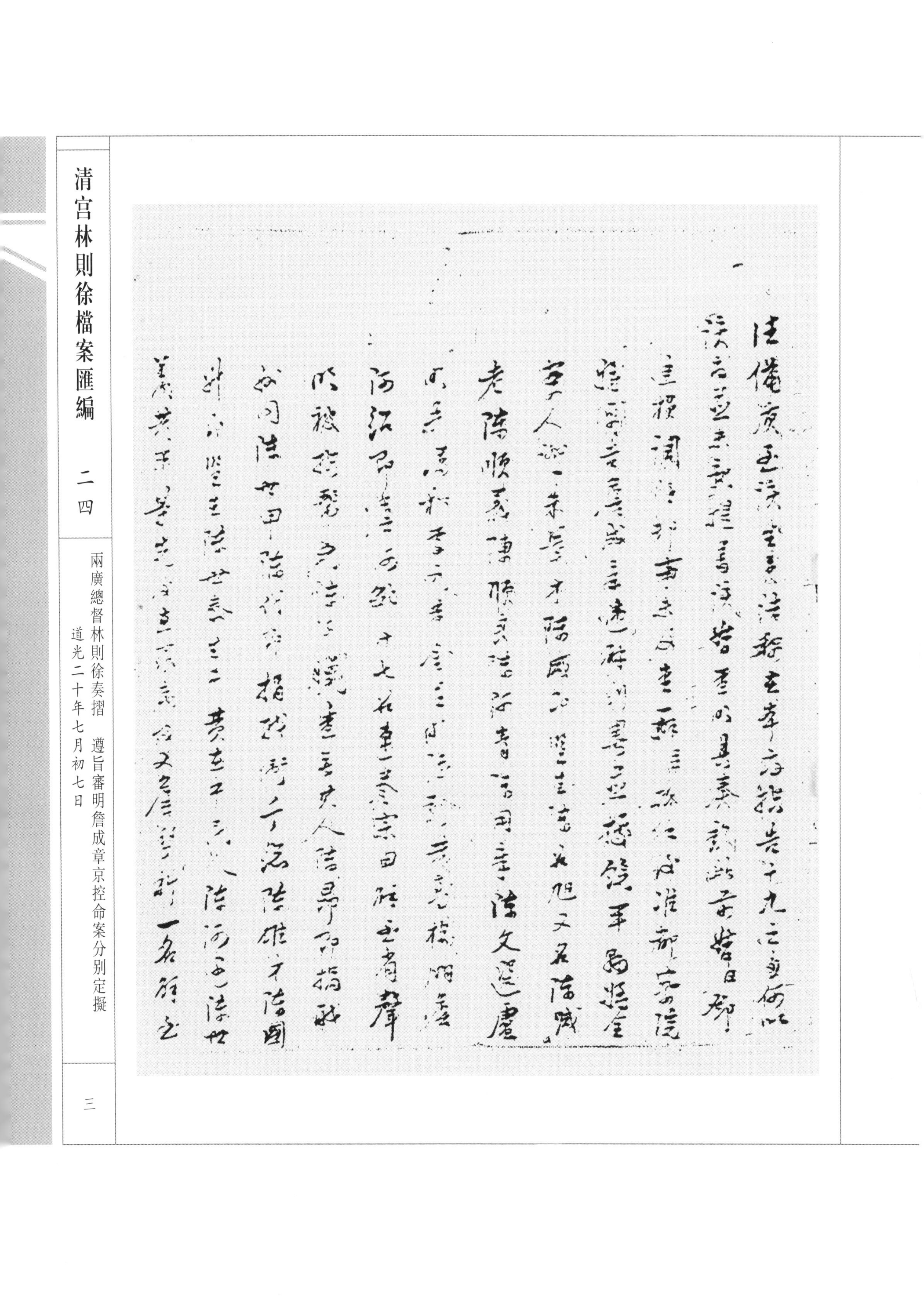

兩廣總督林則徐奏摺 遵旨審明詹成章京控命案分別定擬
道光二十年七月初七日

申冤應控之據得旨飭發審由署廣東臬
司王篤會同署鹽運司恩用暨前署廣州府知
府余保純等鞫供詳解前來臣親提研訊緣
已革生員詹成章與朱峯等均籍隸饒平縣
詹成章於道光十二年歲考入學已故朱阿枝
本係詹成章族伯之子因其嫡母王氏於乾隆五
十八年改嫁朱峯為妻朱阿枝甫才三歲與
未周歲之胞弟阿才俱隨母從與朱峯為子即
從朱姓經朱峯撫養成人已四十餘年與詹姓素
無往來詹姓並不認取歸宗平日亦無仇隙
道光十五年正月十七日朱阿枝在村外牧牛有
鄉鄰陳阿岩與陳阿通等迎神經過踹壞朱峯

田內麥株，朱阿枚看見上前斥罵。李姓陳阿岩
不依，口角致相爭鬧。朱阿枚舉拳撲毆，陳阿岩
閃側避，繼攜帶艾竹銃轟打。朱阿枚轉身走
避不及，被砂子致傷腿，彼撲跌倒地，有廖阿經見
喝阻，陳阿岩當時逃逸。廖阿報知朱舉往看，問
明情由，扶回醫治。朱阿枚傷重，移時身死。朱舉
投同地保吳清和報，經饒平縣知縣張文化訊
驗通詳，批飭勒緝。嗣因限屆，將承緝不力各文
武失察竹銃戕命一併咨參。該監生詹成章因
隔村之陳昂即陳成即陳賊老等家資殷實，
起意捏告圖詐銀兩，與堂兄詹雙科商明，將朱
阿枚捏作詹閔墓佃，被陳成傷斃。朱舉、朱才胃

認屍親報驗並以陳昂陳代陳國升從中主令及
陳順義陳順良陳阿青陳阿臘出場幫兇速須
赴縣具控誤聽張文代因素經訊明陳阿岩實為
致死朱阿枝正兇眾供確鑿詹成章擬抵爲人
數係藉命圖詐未經推理詹成章又屢安情節
將死者朱阿枝戚親兄戚孫查兄添砌生員
黃本中串同門丁孫三捕書黃金呂明孫差張
珍黃高劉嶸李年張庄黃隆王貴鍾傳黃杰
受賄包庇並將毫不干之生員楊湖及生員遞具賄
保之生之生監陳用年陳文選陳步陞即陳善
推陳國光民人陳世貴指為包攬插訟疊赴
督撫臬司學政道府衙門呈控嗣解省節次飭

二四

兩廣總督林則徐奏摺　遵旨審明詹成章京控命案分別定擬
道光二十年七月初七日

差茲委員赴省提詹成章逐款研審由司飭
將詳等勒拘詹成章遞赴都察院呈控
奏奉
諭旨遞回審辦茲經提集人證訊悉前情嚴詰朱
岸等呈供朱阿枝妻被陳阿岩一人毆斃與
陽村之陳成香無干陳阿陳日卯等亦無主使幫兇及
賄囑急誣情事質之詹成章供認所控各情虛
係因訴捏砌詮告不肯逐呈人證衆供並因
復經遞飭查擬越赴京告未一不實其余証
十人以上尚皆空言牽誣此案之案生炎
詹成章藉命評指多人均係証捏自甘認罪
擬之案生炎詹成章合依蓄意越赴未告壹

事不實各全註十人以上發邊遠充軍例發邊遠
充軍詹雙科雖從詹成章在本省聲控列
名出控本有不合業已病故應毋庸議朱阿教
被陳阿岩毆傷之際陳阿肖覆以往兄喝阻其來
非之先又經伊胞兄朱學向伊根由且受傷止
腦後一處陳成印照陳名旭又名陳喊老係被
註指正兇與陳順義陳順良陳阿肖係在場
幫毆均屬不信朱學朱才與無有案阿教一
為詹胞父一併與毋庸本應報驗並非昌認錯
原稟詹阿招即詹卿訊無妄混詹詹成章證告
生監陳用章陳文選應其保呈誤移詹阿招
事在己于未訊之前換質言明生員楊洲已去

免擬。揭陽縣訊無賄庇之書差黃金名以
張珩、黃高女、兄謹、鄭靈、吳濤、和李元均
毋庸議，概予省釋。案內人證並免提質，以省拖
累。其詹阿岩傷詳報日期，語為詹成章告潮
州府捏告，業經該府照例提同詹成章歷延
致未完結，合併聲明。除備錄全案供招分咨刑
部暨都察院外，所有審明定擬緣由，謹恭
摺具
奏。伏乞
皇上聖鑒，敕部核覆施行。謹
奏。
道光二十年八月初十日奉

硃批刑部議奏欽此

七月初七日

兩廣總督林則徐等奏摺　**遵旨議覆葉紹本奏捕盜事宜謹就粤省情形力加整頓**

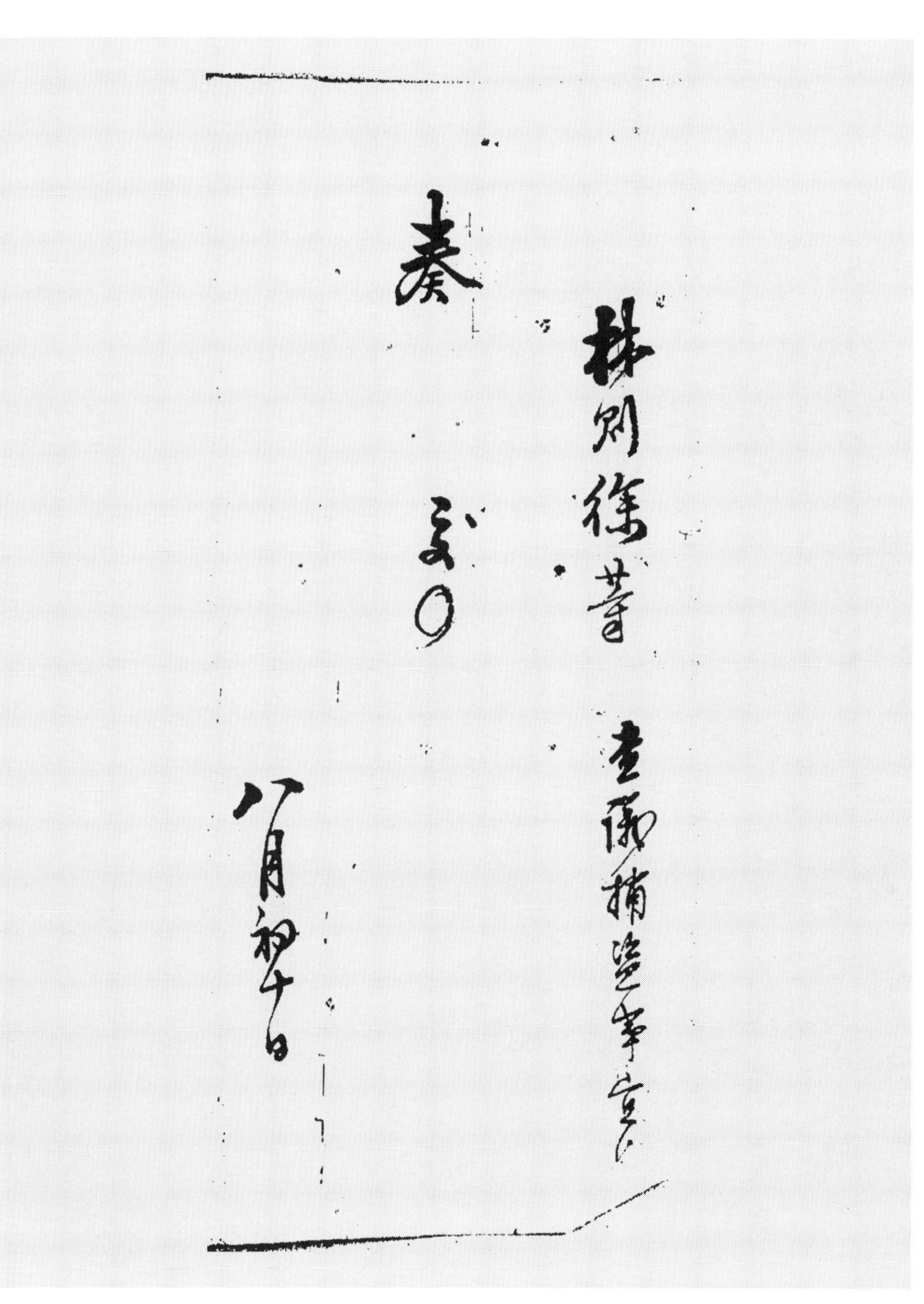
奏
林則徐等
查議捕盜事宜
奏○
八月初十日

二四

兩廣總督林則徐等奏摺　遵旨議覆葉紹本奏捕盜事宜謹就粵省情形力加整頓

道光二十年七月初七日

兩廣總督臣林則徐
廣東巡撫臣怡良　跪

奏為遵
旨議覆捕盜事宜謹就粵省情形力加整頓恭摺覆
奏仰祈
聖鑒事竊准部咨欽奉
上諭鴻臚寺少卿葉紹本奏捕盜事宜一摺著交
督撫妥議具奏欽此臣等查原奏臚列四條如
會鄰封協捕嚴懲牌保容留守汛宜責同村窩案
各款事主俱皆申明定例自宜實力奉行況粵省
盜賊視他省為尤熾是以例上另立專條以廣東
內河劫案聚眾四十人以上或行劫三次或脫逃
二三年後就獲者斬決梟示奏請

奉命先行正法，誠以海濱寥野，不得不加倍從嚴也。臣
等竊見廣東強盜之難，別有較諸而尋常之獎
不與焉。一則良盜雜處也。他省之民，良自良而盜
自盜；廣東不然，平時耕種之民，遇有貧乏，便行
劫良，但以發財三字隨聲招呼，不啻同往。
故同上盜之人，彼此每不相識，即人數亦無可稽。
甚至田舍素封、衣冠巨族，亦皆染於一試。若惠潮
地方，則竟有以盜起家，積困克典，太多不致破
案，人不敢指，官不得拿者，其有通族皆盜、通
鄉皆盜，一舉即恐滋事，不得不累審機宜，設
法誘獲。在此治風所以未靖也。一則互劫難防
也。他省之盜只圖得財，廣東之盜兼因仇起

此村往刼彼村此鄉往刼彼鄉為盜之淵藪
窩者竟以捷舉行強被盜之家即呈控執兇
犯人報復逃去者遇則彼此互控或匿不具情呈
指為外盜主謀報官家為窩主案情愈紛歧之
又歧此盜情所以未易詰也一則原嫌雖起也盜
案以嫌為湧嫌真擬盜確報到着緝盜之法
以查嫌為先廣東則從嫌據起經場無不立時
賣事及互振持借為大都不識姓名是以歷盜
之案獲嫌者少之又少獲案每即查獲案情亦
皆實准此案歷久擬從嚴辦法今已有全通案
起嫌及殷戶保舊錯內商鋪衣莊安頓而犯之
叛處案之無容將因是為虞緝無難法之未易

兩廣總督林則徐等奏摺 遵旨議覆葉紹本奏捕盜事宜謹就粵省情形力加整頓

道光二十年七月初七日

輕縱也。一則獲犯雖多也。訪聞粵東匪盜每多失窩
綫親信函差之蹤，擒要以逕破案，到案後紛紛
自題刑不相供指，即獲正賊，嚴訊供出同夥，知會
即飭雖傳到審，居言時看釋，其人業已安寫為
盜夥素使供出，聞風潛不遠颺他方，皮即設法
訪查，雖得手至各紳衿中每有收匪侶
良之民夠名起，自何時至於所保所收未著名
當途者之所漸成，積慣雖多，黑白混淆。臣等雖
當諭令禁止，以杜流弊，此查得之未易得實也。一
則花紅難信也。廣東積習，官欲獲盜，每張出
花紅賞格，為盜為此逸，沒竟成常例，盜愈甚而
則花紅愈重，甚至積至盈田，即七八萬，兇得其

二四　兩廣總督林則徐等奏摺　遵旨議覆葉紹本奏捕盜事宜謹就粵省情形力加整頓

道光二十年七月初七日

有關於官吏，自每家家親鄰會以居為奇貨

即臣等亦有欲禁而不能禁之勢，況義紅

而外解犯難免所費尤為每地方官年逾數起

案贖罪之多端恐開賄賂之漸此經費之未易

措籌也以上各情形臣等惟有隨地隨時力加整

頓從如求豫實務不使徒託空言即如保甲

而保甲之源而奉行聯循故事巡警而講釋

之要而奏用鄉兵得人凡水路之巡緝陸路

之更練派撥之速捕保甲均不許有名無實

際本年春夏二季獲犯一千三百八十八名在省

報殺

臺外仍惟督飭文武各員勤益加勤密要

求寓永奠雍熙以仰副

聖主綏靖海疆除暴安良之至意所有遵

旨查議緣由據司道會詳前來謹合詞恭摺覆

奏伏乞

皇上聖鑒謹

奏

道光二十年八月初十日奉

硃批依議認真嚴辦欽此

七月初七日

两广总督林则徐等奏摺　**广东道光二十年春夏二季各府州属续获陆亚裕等人犯多名**

林则徐等　续获逆犯陆亚裕等由

奏。

览。

八月初十日

兩廣總督林則徐等奏摺　廣東道光二十年春夏二季各府州屬續獲陸亞裕等人犯多名

道光二十年七月初七日

兩廣總督臣林則徐
廣東巡撫臣怡良跪
奏為廣東省各府州屬續經拏獲匪犯多名恭摺具
奏仰祈
聖鑒事竊臣等於本年春間將上年秋冬二季各屬
拏獲匪犯九百九十三名覈數彙
奏並聲明仍嚴拏緣由在案
硃批查緝甚好欽此欽遵在案本年以來臣等復飭
歷年承指盜劫擄窩各案因供出未獲逸犯並
訪出未經破案之新匪逐一開具姓名里籍
貫年貌及勾結往來蹤跡密飭水陸文武無分畛
域隨處偵拏又於廣州府屬派道專委督標水
師營參將收性試選帶弁兵加駕舢舨械與順德香

山新會各協營會同兜拏，共購覓眼線，則責之府縣；此外惠潮嘉南韶連肇羅各屬，亦皆責令文武大員親往督辦，不許稍涉懈弛。計自本年正月起截至六月底止，除所獲務詳匯業已分案

奏咨，並各案命犯不計外，續獲廣州府屬之南海縣拏獲犯陸亞裕等一百八十六名，番禺縣拏獲犯關亞煊等五十三名，東莞縣拏獲犯陸亞勇等二十二名，順德縣拏獲犯陸亞春等一百七十九名，新會縣拏獲犯鄧亞興等一百六十六名，香山縣拏獲犯關其昌等八十三名，清遠縣拏獲犯麥亞茂等三十八名，三水、增城、新安、新寧、龍門、從化各縣拏獲犯徐青等六十一名，韶州府屬

兩廣總督林則徐等奏摺　廣東道光二十年春夏二季各府州屬續獲陸亞裕等人犯多名

道光二十年七月初七日

之曲江縣拏獲犯劉老七等三十七名樂昌仁化
翁源英德乳源各縣拏獲犯劉一枝花等一百
十八名惠州府屬之歸善縣拏獲犯黃晝兒
四等八十名博羅縣拏獲犯葉亞新等二十四名
河源陸長寧龍川和平連平永安縣拏獲犯
李捐等二十七名潮州府屬之海陽潮陽揭陽饒
平普寧惠來澄海各縣拏獲犯鄭阿饒等一
百零六名肇慶府屬之高要陽春鶴山高
明恩平開平四會德慶封川廣寧陽江各州
縣拏獲犯呂亞滿等九十名高州府屬之茂名
石城各縣拏獲犯林亞瓜仔等二名雷州府屬之
遂溪縣拏獲犯李亞發一名廉州府屬之合浦

欽州各州屬拿獲犯范秀芳等五名，瓊州府屬之崖州、瓊山各州屬拿獲犯鍾理法等十九名，羅定州及西寧、東安各屬拿獲犯郭亞汶等十二名，嘉應州及平遠、鎮平、興寧、長樂各州屬拿獲犯洪亞成等二十九名，南雄州及始興屬拿獲犯劉壯秋等二十四名，連州及陽山各州屬拿獲犯麥亞乃等十五名，連山綏猺廳拿獲犯阮文才一名，統計六個月內拿獲匪犯共一千三百八十八名，其餘程稱遠等報案到者不在此數之內。臣等查近來所獲多係外洋、內河及陸路劫搶擄贖搶擄拐帶各重犯，且積上在逃多年，今始就獲，自本年

兩廣總督林則徐等奏摺 廣東道光二十年春夏二季各府州屬續獲陸亞裕等人犯多名 道光二十年七月初七日

與販運之陳華陸亞三而外幾名巨匪指不勝屈故
有一犯就獲而數鄉相慶者其餘拚命打單查
審嚇詐至案後往脫逃之犯應審亦皆不少除
將情重之犯飭速研訊確情由臣依照新章擬辦具
奏其及從犯即由節節審擬並令地方官作速
訊詳分別發落何再通飭各屬隨時隨地認
真設法購緝務使匪徒絕跡以靖地方不得日
久懈生弛從滋偽外所有本年春夏二季各府
州屬續獲匪犯多名緣由臣等謹合詞恭摺具
奏伏乞
皇上聖鑒謹
奏
硃批：知道了。欽此。
道光二十年八月初十日奉

兩廣總督林則徐等奏摺　廣東道光二十年春夏二季各府州屬續獲陸亞裕等人犯多名

道光二十年七月初七日

遵旨查廣西平樂柳二府並無習教匪徒等由

林則徐

奏 ○ 旨隨交

八月十一日

兩廣總督林則徐奏摺　遵旨查明廣西平樂柳州二府現無習教匪徒　道光二十年七月初七日

兩廣總督林則徐奏摺 遵旨查明廣西平樂柳州二府現無習教匪徒 道光二十年七月初七日

兩廣總督臣林則徐跪

奏為遵

旨查明廣西省平樂柳州二府現無習教匪徒

仍飭隨時嚴行查拏緣由恭摺

奏仰祈

聖鑒事竊臣承准軍機大臣字寄奉

上諭有人奏湖南廣西兩省有傳習邪教斷絕葷

腥煉丹運氣只傳授之書則有性命圭旨刻本

醫注大學鄉民被誘執迷不悟者不少湖南之

寶慶常德廣西之平樂柳州傳習尤眾地方官

雖出示嚴禁每因只剿無逆踪跡未深究根由

恐傳染日深易致滋蔓等語著周天爵林則

兩廣總督林則徐奏摺　遵旨查明廣西平樂柳州二府現無習教匪徒

道光二十年七月初七日

徐裕泰梁年鉅各犯所稱謁見查審究明係於

妖謗造自何人起意者立予嚴懲悔過者寬其

既往以除邪慝而正人心等因欽此欽遵閱看將

此案諭令知之欽此臣遵即恭錄咨廣東嘉應直

隸州知州韓鳳修於四月間馳赴廣西平樂柳

州各府地方嚴密訪查並飭兩司通飭一體精

穿究辦業經附片奏案

硃批嚴行查辦欽此欽遵去後茲據該委員韓鳳修

及廣西右江道陳修鼎平樂府知府慶儲署

柳州府知府楊時行先後具稟以據臣梁年鉅

先經飭委候補知州姚琴素溫業已赴平樂

柳州一帶暗訪所查並無習教匪徒韓鳳修

所派偵役裝易服密赴民猺雜處各村莊及
界連湖南者之恭城富川賀縣地面油榨
鐵廠每有楚民來作手藝以及開墾種山恐有
僻處偏隅潛相傳習密詢謹愿耆民及牌頭
保正合稱民間均無煉丹運氣跡涉詭異之人
又會同地方官設法查搜亦無私藏邪書造
作妖言各具切結繳呈前經該府縣暨省加
結申送由廣西藩司王惟誠臬司郭文匯覈
詳前來臣復查廣西省前於本年查辦之先
據其呈報即已訪獲思恩府屬教匪陳本礼
文等並起出經卷符文審明
奏辦從此次特奉

二四　兩廣總督林則徐奏摺　遵旨查明廣西平樂柳州二府現無習教匪徒

道光二十年七月初七日

諭旨飭查，經臣與撫臣先後派委妥幹之員周歷密
訪，如果實有教匪大小名目，亟欲顯其辨嚴之
能，斷不敢稍蹈姑縱之咎。茲覈所得情形，是現在
無人傳習者，原不信惟廣西壤接楚、黔，俗尚
巫覡，防微杜漸，不易查清，恐未前不得以自安
查無習教之徒，稍存泄視，仍以可欽遵
訓諭，通飭各屬，隨時認真，嚴緝嚴防，有犯即懲，
不準縱延。據原奏所稱《安注大學》，通查兩
粵省並無此書，其性命圭旨刻本則係各省常有
之書，人所習見。兩粵雖無板片，而書販自有
傳潮，其緣起大約出安所刻，再歷年間，而造自
何人，則代遠無從追考，其所刻圖說，不足屢無

二四　兩廣總督林則徐奏摺　遵旨查明廣西平樂柳州二府現無習教匪徒

道光二十年七月初七日

文姊之誤尚未遽將所傳字句悉流傳既久似
之無取義無之確旨
教下無直有一律查禁之處恭候
聖裁除將覓得刻本送呈軍機處查核外所有
遵
旨查明緣由理合恭摺覆
奏伏乞
皇上聖鑒訓示謹
奏
道光二十年八月十一日奉
硃批
另有旨
欽此

十七號

伊里布 林則徐等片

再，英夷先後來粵兵船，上年秋間有吐嘧、嘩喻兩隻，本年春間有嘟嚕噎船一隻，自五月至六月中旬又有哈吧咥等船二十三隻，除陸續撥駛出老萬山外，在粵洋者尚有十隻。又送信之火輪船自五月以後共來五隻，旋於六月初旬全出老萬山外，均經臣等於五月二十五日及六月初五、二十一等日節次具奏。

覽在案。嗣於六月下旬又報駛去兵船五隻，續到二隻，現在共存七隻。其上年九月在穿鼻洋與官兵接仗之吐嘧一船亦在駛去之內。臣查英夷兵船既經來粵，即因防範嚴密不敢進口滋事亦未必盡肯因思何以其中有二十一隻先行駛出老萬山總係越竄各洋乘虛滋擾不特粵省水陸文武刻刻謹飭嚴防並沿海各省亦豈能稍寬防備茲於七月初六日准閩浙江督臣烏爾恭額來咨以六月初間㖮夷有兵船三十一隻竄至浙洋將其猖獗攻定海縣失守聞之不勝髮指因查六月初間粵洋開去之㖮夷兵船僅止九隻而浙洋續聞已到三十一隻之多大幫遠從該國裏水洋乘風北駛乃敢聚於定海是逆鴟張明因該處孤懸海中希圖踞為巢穴是必預相糾伺早萌逆謀臣等六月初五日

奏片內所陳聞有欲赴浙江舟山之語竟非虛傳
實屬罪惡滔天理宜痛加剿辦伏思閩粵等
省四面環海之地與定海形勢相似者不一而足
逆夷既謀竄伺難免不垂涎此時粵省之
島澳陸路設防更宜加密第彼之所恃祇在
砲利船堅若赴大洋與之交鋒據岸相度機宜
須因砲有把握才登一至岸上則該夷無能為
他技且其渾身裹纏腰腿僵硬一仆不能復
起不獨一兵可以手刃數夷即鄉井平民亦儘足以
制其死命況夷人異言異服眼鼻毛髮皆與
華人迥殊吾民協力齊心殲除醜類斷不至
於誤殺但恐盤踞日久彼得結漢奸為護符

革職亦為得衛剩銷不足贖辜此時定海縣

城尚被佔踞即使城中人戶倉卒逃亡而該縣

周圍二百餘里各村居民總不下十餘萬衆

逆既踞岸上要令人人得而誅之若給軍民人等

能殺夷人者均按所獻首級給予極重賞格似

此風聲一樹不脛息間可使虜有不遑其人既已

奪殊則其船破炮我有其以所破按給賞所

費不過處糜似此激懷同仇之一道除兇滅逆

抒臣管見是否有當臣等謹會詞附片密陳伏乞

聖鑒謹

奏

道光二十年八月初十日奉

硃批知道了欽此

兩江總督伊里布等奏摺 **遵議林則徐等奏漕務條陳勿庸置議江蘇漕務仍恪守舊章**

伊里布等 議覆林則徐會奏漕務由

奏

旨

八月初六日

二四 兩江總督伊里布等奏摺 遵議林則徐等奏漕務條陳勿庸置議江蘇漕務仍恪守舊章

道光二十年七月十六日

協辦大學士兩江總督臣伊里布
江蘇巡撫臣裕謙跪
奏為遵
旨會議恭摺具
奏仰祈
聖鑒事竊道光十九年八月初八日准戶部咨奉
上諭鴻臚寺卿金應麟奏請將漕運事宜量為變通等
語著兩江總督漕運總督江蘇巡撫妥議具奏等因欽此
又道光二十年四月十四日臣伊里布承准軍機大臣字
寄奉
上諭前據金應麟奏請將漕運事宜量為變通當降旨
交林則徐等妥議茲據該督等議漕務四條開單呈
覽除直隸水利一條已飭琦善查議外其餘三條著伊
里布履任後體察情形妥議具奏等因欽此臣等查

江蘇漕務固屬繁重疲難然而二百年來成法具在
其所以日壞一日者實由議論太多之故蓋一切積弊向
所諱言一經上達
宸聰則無不特有
奏案視爲分所應爲肆無忌憚矣臣伊里布巡閱來蘇
臣裕謙悉心籌議惟有會同漕臣和衷共濟恪守
舊章去其太甚以冀漸革積弊倘有敢爭持延玩因
私誤公者無論官弁軍民立即重治其罪較之空
言似爲有益所有奎應麟林則徐等原奏各條均
請勿庸置議臣等愚昧之見是否有當謹會同漕
運總督臣朱樹合詞恭摺具
奏伏乞

兩江總督伊里布等奏摺　遵議林則徐等奏漕務條陳勿庸置議江蘇漕務仍恪守舊章　道光二十年七月十六日

皇上聖鑒訓示謹

奏

道光二十年八月初二日奉

硃批

欽此

七月十六日

兩江總督伊里布奏片 **請再敕兩廣總督林則徐速即多派水師赴浙會剿**

再，前經遵
旨揀選水師二千名，飭令蘇松鎮總兵田松林統領
聽候調遣，恭摺
奏明在案。今奉
命赴浙查辦，所有前備之江省水師，或竟調往協剿，
或令遥爲應援，俟到浙後察看情形，再行分
別辦理。惟江浙水師不如閩廣之精練，前曾
據實密陳，請
旨敕下閩廣各督臣派員帶兵赴浙會剿。現已仰蒙
聖主飭令閩浙督臣鄧廷楨派師前往。惟粤師更强
於閩，可否仰乞
天恩，再

二四

兩江總督伊里布奏片　請再敕兩廣總督林則徐速即多派水師赴浙會剿

道光二十年七月十六日

敕兩廣督臣林則徐速即多派水師航海至浙會同
攻剿，俾兵威更振，易於殲除。至戰勝克敵，全在
將領得人。努聞福建金門鎮總兵竇振彪熟悉
洋情，諳習行陣，為水師中出色之員。當此用武
之際，合無併懇
敕令閩浙督臣速飭該鎮馳赴浙省，交努差遣委用，
以期得力。感激
鴻慈，實無既極。謹附片陳
奏。伏乞
聖鑒。謹
奏。

即有旨

兩江總督伊里布奏片　請再敕兩廣總督林則徐速即多派水師赴浙會剿
道光二十年七月十六日

兩江總督伊里布　道光廿年七月十六日

題參惠潮嘉道王貽桂等員疎防私梟被奪脱逃限滿人犯未獲

兩廣總督林則徐題本 題參惠潮嘉道王貽桂等員疎防私梟被奪脱逃限滿人犯未獲

道光二十年七月十八日

兵部尚書兼都察院右都御史總督廣東廣西等處地方軍務兼理糧餉臣林則徐謹

題爲稟請緝究事據署廣東按察使事長蘆鹽運使王篤詳稱案據歸善縣知縣彭澤中詳道光貳拾年正月拾伍日據差役張英等稟稱役等奉差緝拏私梟隨協同營兵及小淡水廠巡役緝獲販賣私鹽人犯謝歐先即亞五即班先即觀先貳名用鐵鍊鎖繫與兵丁押解回縣正月拾叁日午候解至縣屬土名白路仔地方被匪徒多人赶上將謝歐先等奪脱扭斷鎖鍊一同逃逸追捕不及報請勘緝等情到縣據此當即會營前詣該處勘得奪犯處所係在縣屬土名白路仔地方距城頭汎拾伍里附近並無居民

亦無設立墩鋪防兵勘畢繪圖訊據張共譚廣
沈清鍾亮同供充當案下差役據葉志勇薛潤
祥同供充當惠州協右營兵丁又據同供俱歸
善縣人小的們奉差緝拏私梟隨協同小淡水
廠巡役緝獲販賣私鹽人犯謝歐先即亞五即
班先即觀先貳名用鐵鍊鎖繫押解回縣貳拾
年正月拾叁日午候解到縣屬土名白路仔地
方被匪徒多人赶上把謝歐先們奪脱扭斷鎖
鍊一同逃走追捕不及小的們就各赴縣營稟
報的是實等供據此除嚴緝私犯謝歐先等及
奪犯各匪務獲究報外理合通詳等情奉批飭
緝查參等因當經移行遵照去後茲疎防限滿

匪犯未獲准惠潮嘉道轉據惠州府開列文員疏防職轄兼事各職名到司准此該署廣東按察使事長蘆鹽運使王篤查看得歸善縣營兵役拏獲販賣私鹽人犯謝歐先即亞五等解縣審辦於道光貳拾年正月拾叁日行至該縣屬土名白路仔地方被匪多人將謝歐先等奪脱同逃一案先經該縣會營勘訊通詳奉批飭緝查參當經移行遵照去後茲疏防限滿匪犯未獲准惠潮嘉道轉據惠州府開列文員疏防各職名前來除移行勒緝私犯謝歐先等及奪犯各匪務獲究報外所有疏防文職統轄係廣東惠潮嘉道王貽桂兼轄係惠州府知府楊希銓

惠州府碣石同知穆克登安專管係歸善縣知
縣彭澤歸善縣碧甲司巡檢劉瑞亭相應開報
伏候
題參再照本案奪犯各匪確數應俟獲犯審供爲
定奪犯處所據勘係在鄉間距墩頭汛拾伍里
附近並無設立墩鋪防兵又本案自道光貳拾
年正月拾叁日起計至是年伍月拾貳日肆個
月疏防限滿今該縣彭澤於伍月貳拾捌日開
列職名具詳到府該府於陸月初玖日詳道惠
潮嘉道於拾柒日備移到司計遲延均未及壹
月例無處分職名應請免開至臧署司即於陸
月貳拾日轉詳並無遲逾又鹽運司係臧署司

署理無庸會銜會印合併聲明等由又准廣東
陸路提督臣郭繼昌開報武員疎防統轄兼專
各職名併聲明該處並無協防外委職名無憑
開報等因到臣該臣看得歸善縣營兵役拏獲
販賣私鹽人犯謝歐先即亞五等解縣審辦於
道光貳拾年正月拾叁日行至該縣屬土名白
路仔地方被匪多人將謝歐先等奪脫同逃一
案先經據報批行勒緝查參去後茲疎防限滿
匪犯未獲據署按察使王篤開列文員疎防各
職名詳請
題參又准廣東陸路提督臣郭繼昌開報武員疎
防各職名前來除嚴飭移行勒緝各匪犯務獲

究報外所有疏防文職統轄係廣東惠潮嘉道
王貽桂兼轄係惠州府知府楊希銓惠州府碣
石同知穆克登安專管係歸善縣知縣彭澤歸
善縣碧甲司巡檢劉瑞亭武職統轄係惠州協
副將德存兼轄係惠州協右營守備李際春專
汛係惠州協右營左哨外委千總張大猷相應
題參聽候部議再照本案奪犯各匪確數應俟獲
犯審供爲定奪犯處所據勘係在鄉間距墩頭
汛拾伍里附近並無設立墩鋪防兵又本案自
道光貳拾年正月拾叁日起計至是年伍月拾
貳日肆個月疏防限滿今該縣彭澤於伍月貳
拾捌日開列職名具詳到府該府於陸月初玖

日詳道惠潮嘉道於拾柒日備移到司計遲延
均未及壹月例無處分職名應請免開至該署
司即於陸月貳拾日轉詳並無遲逾合併陳明
臣謹具
題伏乞
皇上聖鑒敕部議覆施行謹
題請
旨

兵部尚書兼都察院右都御史總督廣東廣西等處地方軍務兼理糧餉臣林則徐謹
題爲梟請緝究事。該臣看得歸善縣營兵役拏獲
販賣私鹽人犯謝瓛先即亞五等，解縣審辦。於
道光貳拾年正月拾叁日行至該縣屬土名白
路仔地方，被匪多人將謝瓛先等奪脱同逃一
案，先經緣報批行，飭緝查參。茲疏防限滿，匪犯
未獲，據署按察使王篤開列文員疏防各職名
詳請
題參。又准廣東陸路提督臣郭繼昌開報武員疏

防各職名前來所有疎防文職統轄係廣東惠
潮嘉道王貽桂兼轄係惠州府知府楊希銓惠
州府碣石同知穆克登安專管係歸善縣知縣
彭澤歸善縣碧甲司巡檢劉瑞亭武職統轄係
惠州協副將德存兼轄係惠州協右營守備李
際春專汛係惠州協右營左哨外委千總張大
猷相應
題參聽候部議臣謹
題請
旨

兩廣總督林則徐題本

題參廣西前任右江道林紱等員疏防命案限滿兇犯未獲

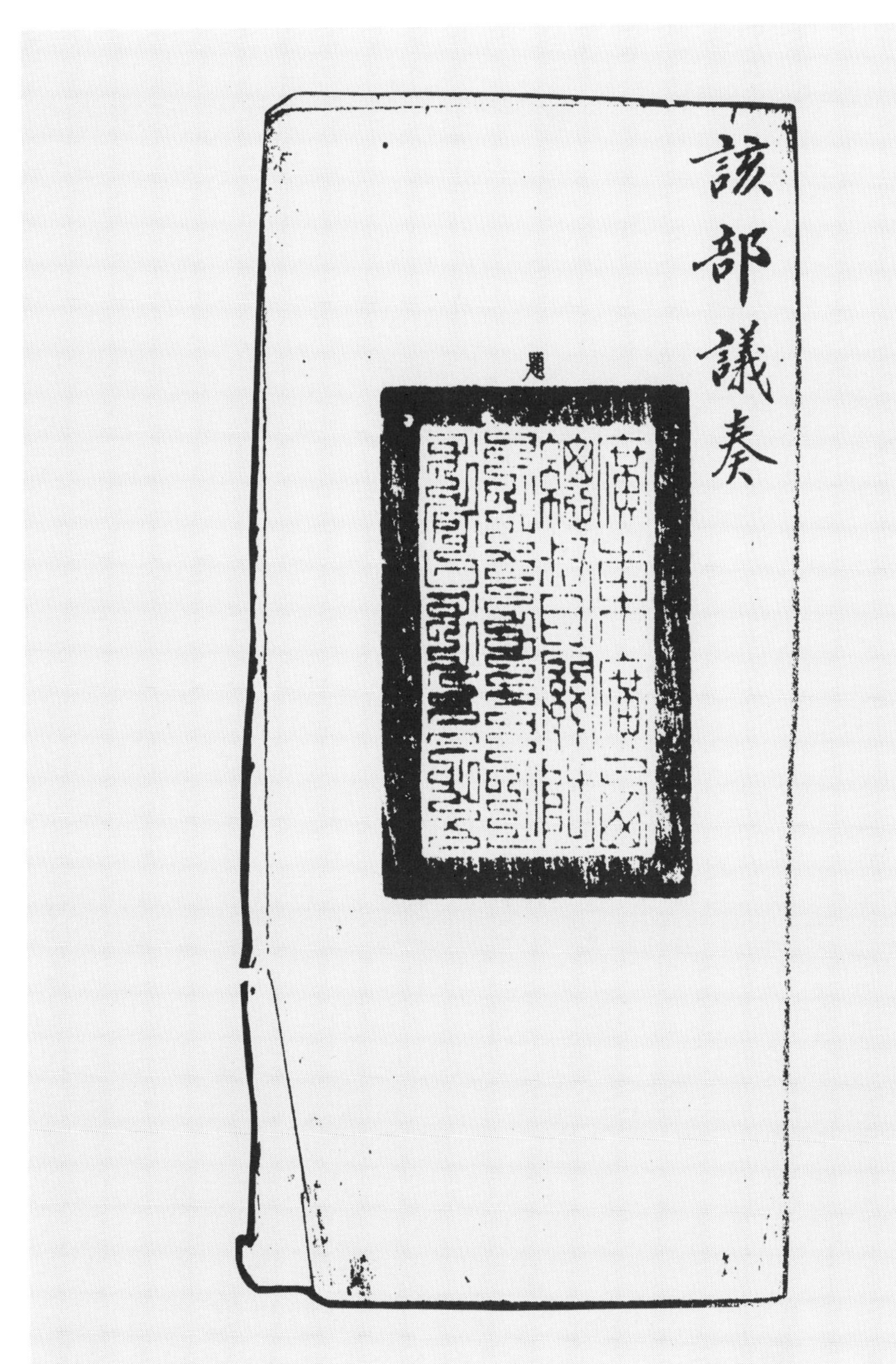
該部議奏

題

道光二十年七月十八日

兩廣總督林則徐題本　題參廣西前任右江道林紱等員疎防命案限滿兇犯未獲　道光二十年七月十八日

兵部尚書兼都察院右副都御史總督廣東廣西等處地方軍務兼理糧[illegible]

題爲報乞驗緝事據廣西按察使司按察使郭文
匯詳稱案據署桂平縣知縣向培芳申詳道光
拾玖年貳月初壹日據地保黃維沼報稱縣民
李均極投稱正月貳拾捌日伊姪李大有因雇
主陳雲連令其挑米赴墟發賣至夜未回次日
陳雲連尋至土名其昶橋地方見[illegible]被人
死田內頭上受有多傷賣米錢文失去無存等
語往看屬實報乞驗緝等情並據屍親李均極
報同前由隨帶刑仵前詣屍所先勘得其昶橋
係偏僻小路該處並無居民亦無墟鋪防兵係
羅秀汛經管離汛陸拾里離縣城柒拾里

樂壢巡檢分轄李大有屍身仰臥田內勘畢繪
圖附卷飭令將屍移放平明地面對衆如法相
驗據仵作邱貴喝報已死李大有問年貳拾
陸歲驗得仰面致命頂心接連偏右壹傷橫長
壹寸伍分偏左壹傷直長壹寸壹分均寬壹分
深抵骨皮肉捲縮有血汙俱係刀砍傷
傷斜長壹寸貳分寬叁分有血癊係木器傷額
顱壹傷斜長壹寸伍分左額角壹傷直長壹寸
壹分右額角壹傷斜長壹寸貳分均寬壹分深
抵骨皮肉捲縮有血汙俱係刀砍傷不致命左
顋頰壹傷斜長玖分寬貳分深透內右顋頰壹
傷斜長肆分寬壹分深貳分合面不致命髮際

壹傷斜長壹分寬貳分深抵骨均皮肉捲縮有血汙俱係刀戳傷餘無別故委係生前受傷身死報畢親驗無異當場塡格取結屍飭棺殮就即訊據地保黃維沼屍親李均福雇主陳雲連工伴劉亞二陳亞木各供均與報呈同各等供據此除移行勒緝兇賊務獲究報外合先通詳等情詳奉批司飭緝查參等因當經移行遵照去後茲疏防限滿兇賊未獲准右江道並據潯州府開列文員疏防統轄兼專各職名到司准據此該廣西按察使司按察使郭文匯查看得桂平縣民李均福具報伊姪李大有於道光拾玖年正月貳拾捌日因雇主陳雲連令其挑米

赴墟發賣未回次日尋至土名其恕橋地方見
伊姪被人殺死賣米錢文失去無存一案先據
該縣勘驗通詳奉批飭緝查參等因當經移行
遵照去後兹疏防限滿兇賊未獲准右江道並
據潯州府開列文員疏防各職名前來除移行
勒緝兇賊務獲究報外所有疏防文職統轄係
前任右江道續經調補山東運河道林紱兼轄
係潯州府知府劉東生署潯州府通判事太平
府江州土州州同吳本混專管係前署桂平縣
事候補通判續經另案參革留緝向培芳桂平
縣穆樂墟巡檢陳宗彝相應開報伏候
題參再照本案賊彩確數應俟獲犯審供為定夫

事處所𠍇勘離縣城柒拾里離羅秀汛陸拾里
係偏僻地方附近並無居民亦無設立墩鋪防
兵係穆樂墟巡檢分轄羅秀汛經管又前任右
江道林紱因奉文委署廣西按察司於道光拾
玖年伍月拾伍日卸事護理右江道事鎮安府
知府恒梧卽日到署又前署桂平縣向培芳因
另案參革留緝於拾玖年叁月初肆日卸事計
承緝壹個月零陸日統轄右江道林紱調補山
東運河道護理右江道恒梧係接督緝之員專
管署桂平縣向培芳係參革之員均已卸事不
復回任應請照例議結現任桂平縣知縣余思
詔於拾玖年叁月初肆日到任係接緝壹年限

滿另文詳參至本案自道光拾玖年正月貳拾
捌日失事起計至柒月貳拾捌日陸個月疎防
限滿桂平縣開揭前任職名因聲敘不協往返
駁查以致遲延查自拾玖年柒月貳拾捌日疎
防限滿起至貳拾年肆月初陸日詳府計遲延
捌個月零捌日所有開報前任應議遲延半年
以上職名係桂平縣知縣余思詔相應開報附
參又該府於伍月貳拾玖日核轉計遲延壹個
月零貳拾叁日所有該府轉詳遲延僅止壹月
以上例得免議合併聲明等由到臣該臣看得
廣西桂平縣民李均楹具報伊姪李大有於道
光拾玖年正月貳拾捌日因雇主陳雲連令其

挑米赴墟發賣未回次日尋至其怨橋地方見
伊姪被人殺死賣米錢文失去無存一案先經
據報批行查參勒緝去後茲疎防限滿兇賊未
獲據按察使郭文匯開列文員疎防各職名詳
請
題參前來除移行勒緝兇賊務獲究報外所有疎
防文職統轄係前任廣西右江道續經調補山
東運河道林紱兼轄係潯州府知府劉東生署
潯州府通判事太平府江州土州州同吳本湜
專管係前署桂平縣事候補通判續經另案參
革留緝向培芳桂平縣穆樂墟巡檢陳宗彝相
應

題案聽候部議再照本案賊夥確數應俟獲犯審
供爲定失事處所據勘離縣城柒拾里離羅秀
汛陸拾里係偏僻地方附近並無居民亦無設
立墩鋪防兵又文員任卸日期已於司詳內聲
敘又本案自道光拾玖年正月貳拾捌日失事
起計至柒月貳拾捌日陸個月疎防限滿又本
案武員疎防職名未據開送俟飭取到日另文
咨參合併陳明臣謹具
題伏乞
皇上聖鑒敕部議覆施行謹
題請
旨

兩廣總督林則徐題本　題參廣西前任右江道林紱等員疏防命案限滿兇犯未獲

道光二十年七月十八日

西等處地方軍務兼理糧餉臣林則徐

兵部尚書兼都察院右都御史總督廣東廣西等處地方軍務兼理糧餉臣林則徐謹

題為報乞驗緝事該臣看得廣西桂平縣民李均

極具報伊侄李大有於道光拾玖年正月貳拾

捌日因雇主陳雲連令其挑米赴墟發賣米回

次日尋至其恕橋地方見伊侄被人殺死賣米

錢文失去無存一案先經據報批行查參勒緝

茲疏防限滿兇賊未獲據按察使郭文匯開列

文員疏防各職名詳請

題參前來所有疏防文職統轄係前任廣西右江

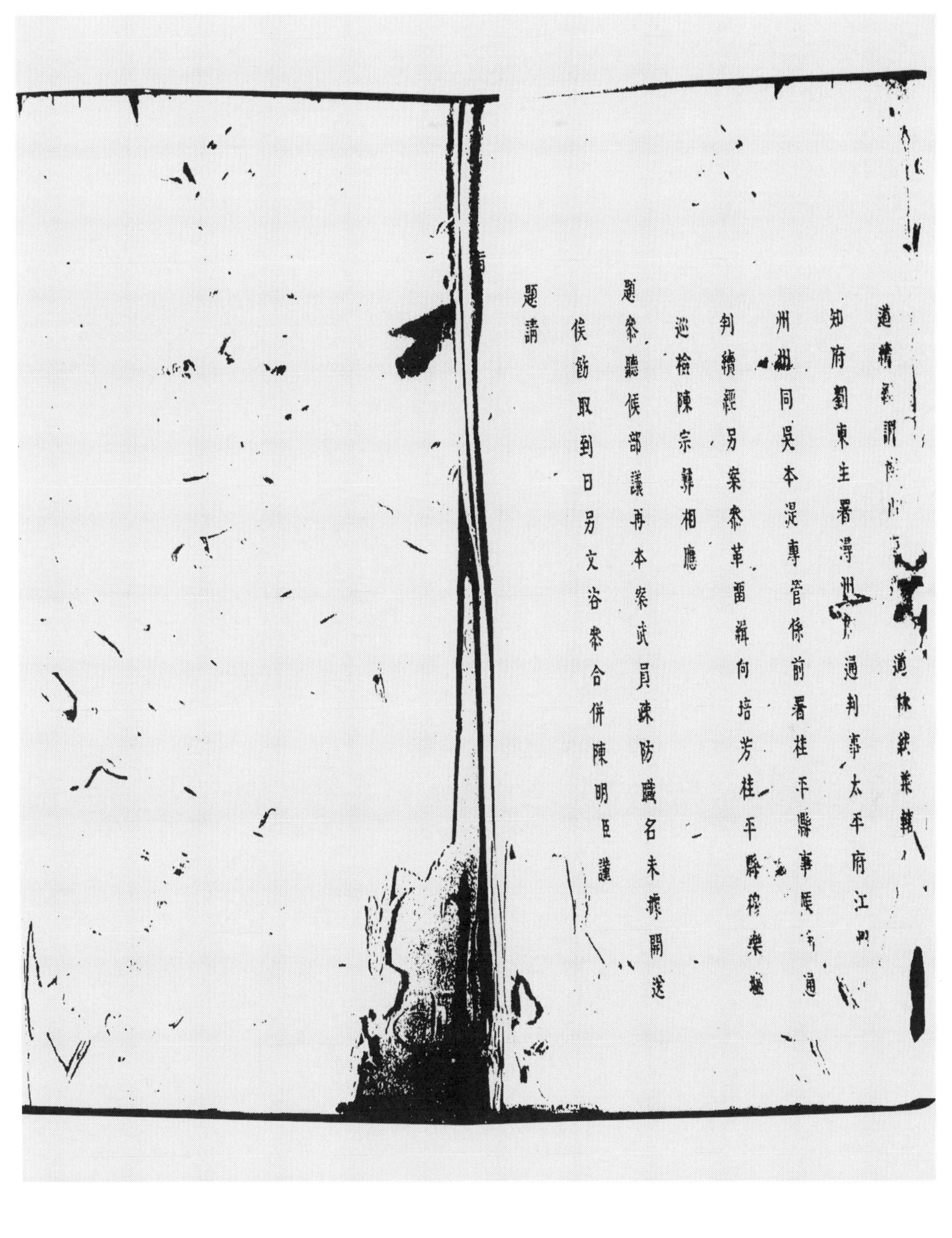
道績毅訊詳由[illegible]道林紱兼轄
知府劉東主署潯州府通判事太平府江州
州判同吳本湜專管係前署桂平縣事候補通
判續經另案參革雷瑞向培芳桂平縣穆樂極
巡檢陳宗彝相應
題參聽候部議再本案武員疏防職名未據開送
俟飭取到日另文咨參合併陳明臣謹
題請

兩廣總督林則徐題本　**題參廣東分巡高廉道易中孚等疎防劫財命案限滿兇犯未獲**

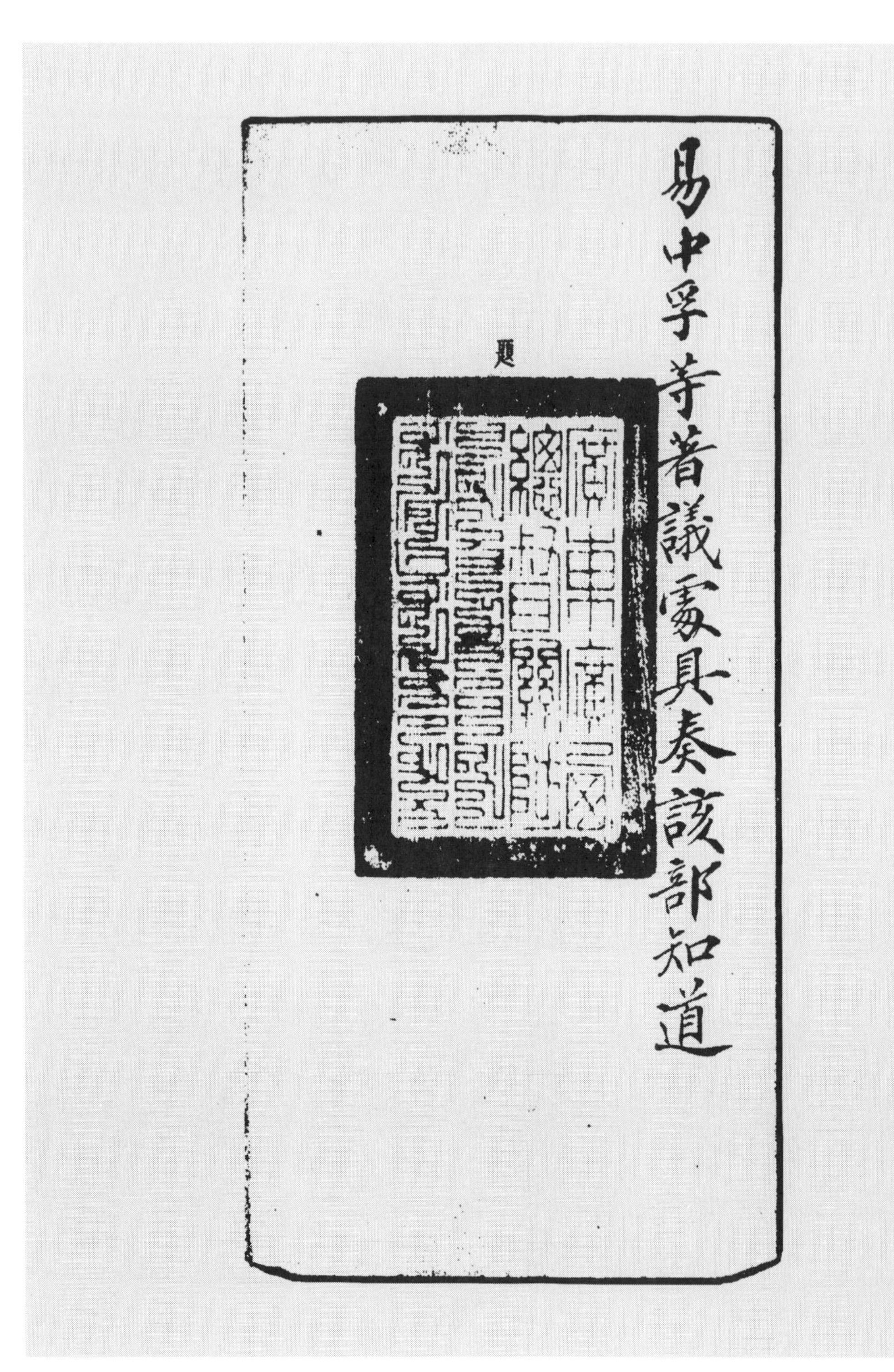
易中孚等著議處具奏該部知道

題

二四　兩廣總督林則徐題本　題參廣東分巡高廉道易中孚等疎防劫財命案限滿兇犯未獲

道光二十年七月十八日

兵部尚書兼都察院右都御史總督廣東廣西等處地方軍務兼理糧餉臣林則徐謹

題爲報請驗緝事據署理廣東按察使司印務廣東督糧道陞補長蘆鹽運使王篤詳稱案據茂名縣知縣丁嘉葆申詳道光拾玖年拾貳月貳拾捌日據縣民梁瑛陞呈稱本年拾貳月貳拾柒日伊同子梁桂邑挑油赴墟賣得銅錢肆千柒百文傍晚時候伊因有事落後令伊子挑錢先回伊隨後走至縣屬土名黑泥塘地方見伊子梁桂邑倒臥在地當向查問據稱被賊貳人從該處樹林内趕出將擔内銅錢搶奪伊子向爭被賊拒傷逃逸等語查看偏右右眉左眉處右顋頰右骨吻右耳根俱有傷痕飭伊子梁桂

昌傷重旋即身死該處地保病故未充理合報
請驗緝等情到縣據此當即選差勒緝贓賊一
面會同營員前詣該處勘得梁桂昌被賊搶奪
銅錢拒傷身死處所係在縣屬土名黑泥塘地
方地有血跡該處地方偏僻樹林叢雜距埏田
汛柒里附近並無居民亦無設立墩鋪防兵勘
畢繪圖訊據事主梁煥陞供與報詞無異隨令
仵作將屍扛放平地對衆如法相驗據仵作彭
崑喝報已死梁桂昌問生年底拾伍歲驗得仰
面致命偏右壹傷斜長壹寸叄分寬底分深抵
骨骨不損不致命右眉相連鼻梁壹傷斜長壹
寸壹分寬底分深抵骨骨損左眼胞上壹傷橫

長玖分寬柒分深抵骨骨不損左眼胞下壹傷
橫長陸分寬不及分皮微破血汙右顋頰相連
鼻竅壹傷斜長壹寸右臂吻壹傷橫長壹寸柒
分各寬柒分均深抵骨骨損皮肉捲縮有血汙
俱係刀傷合面致命右耳根壹傷斜長壹寸叁
分寬叁分微紅色有血廕係竹梘傷餘無別故
委係生前受傷身死報畢親驗無異當場填格
取結屍飭棺殮並傳鋪戶眼同事主將被搶銅
錢折貲紋銀肆兩柒錢列冊同勘圖格結附卷
除移行勒緝兇賊務獲究解外理合通詳等情
當奉批司飭緝查參等因又奉牌行據營員報
同前由各到司俱經移行勒緝查參去後茲疎

防限滿兇賊未獲准高廉道併據高州府開列文員疎防統轄兼專各職名到司准據此該署理廣東按察使司印務廣東督糧道陞補長蘆鹽運使王篤查看得茂名縣民梁桂昌於道光拾玖年拾貳月貳拾柒日被賊搶奪錢文拒傷身死一案先據該縣會營勘驗通詳併據管員呈報均奉批飭行司勒緝查參等因移行遵照去後茲疎防限滿兇賊未獲准高廉道併據高州府開列文員疎防各職名前來除移行勒緝兇賊務獲究解外所有疎防文職統轄係廣東分巡高廉道易中孚兼轄同城係高州府知府王朝綱高州府通判續經病故朱標專管係茂

名縣知縣丁嘉葆茂名縣典史李元明相應開
報伏候
題叅再照本案兇賊確數應俟獲犯審供爲定失
事處所據勘係在鄉僻距城田汎柒里附近並
無設立墩鋪防兵又兼轄高州府通判朱標於
道光貳拾年肆月初伍日病故所遺通判事務
行委高州府經歷刁汶元於肆月拾叁日代理
其自初伍日起至拾貳日止係屬曠缺係在疏
防限內又朱標業已病故應請照例議結又本
案自道光拾玖年拾貳月貳拾柒日失事起計
至道光貳拾年肆月貳拾陸日肆個月疏防限
滿今該縣於伍月拾陸日開列職名具詳到府

兩廣總督林則徐題本　題參廣東分巡高廉道易中孚等疎防劫財命案限滿兇犯未獲
道光二十年七月十八日

該府於陸月初柒日出文拾捌日到司計遲延
均未及壹月例無處分職名應請免開署按察
司卽於貳拾壹日轉詳扣除轉文日期並無遲
逾合併聲明等由又先據廣東高州鎮總兵官
達里保開報武員疎防兼專協防各職名併聲
明高州鎮標右營並無統轄之員職名無憑開
報等由到臣該臣看得廣東茂名縣民梁桂昌
於道光拾玖年拾貳月貳拾柒日被賊搶奪錢
文拒傷身死一案先經據報批行勒緝查參去
後茲疎防限滿兇賊未獲據署按察使王篤開
列文員疎防各職名詳請
題參又先據廣東高州鎮總兵官達里保開報武

員疎防各職名前來除嚴飭移行勒緝兇賊務
獲究解外所有疎防文職統轄係廣東分巡高
廉道易中孚兼轄同城係高州府知府王朝綱
高州府通判續經病故未據專管係茂名縣知
縣丁嘉藻茂名縣典史李元明武職兼轄係署
廣東高州鎮右營都司事該鎮左營中軍守備
韓榮銓專汛係署高州鎮右營左哨頭司把總
事該營右哨頭司外委把總彭瑞璋協防係高
州鎮右營左哨頭司外委把總張進元相應
題參聽候部議再本案兇賊確數應俟獲犯審供
爲定失事處所據勘係在鄉間距塩田汛某里
附近並無設立墩鋪防兵又文、職卸任日期已

於司詳內聲敘又本案自道光拾玖年拾貳月
貳拾柒日失事起計至道光貳拾年肆月貳拾
陸日肆個月疎防限滿今該縣於伍月拾陸日
開列職名具詳到府該府於陸月初柒日出文
拾捌日到司計遲延均未及壹月例無處分職
名應請免開該署司即於貳拾壹日轉詳扣除
轉文日期並無遲逾又本案武員有無游巡職
名未據開報俟查取到日另行咨參合併陳明

臣謹具

題伏乞

皇上聖鑒敕部議覆施行謹

題請

兩廣總督林則徐題本　題參廣東分巡高廉道易中孚等疎防劫財命案限滿兇犯未獲

道光二十年七月十八日

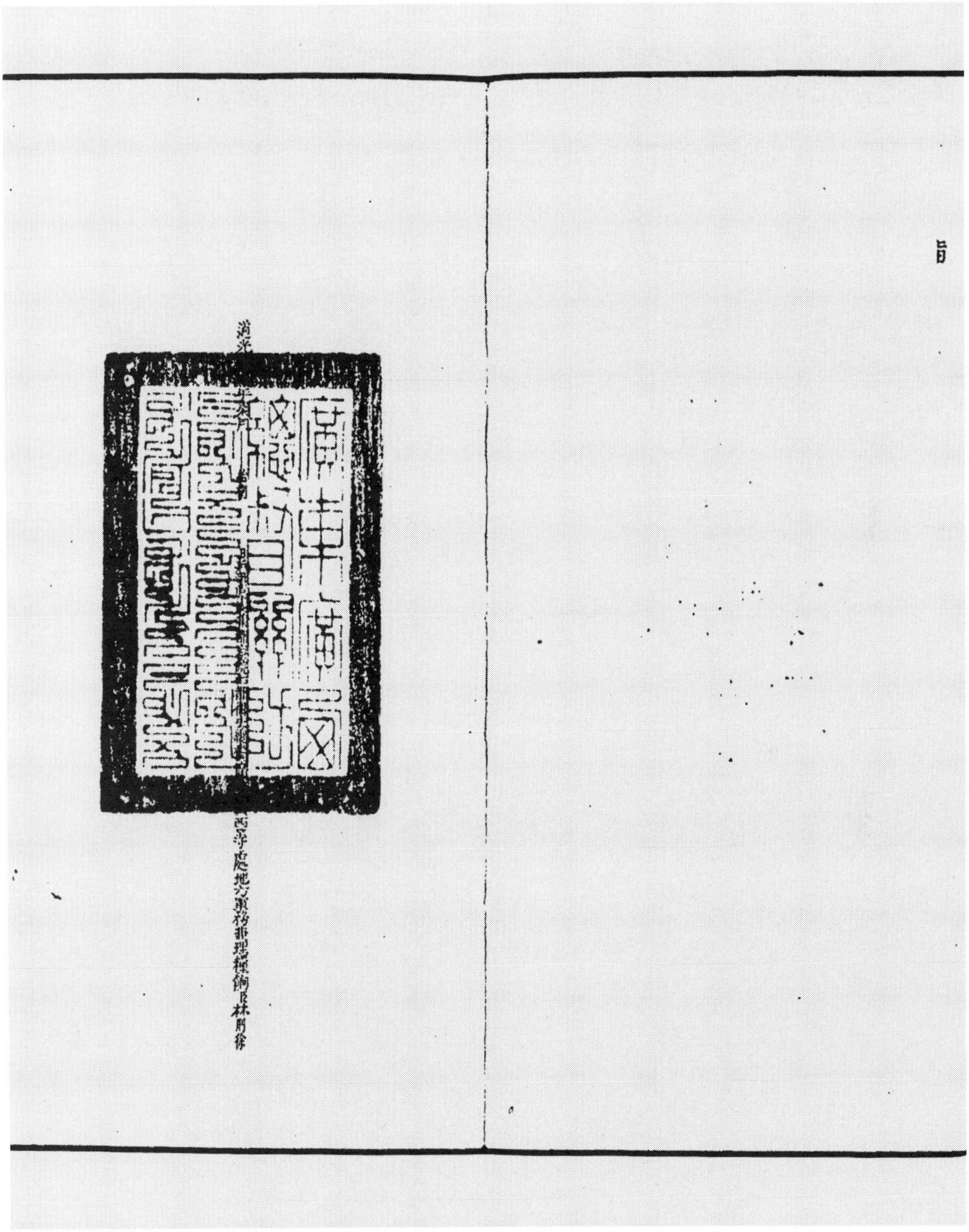
旨

道光

西等處地方軍務兼理糧餉臣林則徐

兩廣總督林則徐題本　題參廣東分巡高廉道易中孚等疏防劫財命案限滿兇犯未獲

道光二十年七月十八日

兵部尚書兼都察院右都御史總督廣東廣西等處地方軍務兼理糧餉臣林則徐謹

題爲報請驗緝事。該臣看得廣東茂名縣民梁桂

昌於道光拾玖年拾貳月貳拾柒日被賊槍奪

錢文拒傷身死一案，先經據報批行勒緝查參。

茲疏防限滿，兇賊未獲，據署按察使王篤開列

文員疏防各職名詳請

題參，又先據廣東高州鎮總兵官達里保開報武

員疏防各職名前來。除嚴飭勒緝兇賊務獲究

解外，所有疏防文職統轄係廣東分巡高廉道

易中孚，兼轄同城係高州府知府王朝綱，高州

府通判續經病故未標，專管係茂名縣知縣丁

嘉藻，茂名縣典史李元明。武職兼轄係署廣東

高州鎮右營都司事該鎮左營中軍守備韓榮

銓，專汛係署高州鎮右營左哨頭司把總事該

營右哨頭司外委把總彭瑞璋，協防係高州鎮

右營左哨頭司外委把總張進元，相應

題參，聽候部議。再本案武員有無遊巡職名，未據

開報，俟查取到日另行咨參，合併陳明。臣謹

題請

旨。

兩廣總督林則徐題本

題參廣西左江道卞斌等員疏防搶牛命案限滿兇犯未獲

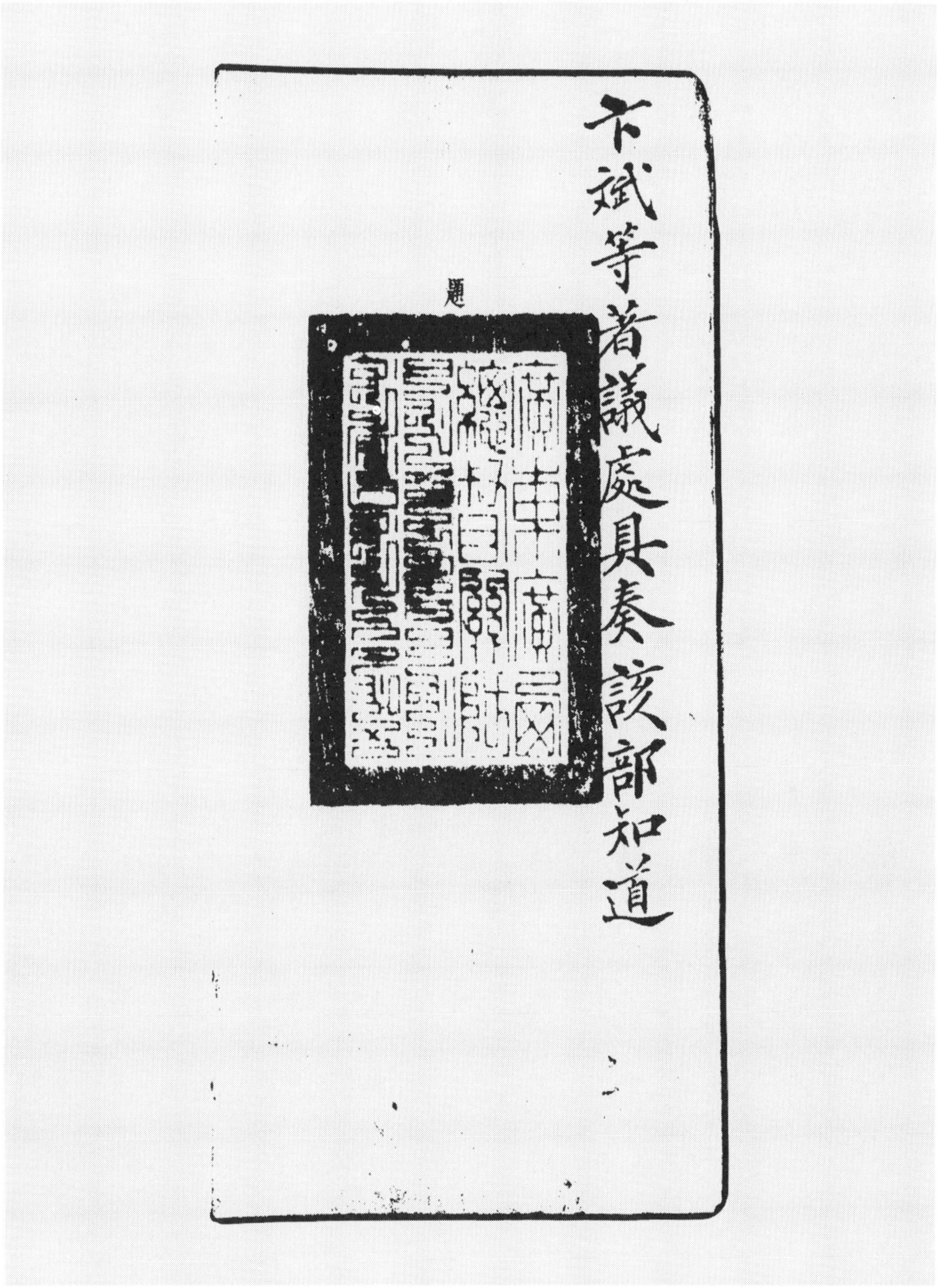
卞斌等著議處具奏該部知道

題

兩廣總督林則徐題本 題參廣西左江道卞斌等員疏防搶牛命案限滿兇犯未獲

道光二十年七月十八日

兵部尚書兼都察院右都御史總督廣東廣西等處地方軍務兼理糧餉臣林則徐謹
題爲移會勘緝事據廣西按察使司按察使郭文
匯詳稱案據永康州知州胡炳中詳道光拾玖
年伍月拾玖日准署天保縣知縣袁沛霖移開
道光拾玖年肆月貳拾肆日據承審向武土州
詳稱肆月拾柒日據隆安縣民石允召報伊與
弟石亞三同夥伴盧有爵叁人販買牛隻於拾
陸日自向武之洞平墟牽牛伍隻行至鎮遠土
州咸淰地方被賊多人在山頂擲石打傷夥伴
盧有爵並搶去牛隻等物伊即同被傷之盧有
爵轉至洞平墟詎盧有爵於拾柒日因傷身死
理合報驗並據石允召報同前由各等情到縣

據此隨帶刑仵前往督同鎮遠土州帶同事主
石允召指認被搶處所係在土名感念地方離
向武土州陸拾伍里勘得該處上達鎮遠下至
向武四面皆山勘畢繪圖復詣屍所飭令將屍
移放平明地面眼同屍親人等如法相驗據仵
作譚習鳴報驗得已死盧有爵問生年伍拾柒
歲驗得仰面致命頂心壹傷尖圓不整偏左壹
傷三角形偏右壹傷骨損陷尖圓不整圍圓貳
寸叁分左肋第叁條骨損斷叁截右脚斷骨折
斷以上各傷俱紫紅色有血癊均係石塊擲傷
無憑比對餘無別故委係生前受傷身死報畢
親驗無異當場塡格取結繪圖屍飭棺殮又驗

明石允召石亞三各受微傷俱已平復當經訊
供填格具文通報在案查事主在於土名感淰
地方被搶係屬鎮遠土州管轄相應移請詣勘
緝賊究辦等因准此查事主石允召並未來州
具報茲准前因查該處離城叁百貳拾里隨即
會營前詣鎮遠土州旋據事主石允召開列失
單帶同屍子盧居煥補報前來當詣土名感淰
地方會同向武土州黄清標勘得該處係屬偏
僻小路四面皆山山脚有土坑壹個據事主石
允召指稱賊人在山頂擲石致傷盧有爵頂心
偏左偏右盧有爵滾落土坑跌傷左肋及右脚
衚伊同弟石亞三亦各受傷等語查該處上通

鎮遠土州馱利村衆里下達向武土州該管之
洞平堡叁里附近並無居民亦無墩鋪防兵係
屬鎮遠土州該管勘畢繪圖就即訊據事主石
允召屍子盧居煥各供均與報詞同各等供據
此隨傳鋪户眼同事主按照失單逐一確估共
值紋銀肆拾肆兩捌錢伍分貳釐列冊附卷除
移行嚴緝兇賊務獲究報外合先通報等情詳
奉批司飭緝查參等因當經前署司移行遵照
去後茲疏防限滿兇賊未獲准左江道並據太
平府開列文員疏防統轄兼專各職名到司准
據此該廣西按察使司按察使郭文匯查看得
永康州詳准天保縣移據承審向武土州詳報

兩廣總督林則徐題本　題參廣西左江道卞斌等員疏防搶牛命案限滿兇犯未獲
道光二十年七月十八日

隆安縣民石允召具報伊與弟石亞三同夥伴
盧有爵於道光拾玖年肆月拾陸日在鎮遠土
州感洽地方被賊鄧石打傷搶去牛隻等物盧
有爵於拾柒日因傷身死並石允召等傷輕平
復一案先據天保縣會督鎮遠土州會營勘驗
通詳奉批飭緝查參當經前署司移行遵照去
後茲疏防限滿兇賊未獲准左江道並據太平
府開列文員疏防各職名前來除移行勒緝兇
賊務獲究報外所有疏防文職統轄係廣西左
江道卞斌太平府知府景錕兼轄不同城係永
康州知州胡柄專管係鎮遠土州知州趙邦璽相
應開報伏候

題參再照本案兇賊確數應俟獲犯審供爲定事
主石允召等傷痕稟報已經平復失事處所稟
勘上通鎮遠土州馱利村柒里下達向武土州
該管之洞平壠叁里係鎮遠土州管轄附近並
無居民亦無墩鋪防兵又本案自道光拾玖年
肆月拾陸日失事起計至是年拾月拾陸日陸
個月疎防限滿因聲敘不符駁飭另詳以致開
報稍遲尚屬有因職名邀免開送合併聲明等
由又先准廣西提督臣薛陞開報武員疎防統
轄職名併聲明失事處所係土司地方向未設
立營汛墩臺亦無分防弁兵其專兼職名無憑
開報等因到臣該臣看得廣西永康州詳准天

保縣移據承審向武土州詳報隆安縣民石允
召具報伊與弟石亞三同夥伴盧有爵於道光
拾玖年肆月拾陸日在鎮遠土州感念地方被
賊擲石打傷搶去牛隻等物盧有爵於拾柒日
因傷身死茲石允召等傷輕平復一案先經據
報批行查參勒緝去後茲疎防限滿兇賊未獲
據按察使郭文匯開列文員疎防各職名詳請
題參又准廣西提督臣薛陞開報武員疎防職名
前來除移行勒緝兇賊務獲究報外所有疎防
文職統轄係廣西左江道卞斌太平府知府景
錕兼轄不同城係永康州知州胡炳專管係鎮
遠土知州趙邦壐武職統轄係署廣西新太協

副將事候補參將明祿相應
題參聽候部議再照本案兇賊確數應俟獲犯審
供爲定事主石允召等傷痕據報已經平復失
事處所據勘上過鎮遠土州馱利村柒里下達
向武土州該管之洞平墟叁里係鎮遠土州管
轄附近並無居民亦無墩鋪防兵又本案自道
光拾玖年肆月拾陸日失事起計至是年拾月
拾陸日陸個月疏防限滿因聲敘不符駁飭另
詳以致開報稍遲尚屬有因職名邀請免開合
併陳明臣謹具
題伏乞
皇上聖鑒敕部議覆施行謹

兩廣總督林則徐題本 題參廣西左江道卞斌等員疎防搶牛命案限滿兇犯未獲 道光二十年七月十八日

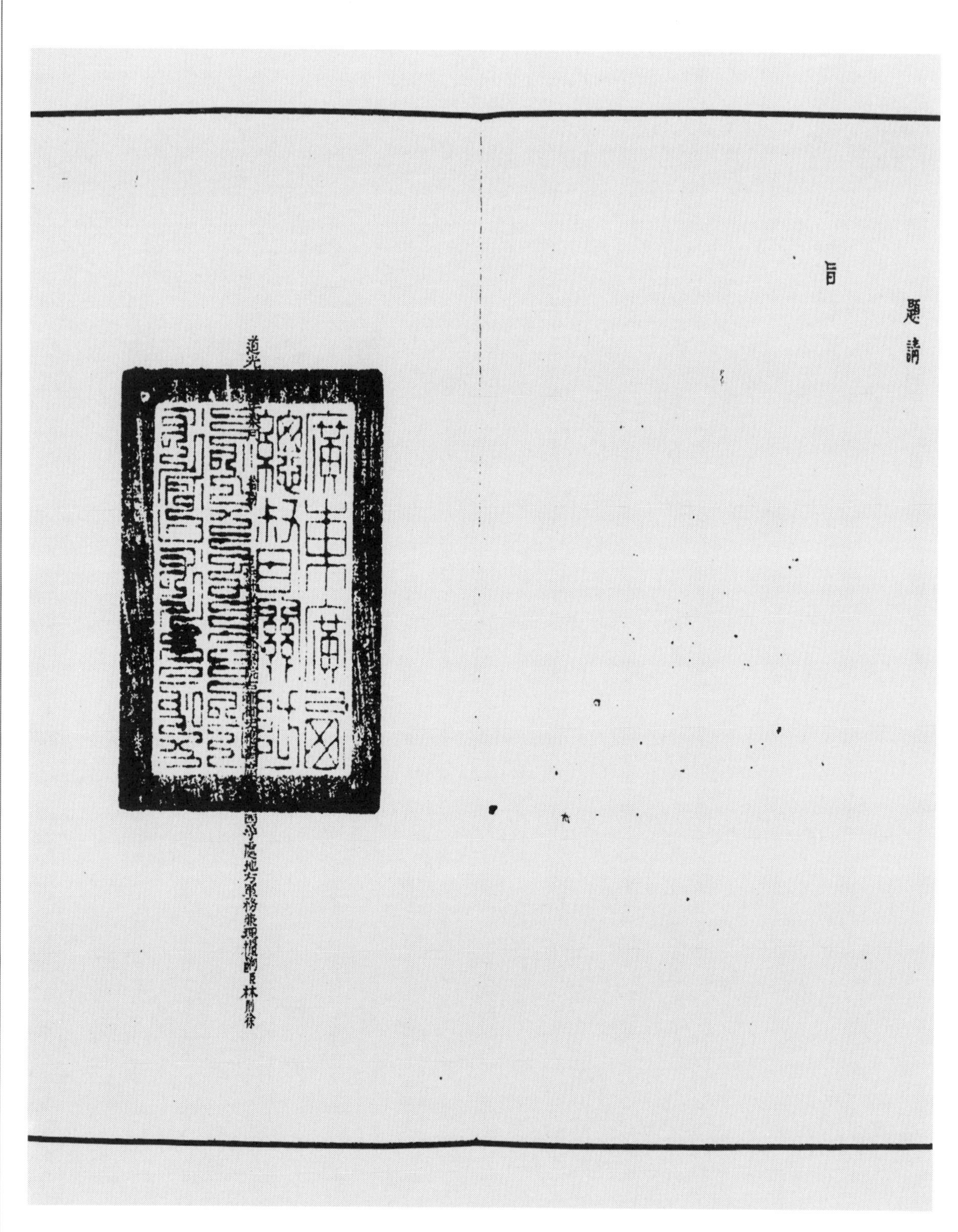
題請

旨

道光

西等處地方軍務兼理糧餉臣林則徐

兩廣總督林則徐題本 題參廣西左江道卞斌等員疏防搶牛命案限滿兇犯未獲

道光二十年七月十八日

兵部尚書兼都察院右都御史總督廣東廣西等處地方軍務兼理糧餉臣林則徐謹

題為移會勘緝事該臣看得廣西永康州詳准天保縣移據承審向武土州詳報隆安縣民石允召具報伊與弟石亞三同夥作盧有爵於道光拾玖年肆月拾陸日在鎮遠土州感念地方被賊鄺石打傷搶去牛隻等物盧有爵於拾柒日因傷身死並石允召等傷輕平復一案先經據報批行查參勒緝並疏防限滿兇賊未獲據桉察使鄧文匯開列文員疏防各職名詳請

題參又准廣西提督臣薛陞開報武員疏防職名前來所有疏防文職統轄係廣西左江道卞斌太平府知府景錕兼轄不同城係永康州知州胡柄專管係鎮遠土知州趙邦璽武職統轄係署廣西新太協副將事候補參將明祿相應

題參聽候部議臣謹

題請

旨

兩廣總督林則徐題本　題參惠潮嘉道王貽桂等員疎防搶案限滿贓犯未獲

道光二十年七月十八日

兩廣總督林則徐題本

題參惠潮嘉道王貽桂等員疎防搶案限滿贓犯未獲

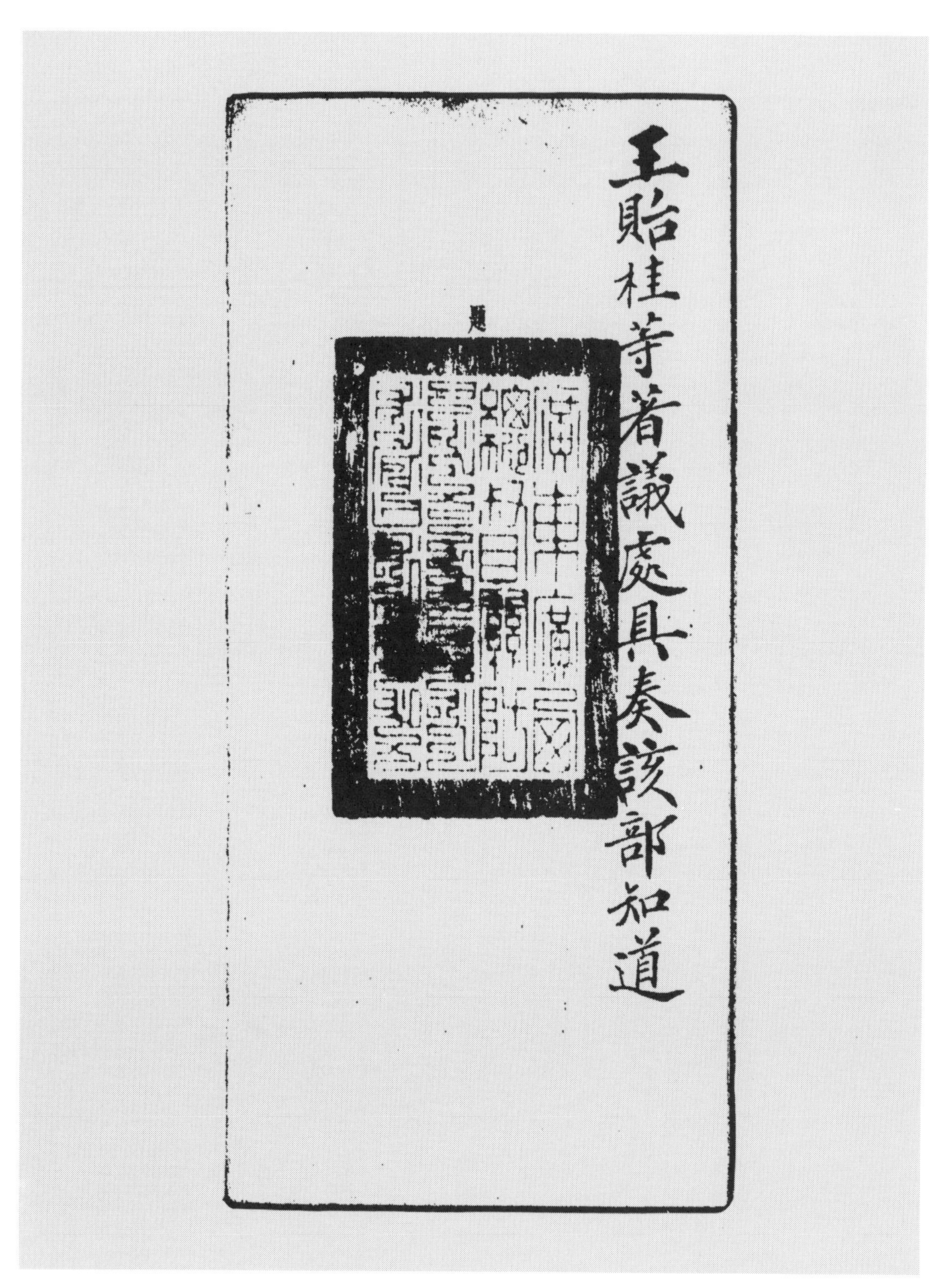
王貽桂等著議處具奏該部知道

題

兩廣總督林則徐題本 題參惠潮嘉道王貽桂等員疎防搶案限滿贓犯未獲 道光二十年七月十八日

兵部尚書兼都察院右都御史總督廣東廣西等處地方軍務兼理糧餉臣林則徐謹

題爲開參疎防職名事據署理廣東按察使司印

務廣東督糧道陞補長蘆鹽運使王篤詳稱案

據署惠來縣知縣史樸申詳道光拾玖年拾壹

月初貳日據地保林安稟據縣民史盛和投稱

伊向在靖海地方開張染店生理拾玖年拾月

叁拾日夜叁更時候被賊明火持械撞門入店

伊驚醒起捕被賊嚇禁不許聲張各賊打開木

櫃撈劫銀錢布疋衣服跑走伊喊同鄰人曾道

廷等追捕不及等語往查屬實理合稟請勘緝

等情同日併據事主史盛和開列失單報同前

由各到縣據此當即選差勒緝贓賊一面會營

前詣該處勘得該事主史盛和店屋壹所坐落
縣屬土名靖海地方查驗店門及店內木櫃俱
有損壞痕跡其餘並無損壞亦無賊遺油捻器
械左鄰曾道廷右鄰李潮陵該處距靖海汛貳
里餘勘畢繪圖訊據地保林安事主史盛和鄰
人曾道廷李潮陵各供均與稟詞無異隨傳鋪
户眼同事主按照失單逐一確估共值紋銀貳
拾陸兩柒錢壹分零肆毫列冊同勘圖附卷除
移行勒緝贓賊務獲究解外理合通詳等情當
奉批司飭緝查參等因又奉牌行據營員報同
前由各到司俱經移行勒緝查參去後茲疏防
限滿贓賊未獲准惠潮嘉道併據潮州府開列

文員疎防統轄兼專各職名到司准據此該署
理廣東按察使司印務廣東督糧道陞補長蘆
鹽運使王篤查看得惠來縣民史盛和染店於
道光拾玖年拾月叁拾日夜被賊行刦銀錢衣
物一案先據該前署縣會營勘訊通詳併據營
員呈報均奉批檄行司勒緝查參等因移行遵
照去後茲疎防限滿贓賊未獲准惠潮嘉道併
據潮州府開列文員疎防各職名前來除移行
勒緝贓賊務獲究解外所有疎防文職統轄係
廣東分巡惠潮嘉道王貽桂兼轄不同城係前
任潮州府知府續經陞補高廉道易中孚潮州
府通判宜慶專管係前署惠來縣事即用知縣

積經
題請補授乳源縣知縣史樸署惠來縣神泉司巡
檢事豐順縣留隍司巡檢錢伯承相應開報伏
候
題參再本案賊夥確數應俟獲犯審供爲定失事
處所係勘係在土名靖海地方距靖海汛貳里
餘又兼轄前任潮州府易中孚因陞補高廉道
於道光拾玖年拾壹月初壹日卸事所遺潮州
府事務即日行委准陞嘉應州知州韓鳳修署
理又潮州府通判宜慶因委解監餉赴京於道
光拾玖年拾壹月拾伍日卸事所遺通判事務
行委試用通判李敦業於拾貳月初拾日到署

其自拾壹月拾陸日起至拾貳月初玖日止係
屬曠缺又前署惠來縣史樸因新任知縣王瀚
新於道光貳拾年正月拾壹日到任史樸卸於
是日卸署均在疎防限内又易中孚已陞補高
廉道史樸係署事之員業已卸事均不復回任
應請照例議結宜慶應俟回任接扣限滿王瀚
新俟接緝壹年限滿無獲另文詳參又本案自
道光拾玖年拾月叁拾日夜失事起計至貳拾
年貳月貳拾玖日肆個月疎防限滿今該縣於
伍月貳拾伍日查開職名具詳到府係在開報
前官應議職名例限叁個月之内至該府於陸
月拾玖日出文叁拾日到司計遲延未及壹月

例無處分職名應請免開署按察司印於柒月
初貳日轉詳扣除轉文日期並無遲逾合併聲
明等由到臣該臣看得廣東惠來縣民史盛和
染店於道光拾玖年拾月叁拾日夜被賊行刦
銀錢衣物一案先經據報批行勒緝查參去後
茲疎防限滿贓賊未獲據署按察使王篤開列
文員疎防各職名詳請
題參前來除嚴飭移行勒緝贓賊務獲究辦外所
有疎防文職統轄係廣東分巡惠潮嘉道王貽
桂兼轄不同城係前任潮州府知府續經陞補
高廉道易中孚潮州府通判宜慶專管係署惠
來縣事即用知縣續經

兩廣總督林則徐題本 題參惠潮嘉道王貽桂等員疏防搶案限滿贓犯未獲 道光二十年七月十八日

題請補授乳源縣知縣史樸署惠來縣神泉司巡
檢事豐順縣留隍司巡檢錢伯承相應
題參聽候部議再本案贓夥確數應俟獲犯審供
爲定失事處所覈勘係在土名靖海地方距靖
海汛貳里餘又文職任卸日期已於司詳內聲
敘又本案自道光拾玖年拾月叁拾日夜失事
起計至貳拾年貳月貳拾玖日肆個月疏防限
滿今該縣於伍月貳拾伍日查開職名具詳到
府係在開報前官應議職名例限叁個月之內
至該府於陸月拾玖日出文叁拾日到司計遲
延未及壹月例無庸分職名應請免開該署司
即於柒月初貳日轉詳扣除轉文日期並無遲

兩廣總督林則徐題本 題參惠潮嘉道王貽桂等員疏防搶案限滿贓犯未獲

道光二十年七月十八日

遞至本案武員疏防各職名未據開報俟飭取

到日另行咨參合併陳明臣謹具

題伏乞

皇上聖鑒敕部議覆施行謹

題請

旨

道光[illegible]年[illegible]月[illegible]日[illegible]兵部尚書兼都察院右都御史[illegible]廣西等處地方軍務兼理糧餉臣林則徐

兩廣總督林則徐題本 題參惠潮嘉道王貽桂等員疏防搶案限滿贓犯未獲

道光二十年七月十八日

兵部尚書兼都察院右副都御史總督廣東廣西等處地方軍務兼理糧餉臣林則徐謹
題為開參疏防職名事。該臣看得廣東惠來縣民
史盛和染店於道光拾玖年拾月叁拾日夜被
賊行劫銀錢衣物一案，先經據業批行勒緝，查
參茲疏防限滿，贓賊未獲，據署按察使王篤開
列文員疏防各職名詳請
題參前來。除嚴飭勒緝贓賊務獲究辦外，所有疏
防文職統轄係廣東分巡惠潮嘉道王貽桂兼
轄，不同城係前任潮州府知府、續經陞補高廉
道易中孚，潮州府通判宜慶，專管係署惠來縣
事即用知縣、續經
題請補授乳源縣知縣史樸，署惠來縣神泉司巡
檢事豐順縣留隍司巡檢錢伯承，相應
題參，聽候部議。至本案武員疏防各職名，未據開
報，俟飭取到日另行咨參，合併陳明。臣謹
題請
旨

兩廣總督林則徐題本　**題參惠潮嘉道王貽桂等員疎防竊案限滿贓犯未獲**

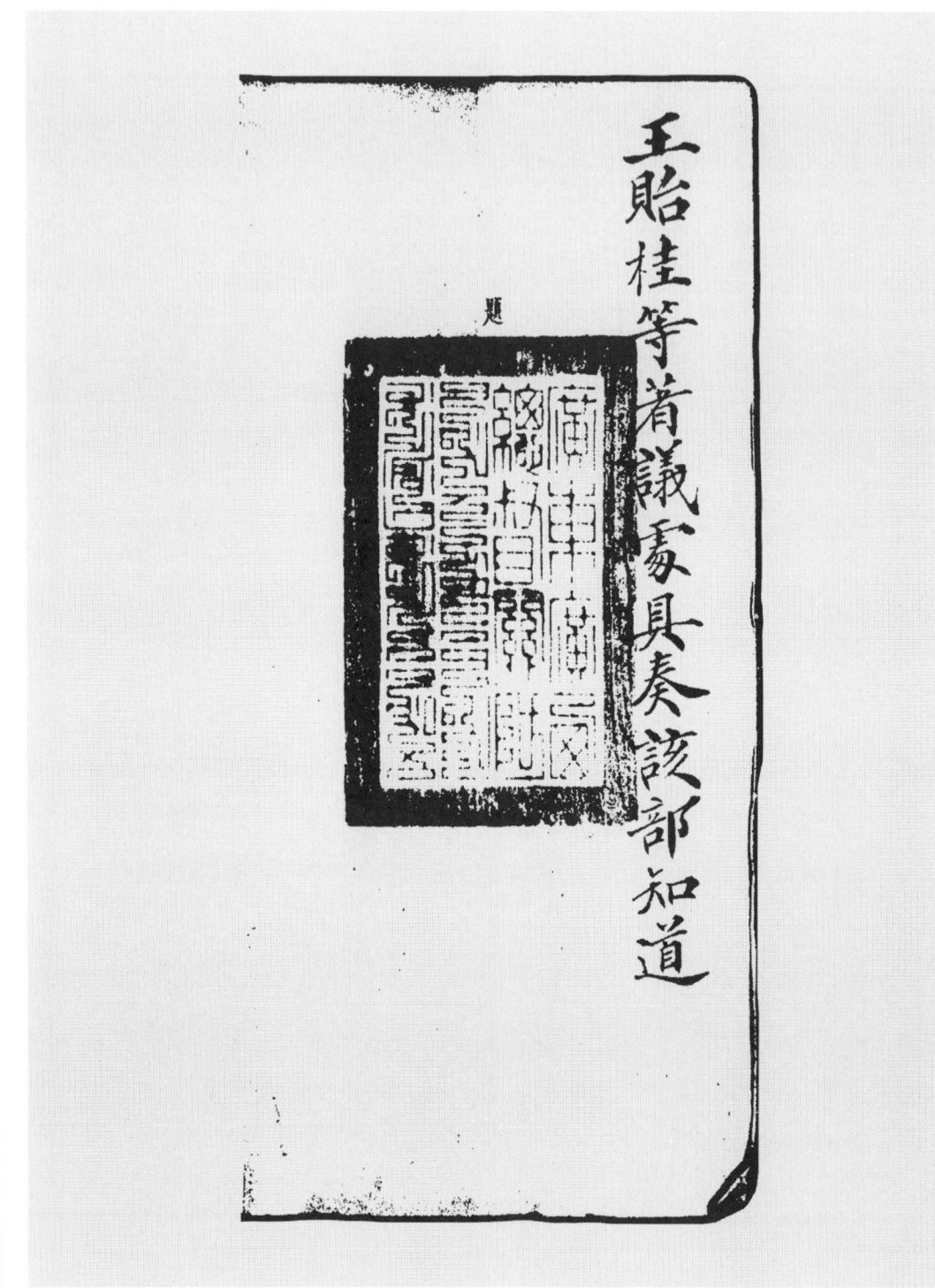

王貽桂等着議處具奏該部知道

題

兩廣總督林則徐題本　題參惠潮嘉道王貽桂等員疎防竊案限滿贓犯未獲

道光二十年七月十八日

兵部尚書兼都察院右都御史總督廣東廣西等處地方軍務兼理糧餉臣林則徐謹

題爲開參疎防職名事據署理廣東按察使司印

務廣東督糧道陞補長蘆鹽運使王篤詳稱案

據署澄海縣知縣張鉊申詳道光拾玖年拾貳

月貳拾陸日據縣屬監生劉濟安呈稱生與胞

弟劉阿六向在縣屬樟林埠開張藥店生理家

住月窟鄉内本月貳拾肆日夜叁更時候生家

被賊扒牆進院撬門入室行竊時生家内僅係

婦女醒起喊捕賊人臨時行强持械嚇禁不許

聲張婦女等畏懼躲避各賊分投進房打開箱

櫃搜刦銀錢衣飾等物逃逸當經鄰人劉作霖

聞聲赶出幫捕不及時生與弟在店歇宿家中

著人報知赶回看明該處地保病故未充理合
開列失單報請勘緝等情到縣據此當即選差
勒緝贓賊一面會營前詣該處勘得監生劉濟
安住屋壹所坐落縣屬土名月窟鄉地方正屋
廂房共拾壹間前後圍牆查驗牆頭及各門併
房内箱櫃均有扒動撬損痕跡餘無損壞亦無
賊遺油捻器械左鄰監生劉作霖右係池塘該
處距東隴汛約陸里附近並無設立墩鋪防兵
勘畢繪圖訊據事主劉濟安劉阿六鄰人劉作
霖各供均與報詞無異隨傳鋪户眼同事主按
照失單逐一確估共值紋銀壹百柒拾壹兩壹
錢叁分伍釐列冊同勘圖附卷除移行勒緝贓

賊務獲究辦外理合通詳等情當奉批司飭緝
查參等因又奉牌行據營員報同前由各到司
供經移行勒緝查參去後茲疏防限滿贓賊未
獲准惠潮嘉道轉據潮州府開列文員疏防統
轄兼專各職名到司准此該署理廣東按察使
司印務廣東督糧道歷補長蘆鹽運使王篤查
看得澄海縣監生劉濟安家於道光拾玖年拾
貳月貳拾肆日夜被賊行竊臨時行強拷封銀
錢衣物一案先據該縣會營勘訊通詳併據營
員呈報均奉批飭行司勒緝查參等因移行遵
照去後茲疏防限滿贓賊未獲准惠潮嘉道轉
據潮州府開列文員疏防各職名前來除移行

兩廣總督林則徐題本 題參惠潮嘉道王貽桂等員疎防竊案限滿贓犯未獲
道光二十年七月十八日

勒緝贓賊務獲究辦外所有疎防文職統轄係
廣東分巡惠潮嘉道王貽桂兼轄不同城係前
署潮州府事嘉應直隸州知州韓鳳修署潮州
府同知事候補通判王集專管係署澄海縣事
准補長寧縣知縣張齡澄海縣樟林鎮司巡檢
孟洙相應開報伏候
題參再本案賊夥確數應俟獲犯審供爲定失事
處所據勘係在鄉間距東隴汛約陸里附近並
無設立墩鋪防兵又兼轄前署潮州府知府韓
鳳修因新任潮州府知府李蔭於道光貳拾年
貳月貳拾貳日到任韓鳳修卽於是日卸署係
在疎防限內又韓鳳修係署事之員業已卸事

不復回任應請照例議結又本案自道光拾玖
年拾貳月貳拾肆日夜失事起計至貳拾年肆
月貳拾叁日肆個月疎防限滿該縣於伍月貳
拾日詳府該府於陸月拾捌日詳道計遲延均
未及壹月例無庸分職名應請免開至惠潮嘉
道於貳拾日備移柒月初貳日到司署按察司
即於初肆日轉詳扣除轉文程途各日期道司
均無遲逾合併聲明等由又先據署閩粵南澳
鎮總兵官江繼芸開報武員疎防統轄兼轄協
防各職名到臣該臣看得廣東澄海縣監生劉
濟安家於道光拾玖年拾貳月貳拾肆日夜被
賊行竊臨時行强按封銀錢衣物一案先經據

報批行勒緝查參去後茲疎防限滿贓賊未獲
據署按察使王篤開列文員疎防各職名詳請
題參又先據署閩粵南澳鎮總兵官江繼芸開報
武員疎防各職名前來除嚴飭移行勒緝贓賊
務獲究辦外所有疎防文職統轄係廣東分巡
惠潮嘉道王貽桂兼轄不同城係前署潮州府
事嘉應直隸州知州韓鳳修署潮州府同知事
候補通判王集專管係署澄海縣事准補長寧
縣知縣張齡澄海縣樟林鎮司巡檢孟洙武職
統轄係代辦廣東澄海協副將事署該協中軍
都司右營守備曾應元兼轄係署澄海協右營
守備事海門營右哨千總李懋元兼顧專汛係

署澄海協右營左哨頭司把總事該營左哨頭
司外委把總郭武城協防係署澄海協右營左
哨頭司外委把總事該營頂戴周丙昌相應
題參聽候部議再本案賊夥確數應俟獲犯審供
爲定失事處所據勘係在鄉間距東隴汛約陸
里附近並無設立墩鋪防兵又文職任由日期
已於司詳內聲叙其武職統轄前代辦澄海協
副將曾應元因原護副將楊德雄於道光貳拾
年正月初壹日洋巡班滿回營曾應元即日卸
代辦又兼轄署澄海協右營守備李懋元因値
出洋分巡於道光貳拾年正月初壹日離營所
遺守備事務即日行委該協右營右哨貳司把

兩廣總督林則徐題本　題參惠潮嘉道王貽桂等員疎防竊案限滿贓犯未獲
道光二十年七月十八日

總陳忠代辦均在疎防限內又本案自道光拾
玖年拾貳月貳拾肆日夜失事起計至貳拾年
肆月貳拾叁日肆個月疎防限滿該縣於伍月
貳拾日詳府該府於陸月拾捌日詳道計遲延
均未及壹月例無庸分職名應請免開至惠潮
嘉道於貳拾日備移柒月初貳日到司該署司
即於初肆日轉詳扣除轉文程途各日期道司
均無遲逾又武職統轄係越級代辦實因一時
之人過融辦理合併陳明臣謹具
題伏乞
皇上聖鑒敕部議覆施行謹
題請

兩廣總督林則徐題本　題參惠潮嘉道王貽桂等員疎防竊案限滿贓犯未獲
道光二十年七月十八日

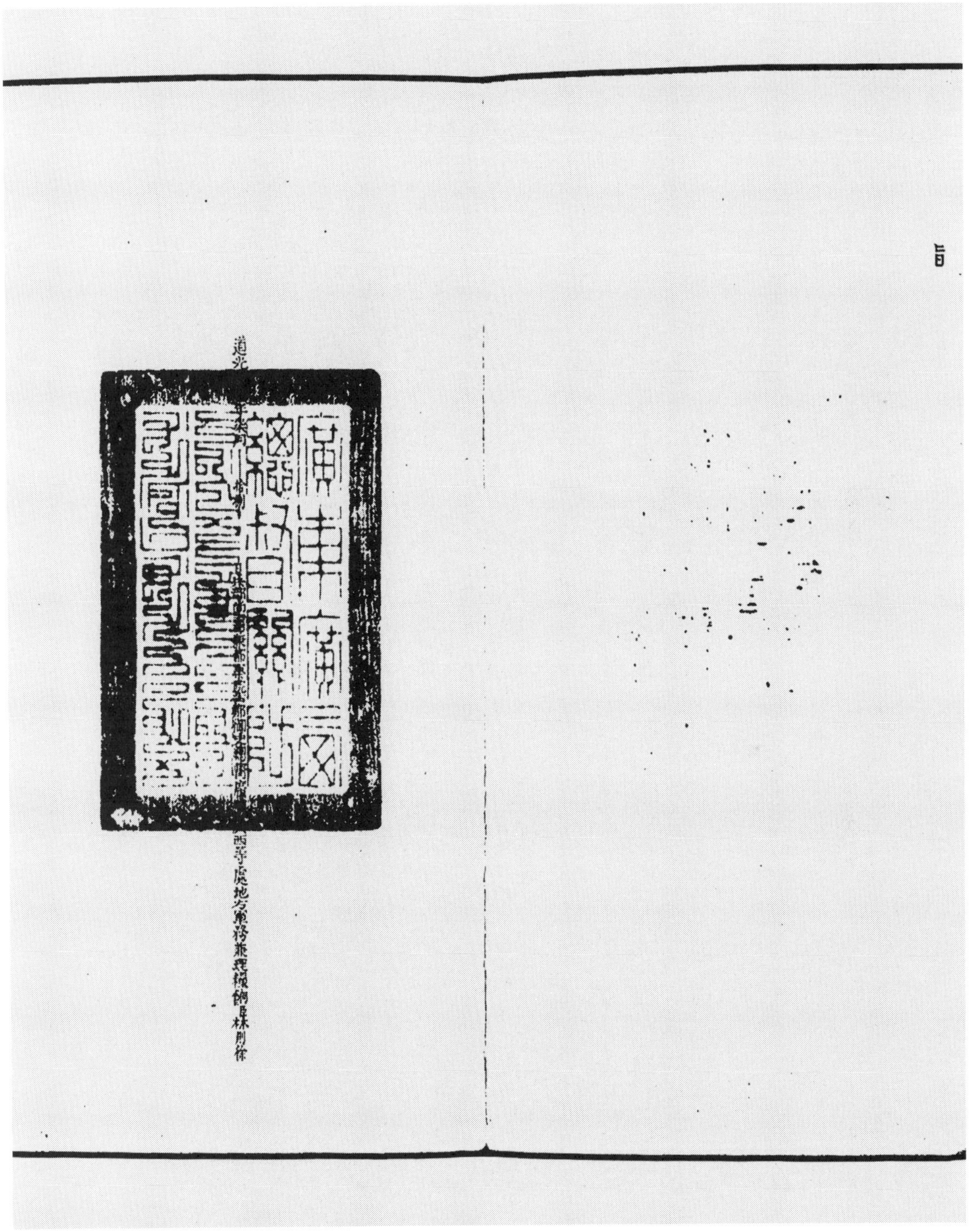
旨
道光
西等處地方軍務兼理糧餉臣林則徐

兩廣總督林則徐題本　題參惠潮嘉道王貽桂等員疏防竊案限滿贓犯未獲

道光二十年七月十八日

兵部尚書兼都察院右都御史總督廣東廣西等處地方軍務兼理糧餉臣林則徐謹

題爲開參疏防職名事。該臣看得廣東澄海縣監

生劉濟安家於道光拾玖年拾貳月貳拾肆日

夜被賊行竊，臨時行强，撬刦銀錢衣物一案，先

經據報批行勒緝，查參茲疏防限滿，贓賊未獲，

據署按察使王篤開列文員疏防各職名詳請

題參，又先據署閩粤南澳鎮總兵官江繼芸開報

武員疏防各職名前來。除嚴飭勒緝贓賊務獲

究辦外，所有疏防文職，統轄係廣東分巡惠潮

嘉道王貽桂，兼轄不同城，係前署潮州府事嘉

應直隸州知州韓鳳修，署潮州府同知事候補

通判王集，專管係署澄海縣事准補長寧縣知

縣張齡，澄海縣樟林鎮司巡檢孟沫；武職統轄

係代辦廣東澄海協副將事署該協中軍都司

右營守備曾應元，兼轄係署澄海協右營守備

事海門營右哨千總李懋元，兼顧專汛係署澄

海協右營左哨頭司把總事該營左哨頭司外

委把總鄧武城，協防係署澄海協右營左哨頭

司外委把總事該營頂戴周丙昌，相應

題參，聽候部議。臣謹

題請

旨

兩廣總督林則徐題本

劉文龍奉旨勒休雲騎尉世職請以嫡長子劉世斌補襲

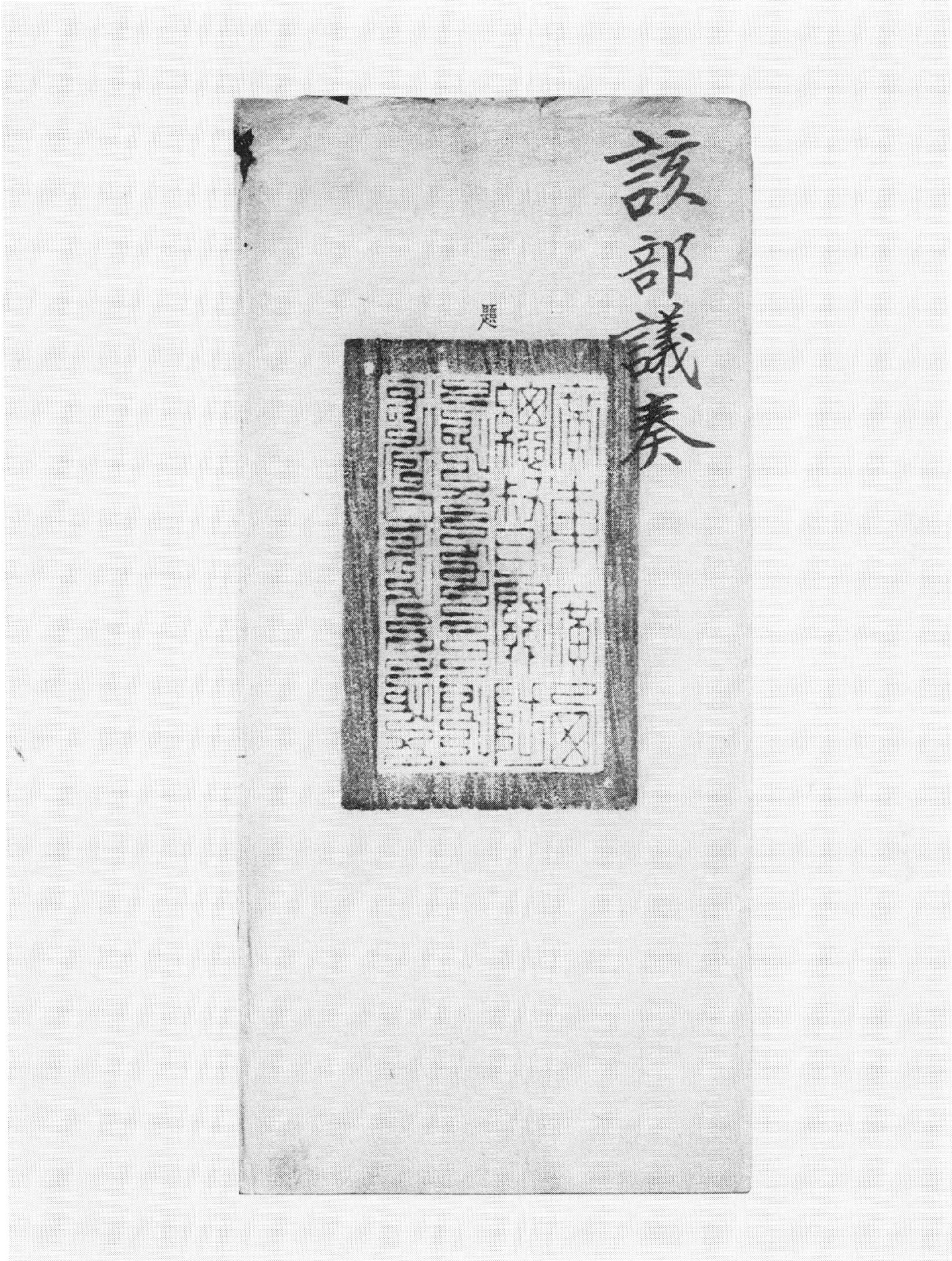

該部議奏

題

二四 兩廣總督林則徐題本 劉文龍奉旨勒休雲騎尉世職請以嫡長子劉世斌補襲

道光二十年七月十八日

兵部尚書兼都察院右都御史總督廣東廣西等處地方軍務兼理糧餉臣林則徐謹

題爲請襲事據署理廣東布政使司印務按察使

喬用遷詳稱奉前任兩廣總督鄧廷楨案驗道

光拾玖年玖月初玖日准兵部咨職方司案呈

內閣抄出署直隸總督琦善片奏據泰寧鎮總

兵琦琛呈稱易州營遊擊劉文龍因循息玩不

洽兵心應請核辦相應請

旨將易州營遊擊劉文龍勒令休致以肅營伍等因

道光拾玖年陸月貳拾伍日奉

上諭琦善奏請將衰庸怠惰之遊擊勒令休致等語

直隸易州營遊擊劉文龍著勒令休致以肅營伍

該部知道等因欽此欽遵抄出到部相應知照兩

廣總督可也等因咨院行司奉此依經轉行遵
照在案茲據歸善縣詳據休致廕弁劉文龍呈
稱竊龍親父劉明志由行伍遞拔增城營千總
嘉慶元年奉調湖南剿匪歲年在湖南單營調
往四川征剿賊匪打仗陣亡奉行議給雲騎尉
世職襲次完時給與恩騎尉世襲罔替行令查
取應廕之人詳送承襲等因時經查明龍係劉
明志親生嫡子例應承襲蒙詳送驗看具
題奉大部覆准承襲雲騎尉世職蒙飭發督標學
習叁年期滿請咨赴京引
見奉
旨着發回本省以守備補用欽此嗣蒙補授增城營守

兩廣總督林則徐題本 劉文龍奉旨勒休雲騎尉世職請以嫡長子劉世斌補襲

道光二十年七月十八日

備歷俸期滿奉部推陞直隸奉寧鎮屬白石口
都司續蒙補授直隸易州營遊擊於道光拾玖
年陸月內奉署直隸總督琦善以劉文龍因循
息玩不洽兵心
奏請勒令休致回籍查先經奉部發給
敕書內開劉文龍爾父劉明志原係廣東增城營千總
因剿補川省賊匪打仗陣亡賞給雲騎尉與爾承襲
准再襲壹次欽此所遺雲騎尉世職例應補廕茲龍
有親生嫡長子劉世斌現年貳拾歲例應承襲
理合邀同族鄰備具甘結併出具親供宗圖連
原領
敕書壹道呈繳伏乞詳送驗看發標學習再龍寄居省

城番禺縣屬地方懇請飭發附近標營學習得
以就近瞻顧實沾恩便等情到縣加具印結黏
連鈔印備造履歷清冊轉繳到司伏查定例承
襲世職令嫡長子孫承襲又雲騎尉世職年已
及歲免其送部令該督撫驗看具題俟題准後
發標學習准食全俸扣至叁年期滿出具考語
給咨送部引
見各等語今據歸善縣查明劉世斌係劉文龍嫡長
子現年貳拾歲呈請驗看補襲雲騎尉世職前
來核與定例相符署布政司驗看得該廕生劉
世斌年少力強可令學習合將繳到供圖冊結
詳送察核覆驗具

二四 兩廣總督林則徐題本 劉文龍奉旨勒休雲騎尉世職請以嫡長子劉世斌補襲

道光二十年七月十八日

題承襲俟奉
旨准襲後飭發就近標營學習准食全俸叁年期滿
給咨送部引
見再休弁劉文龍繳到原領
敕書壹道俟有便員進京另行詳委搭解合併聲明等
由連繳親供宗圖履歷冊結到臣該臣看得原
任廣東增城營千總劉明志出師川省打仗陣
亡奉行議給雲騎尉世職襲次完時給與恩騎
尉世襲罔替先經請以該故員嫡長子劉文龍
承襲飭發兩廣督標學習叁年期滿補授增城
營守備歷陞直隸易州營遊擊嗣因勒休接准
部咨知照原籍依經轉行遵照去後茲據署布

政使裔用遷詳稱，據歸善縣查明休致雲騎尉
劉文龍有親生嫡長子劉世斌，現年貳拾歲，例
應補襲，取具親供、宗圖、族鄰甘結，連原領
敕書壹道呈繳到縣，由縣加結，黏連鈐印，備造履歷清
冊，轉繳到司。伏查定例，承襲世職，令嫡長子孫
承襲。又，雲騎尉世職年已及歲，免其送部，令該
督撫驗看，具題，俟題准後發標學習，准食全俸，
扣至叁年期滿，出具考語，給咨送部引
見各等語。今據歸善縣查明，劉世斌係劉文龍嫡長
子，現年貳拾歲，呈請驗看，補襲雲騎尉世職，前
來。核與定例相符。布政司驗看得，該廕生劉世
斌年少力強，可令學習，合將繳到供圖冊結，詳

送察核覆驗具
題承襲俟奉
旨准襲後飭發就近標營學習准食全俸叁年期滿
給咨送部引
見再休弁劉文龍繳到原領
敕書壹道俟有便員進京另行詳委搭解合併陳明等
由前來臣覆驗得該廕生劉世斌人材倜儻力
可挽强堪以發標學習除親供宗圖履歷冊結
送部查核外臣謹具
題伏乞
皇上聖鑒敕部核覆施行謹
題請

兩廣總督林則徐題本　劉文龍奉旨勒休雲騎尉世職請以嫡長子劉世斌補襲

道光二十年七月十八日

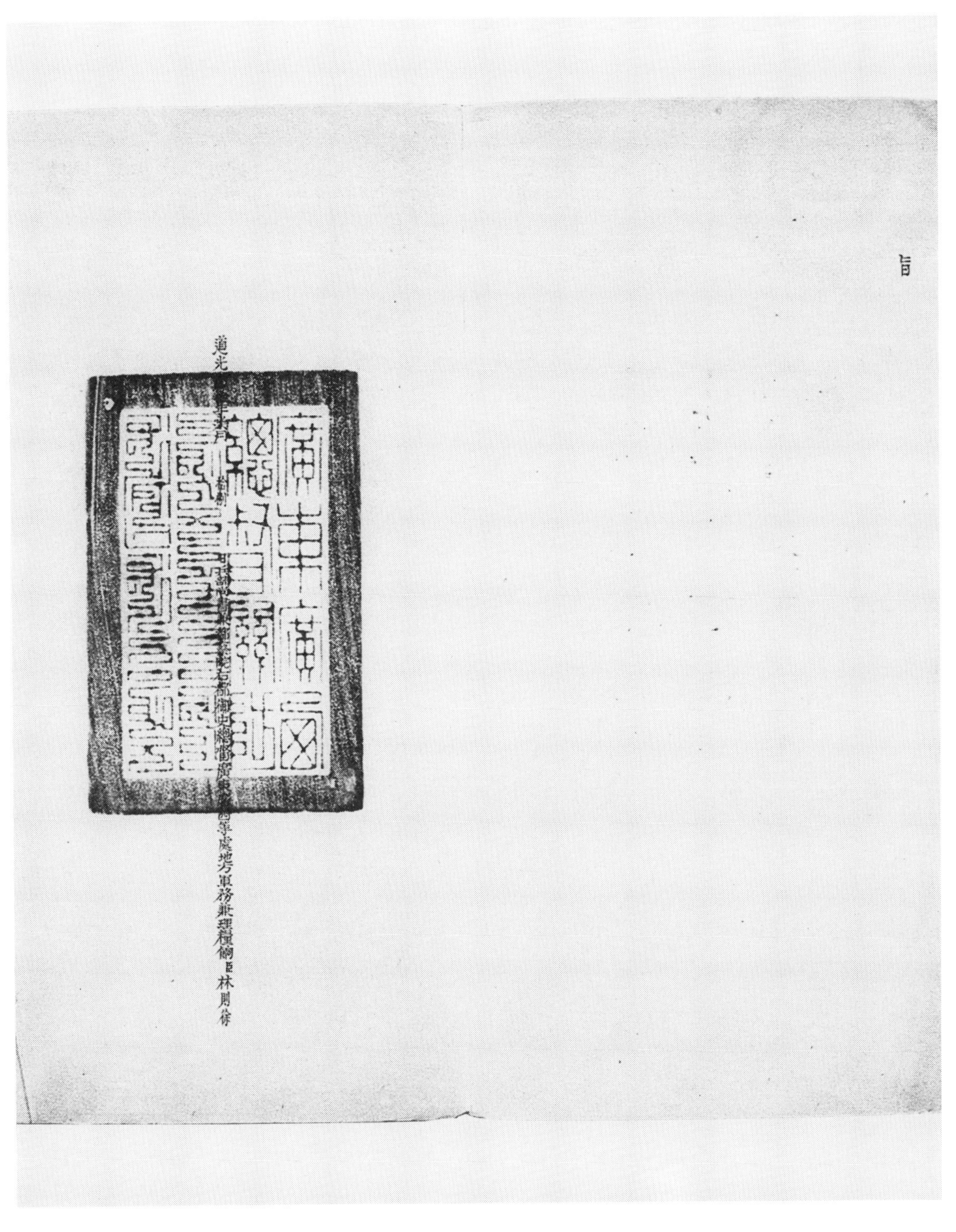
旨

道光

兵部尚書兼都察院右副都御史總督廣東廣西等處地方軍務兼理糧餉臣林則徐

兩廣總督林則徐題本 劉文龍奉旨勒休雲騎尉世職請以嫡長子劉世斌補襲

道光二十年七月十八日

兵部尚書兼都察院右都御史總督廣東廣西等處地方軍務兼理糧餉臣林則徐謹
題為請襲事該臣看得原任廣東增城營千總劉
明志出師川省打仗陣亡奉行議給雲騎尉世
職襲次完時給與恩騎尉世襲罔替先經請以
該故員嫡長子劉文龍承襲飭發兩廣督標學
習叁年期滿補授增城營守備歷陞直隸易州
營遊擊嗣因勒休後准部咨知照原籍依經轉
行遵照茲據署布政使喬用遷詳稱據歸善縣
查明休致雲騎尉劉文龍有親生嫡長子劉世
斌現年貳拾歲例應補襲取具親供宗圖族鄰
甘結連原領
敕書壹道呈繳到縣由縣加結黏連鈐印備造履歷清
冊轉繳到司核與定例相符布政司驗看得該
廕生劉世斌年少力強可令學習合將繳到供
圖冊結詳送察核覆驗具
題承襲俟奉
旨准襲後飭發就近標營學習准食全俸叁年期滿
給咨送部引
見等由前來臣覆驗得該廕生劉世斌人材倜儻力
可挽強堪以發標學習除親供宗圖履歷冊結
送部查核外臣謹
題請
旨

兩廣總督林則徐等奏摺

遵旨查禁陳文翥所陳吏治積習以端吏治

林則徐等

遵查陳文翥條陳吏

治積習由

奏

○

旨二十四日

兩廣總督林則徐等奏摺　遵旨查禁陳文翥所陳吏治積習以端吏治

道光二十年七月十九日

兩廣總督臣林則徐
廣東巡撫臣怡良跪
奏為遵
旨查禁積習以端吏治恭摺覆
奏仰祈
聖鑒事竊准吏部咨奉
上諭御史陳文翥奏各省積習請旨飭禁並妥議
章程以端吏治一摺州縣為親民之官佐貳有分理之
責該上司果能保全州縣綜核佐貳吏治自日有
起色著照該御史所奏上司濫薦幕友提集書役
有書差委員需索州縣候補佐貳佐雜輪委拔委
差有高下候補佐雜人員並無藩司點委奔競
夤緣種種弊端實難保其必無著各直省督撫

革除積習妥議章程具奏一摺併發欽此即洽浙吏
部鈔錄原摺到粵行據署廣司曆用遷兵臬司
王篤會同查議前來臣等查山邵文翥敘稱
致叢脞不能不延請幕友幫贊襄理而用人偶
有不慎即吏治從此廉輕循原摺所稱州縣幕
友多由上司舉薦挾制本官上下勾通一氣營
私舞弊並有另送束脩名曰乾束其語甚遠
確難保不有此弊緣從前薦幕人少向有高抬
聲價倚勢居奇而地方官彼時力量尚支或因舊日
制有交情或為他日預申後路偶送乾束以佐
旅資諒亦情之所有今則習幕者多坐空閑時
待聘之人不可勝計向館極為不易稍不謹飭即

無他營生無所不竭蹶之日形其力者絀情而且
近年疊經御史張琴曹履泰等
諭旨嚴飭查禁罔不謹凜遵行現在各州縣延
幕友俱係自爲防計遇有意見不合隨時更換
並無上司推薦收受乾束以及勾通舞弊把持盤
踞之徒至束脩輕重向由各州縣自視力量之
厚薄並無攀高之情形且有因人而施隨時損
益者概難議減額極寬雖多者請毋庸定以限
制又如該奏摺要差貴不可過濫一條查差役
畏法者少圖利者多即近在目前尚恐疏于防
範若遣之遠去則城狐社鼠難免作奸犯科
不獨近年案件並無飭差僱提即檢查舊牘亦

未免有上司與差提需索之弊惟委員則有不能
不用地外押解並犯案訪查情形以及踏勘提人
等事並有令其隨營當服差行偵緝地外遲重大
之件擇能幹委員專辦仍准隨同執拘章開設
惟當慎選勤慎之員並定以往還之限其一切尋
常公事不以免發委員並祇以劄檄行提自足以
杜擾害又如奏佐貳佐雜輪委拔委應設畫
一並條例應令講求二條查廣東候委佐貳佐
雜輪委拔委並記功記過久有定章院司衙門
均有簿冊如遇缺出按次而輪毫無意為高下
兩司詳委之時一面即將缺應委某人應理緣由
明白照牌榜示在省候委人員毫不周知實

兩廣總督林則徐等奏摺　遵旨查禁陳文翥所陳吏治積習以端吏治　道光二十年七月十九日

奏廣緣奔競惡習應請仍照舊章辦理毋庸
另議其現在省中候委各員臣等先經飭據
在省運司會同藩司按對履歷書冊以驗其有無沾染
吸烟惡習並于接見時試以所長藉覘底蘊
仍隨時嚴加訪察其不能自愛者俟經陸續勤參
俾有儆惕至講求條例實足以造就人材自應
飭令將現行例文留心誦習考其勤惰示以勸懲
伏念法不徒行尤貴核實臣等惟有督同司道
隨時實力稽查奉法者加以裁成玩法者立予
參辦斷不敢徒博寬厚轉致姑容以仰副
聖主整飭吏治之至意謹合詞恭摺
奏伏乞

皇上聖鑒謹
奏 道光二十年八月二十四日奉
硃批覽欽此
七月十九日

兩廣總督林則徐等奏片　請王篤暫留廣東署理臬篆俟梟司回任即令其交卸起程

○又　林則徐等片

再臣等現據鹽運使恭摺

上諭長蘆鹽運使員缺著王篤補授欽此臣等伏
令委赴起程據查馬為本廣東署鹽篆栢貴任司
因臬司為周遷署理鹽篆石為署臬三營
運司陸嘉樹欽奉

諭旨補授山西臬司嘉陸於本年六月間
業於五月二十五日接署臬司篆已將摺俟回鈞
云王篤已業

恩擢授長蘆鹽運使委員屬附片陳明任期即欠再以
酌玆查庶新任廣司梟貴常為委員經辦粵省
用遷未克遽回臬司本任而運司權篆現亦係

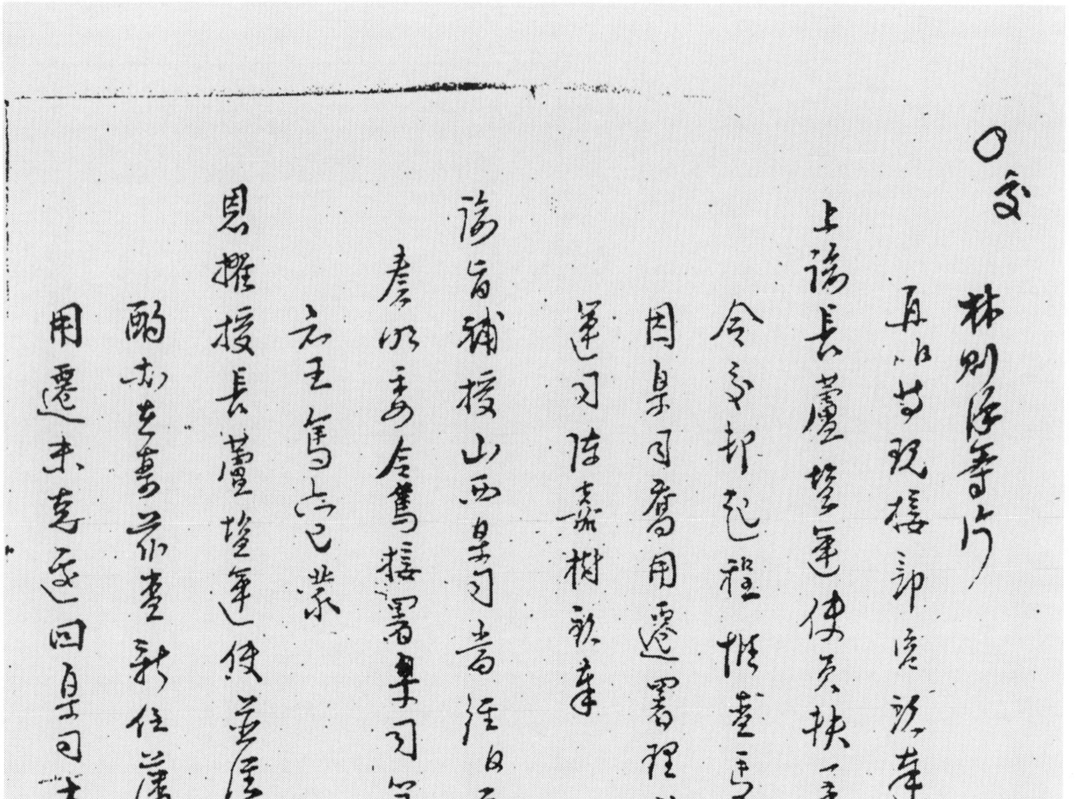

兩廣總督林則徐等奏片 請王篤暫留廣東署理臬篆俟臬司回任即令其交卸起程 道光二十年七月十九日

似署司人員皆非急遽均有彈壓撫綏之責海
疆重地亦未便更易生手實屬兩要署之員相
應請
旨將王篤暫留廣東署理臬篆一俟臬司喬用遷抵
署篆回任即令王篤交卸迅速起程俾專責
成而免曠誤臣等謹合詞附片具
奏伏乞
皇上聖鑒謹
奏
道光二十年八月二十四日奉
硃批另有旨欽此
劉亮照賀 七月十九日

兩廣總督林則徐奏摺 **遵旨查明廣東合浦縣現無囤販栽種罌粟並包庇情形**

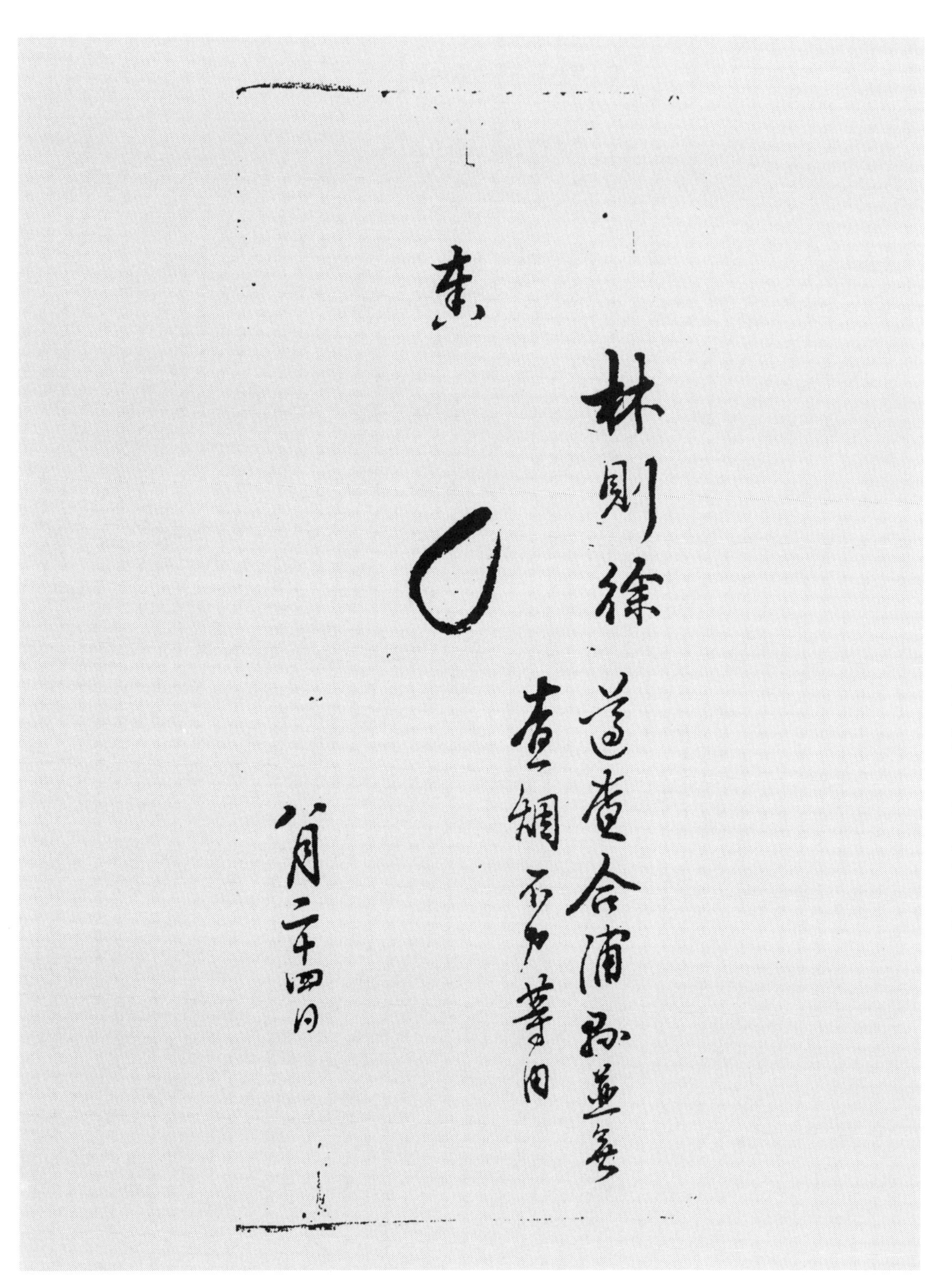
林則徐
遵查合浦縣並無
查緝不力等因
奏
八月二十四日

兩廣總督林則徐奏摺 遵旨查明廣東合浦縣現無囤販栽種罌粟並包庇情形

道光二十年七月十九日

兩廣總督臣林則徐跪

奏為遵

旨確切查明據實覆

奏仰祈

聖鑒事。竊臣承准軍機大臣字寄本年

上諭：御史費臻奏東省海船販運煙土潛入小口地方省

查拏不力一摺，據奏廣東廉州府屬合浦縣所轄沉

沙地方，外面濱海，內地界連高州府屬及廣西

鬱林州屬，海船載煙土停泊該處發售，復用

漁船各執鳥槍包送上岸，該縣城外之週圍長樂

英利各字號皆積慣囤販之家，有書差縱令收

及該縣內因亦為之包庇，又該縣潿洲地方栽

兩廣總督林則徐奏摺　遵旨查明廣東合浦縣現無囤販栽種罌粟並包庇情形

道光二十年七月十九日

種罌粟，縣丞王美吉並經屢屢勸送到該縣，韓
鳳祥初並未查禁，反將上年稿延擱不發，意存消弭等語。
奸商販運煙土，該書吏丁膽敢勾通包庇，實屬不
法。至地方栽種罌粟，既經該縣丞查勸送到，何以該縣
延擱不發？現當查禁鴉片吸食之時，不可不嚴行懲
辦。著林則徐確切查辦，據實具奏，毋許稍有瞻徇
姑容。將此諭令知之。欽此。查該處沙仔在高州府
屬之石城縣境內，湖廉洞亦非一處，地名蓋含大
廉山與六湖兩鄉而言。至合浦縣東北業經縣丞上
年秋間即風聞該處安有販運煙土栽種罌粟
之事，遵經委員查訪，及現在續委肇羅道王雲
錦前往查辦，各緣由附片奏。

同奉到

硃批諭去查辦毋庸瞻徇為要欽此欽遵在案茲據

該委員肇羅道王雲錦等稟查勘得欽州所轄

那沙一帶岸距海有數十里之遙中間皆係淺

水海船不能駛進其岸上設有礮台一座派

撥委帶兵四十名駐守防查該道登台遠望

台之東有大灘港西有英羅口雖皆水淺沙

灘而漁艇可以出入訊問有無販煙土情弊詢

諸附近各村老民暨水保人等俱云無耳目衆多

且稽查嚴密實屬無從偷漏斷無勾結情弊合浦

所轄外海邊加尋覓東兒有周圍長東英利

各字號剛經訪拘街鄰聲稱並有南海順德

二四

兩廣總督林則徐奏摺　遵旨查明廣東合浦縣現無囤販栽種罌粟並包庇情形

道光二十年七月十九日

德二即人蒲品照卿舊廬屋並空曾在合浦縣
城衣街西門外橋頭街開張城衣雜貨等鋪招
牌係寫周盛長泰英利已于道光十八年十月十
一月八月間先後歇業各回本籍內長泰店屋
現當與向查實情形閉閉日久其周盛英利原
店現係李榮盛鄧和記接開查其帳簿註載
接開年月均相符合又店書律之皆細訪並
至其人惟查實二字查係粵省俗呼書籍之
通稱並非名字第據廉州府街內書鋪卯冊
有貼寫徐大經徐治厚徐治堯徐振綸徐振
統五名訊無包庇販烟情弊及飭府確候研究又
合浦縣門丁周六時已病重訊據供向因多病

縱不出外與囤販各字號毫無交識敢保及
隨即立提故由府委令欽州知州黃定宜臨勘詳
報又查得合浦縣之大廉山六湖二鄉坐落縣東北
兩鄉之間有山延亘其中俗呼大廉洞粵人于山
谿錯綜之處多以崗稱並非洞穴東西約長三
十餘里南北六七里至八九里不等而大廉往
來大路左右田廬瞭然在此山之北而六湖東
西長二十餘里南北寬僅里許其田舍更一
覽無遺瞭訪明查並無栽種罌粟詢之有廉
湖書院掌教兩鄉紳耆葉自叢等率肄業生童
連環遞具並出具如查出有犯禁私栽願甘
結治罪切結又合浦縣丞王萬春亦據堅稱要

兩廣總督林則徐奏摺　遵旨查明廣東合浦縣現無囤販栽種罌粟並包庇情形

道光二十年七月十九日

未勘之湖廣洞地方栽種罌粟然不能無之至其情
前奉尚提解道廣州府書辦徐大經其子及等
同廣東兩司訊擬今供伊甚係賭寫幫書
所欲包庇販烟力有未能人之不信豪家并無
其子恒查廣湖洞地屢通徹而罌粟花則非
旦夕果有種植耳目難瞞既經疊次委勘
並無私栽似非飾混惟販賣烟土原難保其
因積之字辦與包庇之丁書堅不提集究明
以判虛實雖內丁困之乎敢援設病故府書
徐某實乃書辦之通稱並非名字而解到之
徐大經其姓氏既同難免非因證佐無人希
圖搪卸且省張國盛等字辦之蒲品昭郎

兩廣總督林則徐奏摺 遵旨查明廣東合浦縣現無囤販栽種罌粟並包庇情形

道光二十年七月十九日

奮庸盧要富因何俱經歇業近涉可疑未便
因其回南海順德本籍遂置不問勒拏嚴
究果有囤積烟土則何人販運包庇皆可跟追隨
飭南海順德二縣密訪嚴查蒲品昭先已病故埋
葬原籍與房族山鄉切詰伊蒲品昭之子蒲錦章
及邱奮庸均已身到案提訊據供或因患病或
因乏本于道光十八年十月十一月先後歇業
平日均無囤積鴉片與廣書翁丁並不認識研
鞫再三矢口不移傳質本籍各族鄰亦僉稱蒲
品昭等實係已經小本貿易並未囤賣過鴉片
眾供如一復查倉蒲翁和翁韓鳳翔係十八年十
月甫經到任該鋪戶蒲品昭邱奮庸旋已歇業

兩廣總督林則徐奏摺　遵旨查明廣東合浦縣現無囤販栽種罌粟並包庇情形
道光二十年七月十九日

兩處亟宜開處查該縣到任先之丁憂以自
年縱向其結且尤查該知縣韓鳳翔到任以來已
拿獲鴉片煙案十七起人犯二十一名其平日縱容弭
當廣東信者此查拏鴉片嚴禁之際尚敢不殺
因現在查之其乃積有大意致涉因循似屬隨
處隨時認真查拿務期掃除煙患以淨根
株既有遵
旨確查緣由謹繕摺據實覆
奏伏乞
皇上聖鑒謹
奏
道光二十年六月二十四日奏

二四

兩廣總督林則徐奏摺　遵旨查明廣東合浦縣現無囤販栽種罌粟並包庇情形

道光二十年七月十九日

硃批

覽

欽此

七月十九日

兩廣總督林則徐等奏摺　英國在粵兵船擄船尋釁現續添兵勇酌籌剿堵情形

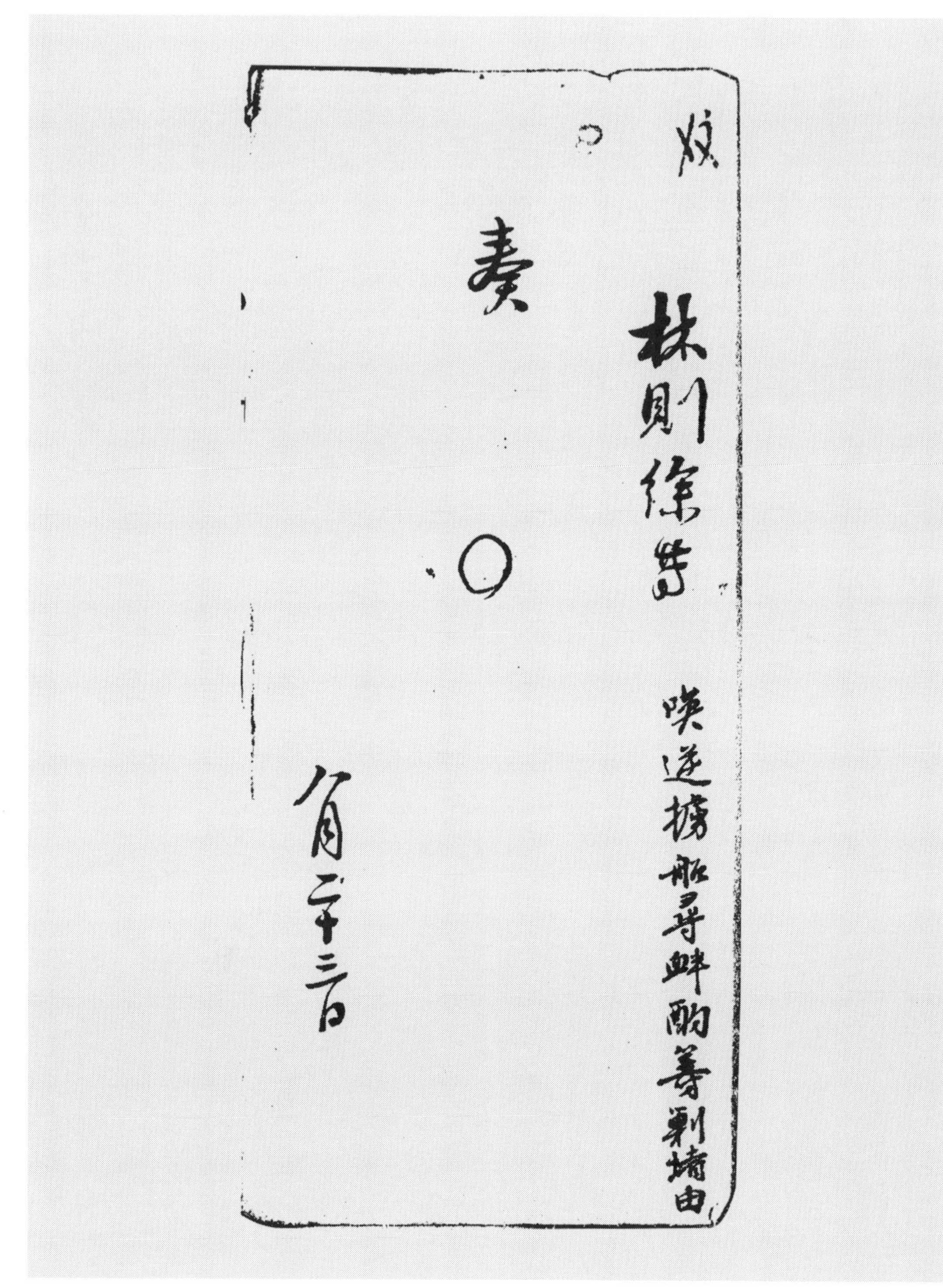
奴
林則徐等
奏
暎逆擄船尋衅酌籌剿堵由
八月二十三日

兩廣總督林則徐等奏摺 英國在粵兵船擄船尋釁現續添兵勇酌籌剿堵情形

道光二十年七月十九日

兩廣總督臣林則徐
廣東巡撫臣怡良 跪
奏為英夷逆在粵兵船雖未敢深入而漸有擄船尋
釁情形現又續添兵勇酌籌水陸剿堵以期早
靖夷氛恭摺奏祈
聖鑒事竊照英夷咭唎兵船陸續到粵者往來靡常截
至本年六月下旬尚存七隻業將或往或來船數並用
防堵情形隨時奏
聞在案該英夷自上年斷其貿易以來日擄洋盜
務即有多船隨至或私擄截內地行舟是非挾
制通商圖銷鴉片臣等惟以遏其蠹奪
敕諭不可恃皇而無以防兵倍加嚴整彼見推之甚
力愈隙而乘故其來既隨到隨開即移於三羅停

旋駛是先前猶未尋釁尚可使之自困不值海
上交鋒今則已在洲洋妄肆鴟張罪大惡極内
知上干
天朝震怒雖望仍准通商在粵夷船遂亦漸形猖
獗竟於海邊截船先後擄去十四隻甚至擄
民船舵工鄧全恬一名吳僑水手杜亞發一名葉
民懷切同仇指引兵在洋擒獲白夷吐呢噸
一名黑夷嘶唎及吃吐兩名解省究辦該嘆夷
又信託在澳西夷代求釋放並稱如不允准即
欲逼澳派援藉端恫喝情寔難容雖現在嘆夷
兵船七隻内又向老萬山外駛去一船其火輪船
去而復回故亦止一隻惟該國尚有載貨篷

兩廣總督林則徐等奏摺　英國在粵兵船擄船尋釁現續添兵勇酌籌剿堵情形

道光二十年七月十九日

[illegible]多船約二十餘隻同泊在洋其船亦有礮械
難保不乘隙生事亟應備守禦臣等陸續調
集各營大號米艇二十隻並雇募紅單船二十
隻拖風船二十七隻于選配兵丁之外復募挑壯
勇千餘名分配礮火器械籌遂妥將備齊帶先
于內洋逐日操演以備戰攻之用又為從嚴備火
船二十餘隻均交水師提臣關天培分派各船備
隨帶應用臣林則徐於本月二十日帶印登舟
赴離省八十里之獅子洋將所練各兵勇親加校
閱所技藝均已精熟即擇日整隊令其全出大洋
併力剿辦臣林則徐亦赴虎門駐劄與提臣就近
籌商隨時調度臣怡良現值文闈期近仍駐

省城文武一切及廣州將軍臣奕湘、副都統臣
英隆先于五月間商有暎夷兵船來粵，即經
挑選滿營水陸精兵一千名，洽會臣等隨時調遣。
當因省垣重地，防守尤為緊要，仍令按段稽查，
以備策應而壯聲威。惟查師船在大洋接仗，
全恃佔住上風，仍須揣度機宜，乘風潮順利
之時，路合宜遣發，不敢輕率僨事，亦不敢遲延失
時，以期進獲勝仗。擬即由驛奏

聞，仰紓

聖廑。至澳門地方，久為暎夷所覬覦，而西洋中奸
良不一，亦難保無暗與勾結之人，即如此次續獲
暎夷與西夷本無干涉，乃代為求懇釋放，並以

進澳滋擾之言虛張挾制雖該獲咲夷素生
輕重難時若徇該請則損威示弱轉啟以戰叵
測之意臣等不得不嚴行批駁惟西夷既恃兵單
力薄各有戒心自應振我軍威予代為保護之牢
即寓鉗制防維之道查澳內先調兵勇千
餘名在內向一帶與防兵力尚未甚厚臣等現
又添調督撫兩標官兵連前共合二千名派
委督標參將波啟善右營副將多隆
武撫標守備程步韓帶入澳內與新任香
山協副將惠昌耀等會合防堵仍責成
奏委駐澳之高廉道易中孚悉心籌策酌
協機宜不得稍涉偏優柔致貽後患先曉諭西

兩廣總督林則徐等奏摺 英國在粵兵船擄船尋釁現續添兵勇酌籌剿堵情形

道光二十年七月十九日

洋夷衆以澳內係
天朝疆土伊等累世受廛蔭何
深恩豢養今恐暎夷竄進澳門滋擾該西夷力不能敵
是以特遣重兵來澳與爲保護又使他族仍得住
居於西洋中竟有昧良之人潛與暎夷勾結即
須獻出懲治倘竟護其罪弄錢而阻撓假兵是
大昧乎順逆存亡之理必至玉石俱焚後悔何及
且澳內一年出產日食所需悉資內地即使暎夷
佔澳一經斷其接濟彼亦無以自存年不思後西
夷並受其害惟當心內向則斯係自不致被凌
如安分自向尊諒西夷亦不至暎夷所害而澳內
得此重兵壹二可保靜謐總使恩威並濟操縱

兩廣總督林則徐等奏摺　英國在粵兵船擄船尋釁現續添兵勇酌籌剿堵情形

道光二十年七月十九日

咸宜以昭炎御副
聖主綏靖邊夷之至意所有續籌勦堵情形臣等謹
會同臣廣州將軍臣宗室公奕湘付都統臣宗室
英隆水師提督臣關天培陸路提督臣郭繼昌
合詞恭摺具
奏伏乞
皇上聖鑒謹
奏
道光二十年八月二十三日奉
硃批
欽此
七月十九日

兩廣總督林則徐奏片 粵省防務堵御喫緊舟師驟難分遣赴浙

林則徐片

再臣等正在繕摺間接准浙江撫臣烏爾恭額
來咨知經
奏請飭調廣東舟師二千赴浙會剿雖尚未
接奉
諭旨而浙省現須協剿即調遣不可稽時惟查粵
省海洋向分中東西三路袤長三千數百餘里
大小港汊不可勝數其孤懸海中之島嶼更
多一處可以窺伺者此時防夷喫緊之時調備戰
攻以及分派巡洋堵禦隨在在在均關切要雖
通省外海水師額兵向有二萬而分之則見
少實為不敷遣用疊飭各營募雇丁勇

以資協防獨恐不能周密是一時實無可以抽撥之兵即額設師船如中小米艇以及撈繒八槳祇能在於本港巡防而每營少者僅一隻至多亦不過五六隻不敷分巡現為僑僱便要廿艇遠用其大號米艇西赴遠洋者通省額設祇有五十一隻又係屆限修造及遭風損壞拆造之船除現在堪用者止有三分之二若以二千兵赴浙即須大號米艇二十餘隻方敷配載是一時亦無可以抽撥之船又查米艇成造例價至大者僅銀四千三百兩以視夷船每隻價至七八萬十餘萬兩不若船式之高低大小木料之堅脆厚薄皆有霄懸殊且甘心

兩廣總督林則徐奏片　粵省防務堵御吃緊舟師驟難分遣赴浙
道光二十年七月十九日

海疆戰船固須趕緊亟思設法改造堅固
大船以壯水師聲勢而苦於經費之難今春在
查舊籍捐資仿造西船底用銅包悉如洋
式雖能堅實而船身較小尚須另籌辦理
以此次剿夷仍係在江等拖風甘船期以資救
之用今成全力如常
聖主鴻福得以迭有勝仗使㖫夷難踞於粵洋
或可乘勢窮追俾舟師會攻於浙海目下
間不容髮且於細察情形再三籌畫實有
驟難分遣之勢不敢不據實陳明除密要
附陳情形另奏外謹附片具
奏伏乞

兩廣總督林則徐奏片 粵省防務堵御喫緊舟師驟難分遣赴浙

道光二十年七月十九日

聖鑒謹

奏

道光二十年八月二十三日奉

硃批 已有旨 欽此

七月十九日

兩廣總督林則徐奏片

密陳譯出英人信件探聞定海英兵情形

410

硃 硃 硃

林則徐片

再臣等因粵洋現有㕨船自西常通浙信日昨

屢經設法密探定海情形頃有覓得夷人信件譯

出漢文內叙此次領兵攻定海賊者名曰啲啉嘛甚

總兵之夷目人名曰咖喱嘰係東印度水師

贊所主其夷船最大名曰麥爾威厘有礮七十

四門該船進定海港口時碰在大礁之上底穿

一孔入水甚深幾於沉沒又有帶兵夷官破分頗

大之呵囒咑被我師打死現在英逆甚謹定海居

民田土該處與之同住而民人屢指名至所出章

程亦無人肯信沿海漁船患皆避去免夷船奪

作隨帶嚮導兼作資糧今已燬火倉無多轉瞬

風色將轉，拘甚懸急等情，是其彼備之窘，已可概見。臣等竊思粵省民人患其與夷相習，而浙省之民轉欵其習於夷而使於行事。若以夷信所言，必食無多，又恐風色將轉，是臣等有可乘之機。與其交鋒於海洋，未必即有把握，莫若誘擒於陸地，蓋夷更無能為。我將兵勇

朕

招作鄉民，或將鄉民練為壯勇，陸續回去，設法詐為其挾而返顧，與其久居一處，察有多人，約期動手殺之，將夷雜物行是異種無遺。惟機緘不可漏泄。現閱該逆中有晴吐嗑一名，倚為定海知官，其人能為華言，更須防其詭計。臣等已具密函飛致浙江撫臣烏爾恭額斟酌

辦理，第係臆揣情形，未知當否，謹再附片密陳

伏祈

聖鑒謹

奏

道光二十年八月二十三日奉

硃批　欽此

七月十九日

兩廣總督林則徐奏片

副將陳朝良帶兵出洋剿辦請暫緩赴部引見

日　交

行　林則徐片

再署廣東龍門協副將續調崖州協副將陳朝
良前准部咨行令給咨赴部引
見當經前督臣鄧廷楨咨明兵部俟接替有人再行
咨送在案茲陳朝良已卸龍門協篆自應查照
給咨北上因適值中路勦辦英夷業經派雇
多船加配兵勇所帶之水師將領熟者不敷
該副將陳朝良向在閩洋熟諳水戰現當需人
之際臣已飭委該副將分帶弁兵壯勇駕船出
洋合無仰懇
聖恩俯准陳朝良暫緩北上一俟夷務平竣即行給
咨進京謹附片具

兩廣總督林則徐奏片　副將陳朝良帶兵出洋剿辦請暫緩赴部引見　道光二十年七月十九日

兩廣總督林則徐奏片 副將陳朝良帶兵出洋剿辦請暫緩赴部引見

道光二十年七月十九日

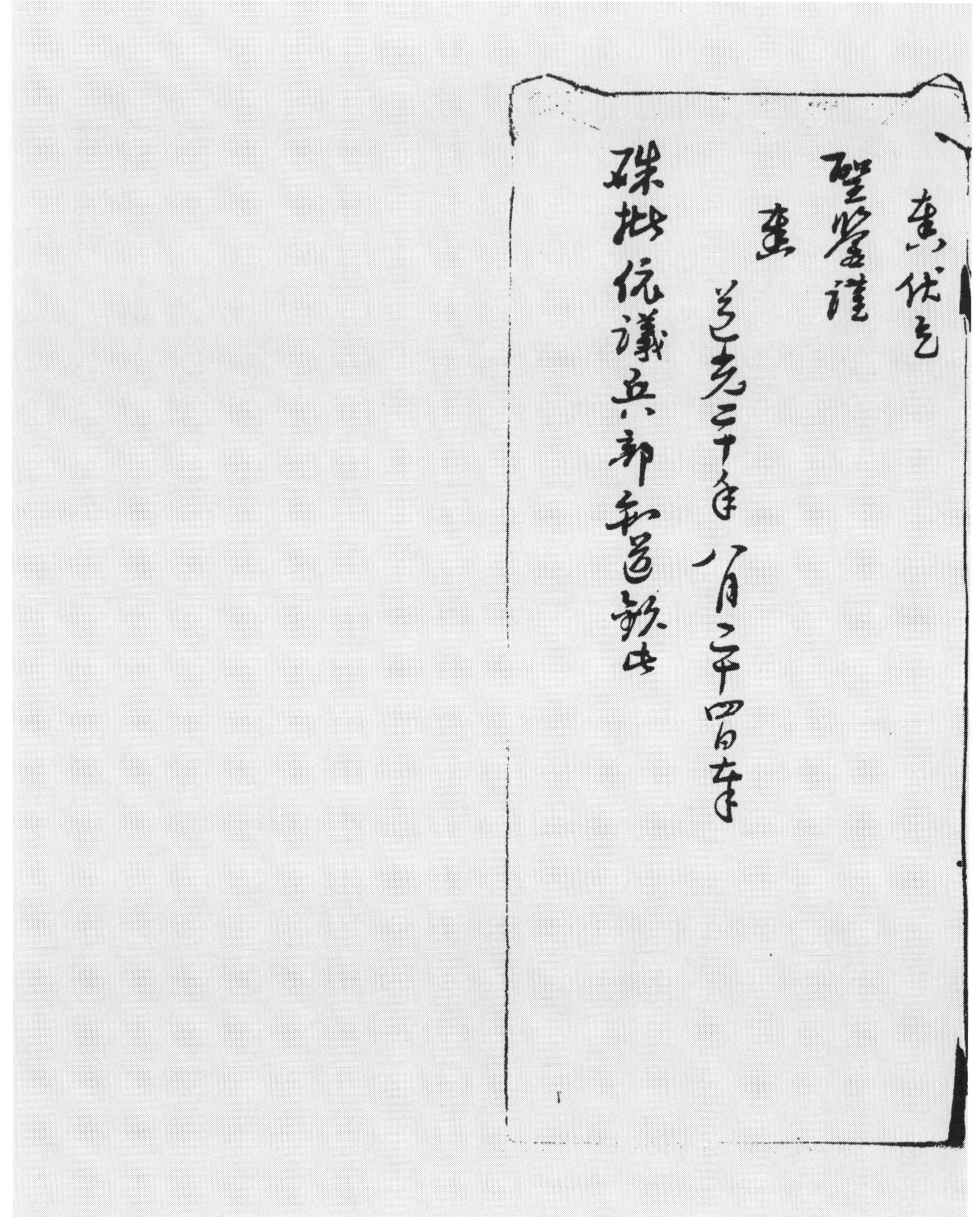

奏伏乞

聖鑒謹

奏

道光二十年八月二十四日奉

硃批依議兵部知道欽此

兩廣總督林則徐等奏摺

粵省道光十九年份徵收新舊錢糧三年比較盈絀數目

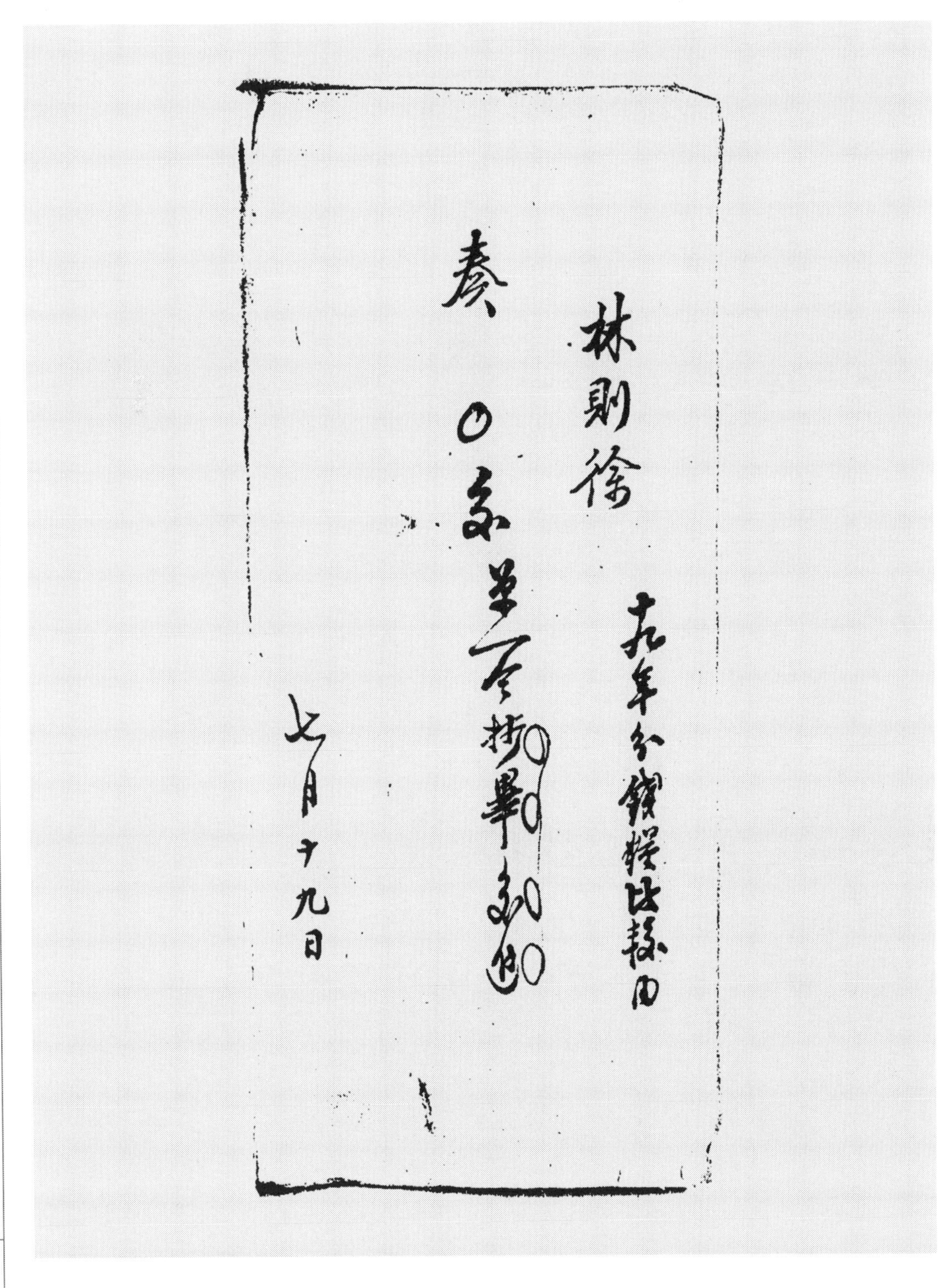
林則徐

十九年分錢糧比較由

奏

[illegible]

七月十九日

兩廣總督林則徐等奏摺 粤省道光十九年份徵收新舊錢糧三年比較盈絀數目

道光二十年七月十九日

兩廣總督臣林則徐
廣東巡撫臣怡良 跪

奏為徵收道光十九年分新舊錢糧三年比較，恭摺具

奏，仰祈

聖鑒事。案准部咨，各省徵收錢糧比較限期，總以年底都數次年二月造報，春撥之時即將新賦項下額徵若干、蠲緩若干、已未完若干，舊賦項下帶徵若干、應徵若干，比之上三年或多或少，一一詳晰具列開單奏報，即以道光廿年春撥為始，一律造冊辦理等因。又准部咨，各直省每年未完分數，總以年底未經奏銷不能全完為詞，是通年全額錢糧尚未徵齊，自不若

兩廣總督林則徐等奏摺　粵省道光十九年份徵收新舊錢糧三年比較盈絀數目

道光二十年七月十九日

所以粵省錢糧每年盈絀三年比較更為周匝茲等

因飭司查案亦值辦理道光十九年分粵省錢糧之

期限循例

題報外按照部頒條式通詳稽覈道光十九年分

徵收新舊錢糧按照粵省以比較上三年盈

絀數目開列清單請照入奏解道旨支無虧請

奏前來臣等覆核無異謹恭摺具

奏並開清單恭呈

御覽伏乞

皇上聖鑒敕部查照施行謹

奏

道光二十年七月十九日奉

二四

兩廣總督林則徐等奏摺　粵省道光十九年份徵收新舊錢糧三年比較盈絀數目

道光二十年七月十九日

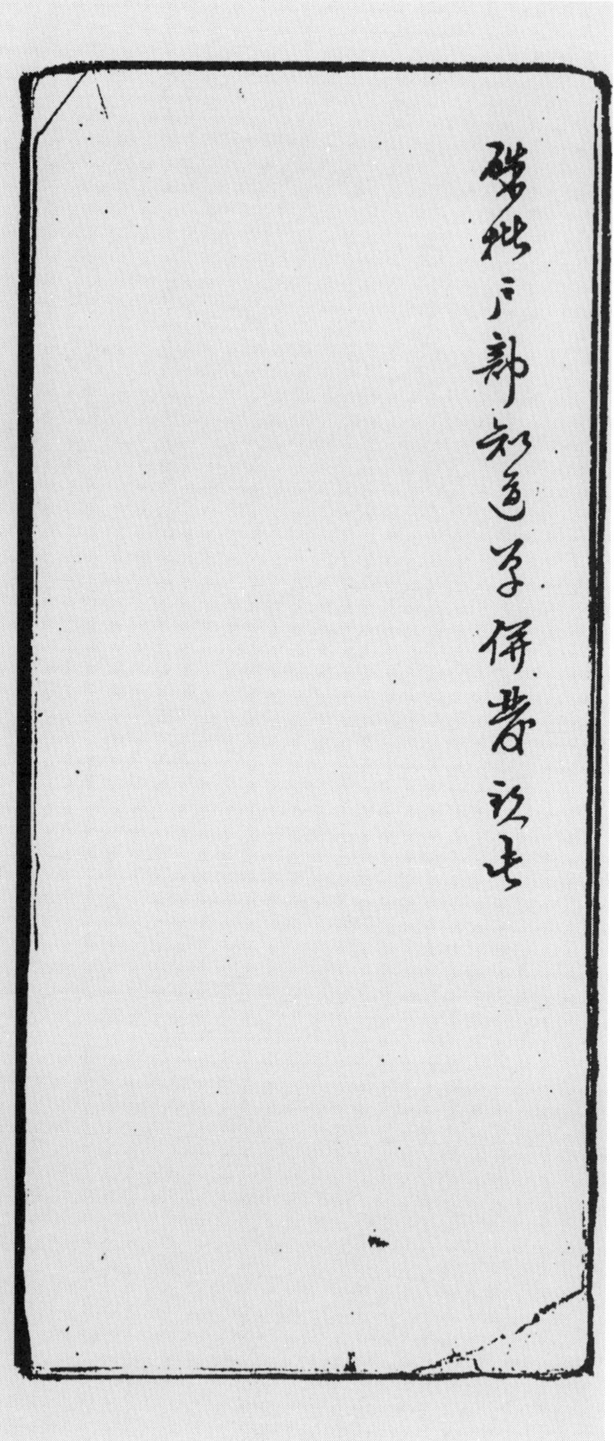

硃批戶部知道單併發欽此

粤省道光十九年份徵收新舊錢糧比較上三年盈絀數目清單

清單

謹將廣東省道光十九年徵收新舊錢糧截至
奏銷止比較上三年盈絀數目開列清單恭呈
御覽
道光十九年分額徵新賦地丁正項銀一百九
萬八百一十九兩零截至奏銷止
全完訖内造入道光十九年秋季用報銀一
萬四百九十八兩零造入道光二十年春
季用報銀三十一萬八千七百六十三兩
零候造入道光二十年秋季并除留支給
及虧短勒追各款共銀四十七萬七千七
百四十兩零完解高廉雷瓊二道庫充支
兵餉銀一十四萬三千八百八十七兩零

各府廳州縣留支併虧短勒追共銀一十
三萬九千八百七兩零解鹽運司民糧鹽
課銀一百二十一兩零
計完十分
比較道光十六年應徵銀一百九萬二千四百
六十四兩零
已完九分九釐七毫零銀一百九萬二百六
十兩零
未完二毫零銀二千二百三兩零
計多完二毫零
比較道光十七年分應徵銀一百九萬二千四
百五十三兩零

全完訖
計完十分
計完分數相等
比較道光十八年應徵銀一百一十一萬八千
九十三兩零
全完訖
計完十分
計完分數相等
舊賦項下
道光十九年帶徵道光十三十四年緩徵地丁
銀四千九百四兩零
已完銀二千三百六十二兩零造入道光十

九年秋季用報銀二千二百五十兩零候
造入道光二十年秋季用報銀一百一十
一兩零
未完銀二千五百四十二兩零
計完四分八釐一毫零
未完五分一釐八毫零
比較道光十六年帶徵道光十三十四年緩徵
地丁銀一萬九千八百一十四兩零
已完八分三釐一毫零銀一萬六千四百七
十二兩零
未完一分六釐八毫零銀三千三百四十二
兩零

計少完三分五釐零

比較道光十七年帶徵道光十三十四及十六年地丁并緩徵共銀五千五百四十四兩零

已完八分二釐四毫零銀四千五百七十兩零

未完一分七釐五毫零銀九百七十四兩零

計少完三分四釐三毫零

比較道光十八年帶徵道光十三十四年緩徵地丁銀六千四百二十七兩零

已完八分三釐一毫零銀五千三百四十二兩零

未完一分六釐八毫零銀一千八十五兩零

計少完三分五釐零

覽

兩廣總督林則徐等奏摺　**審明已故龍門縣知縣章芳僞家丁挪移倉庫錢糧分別定擬**

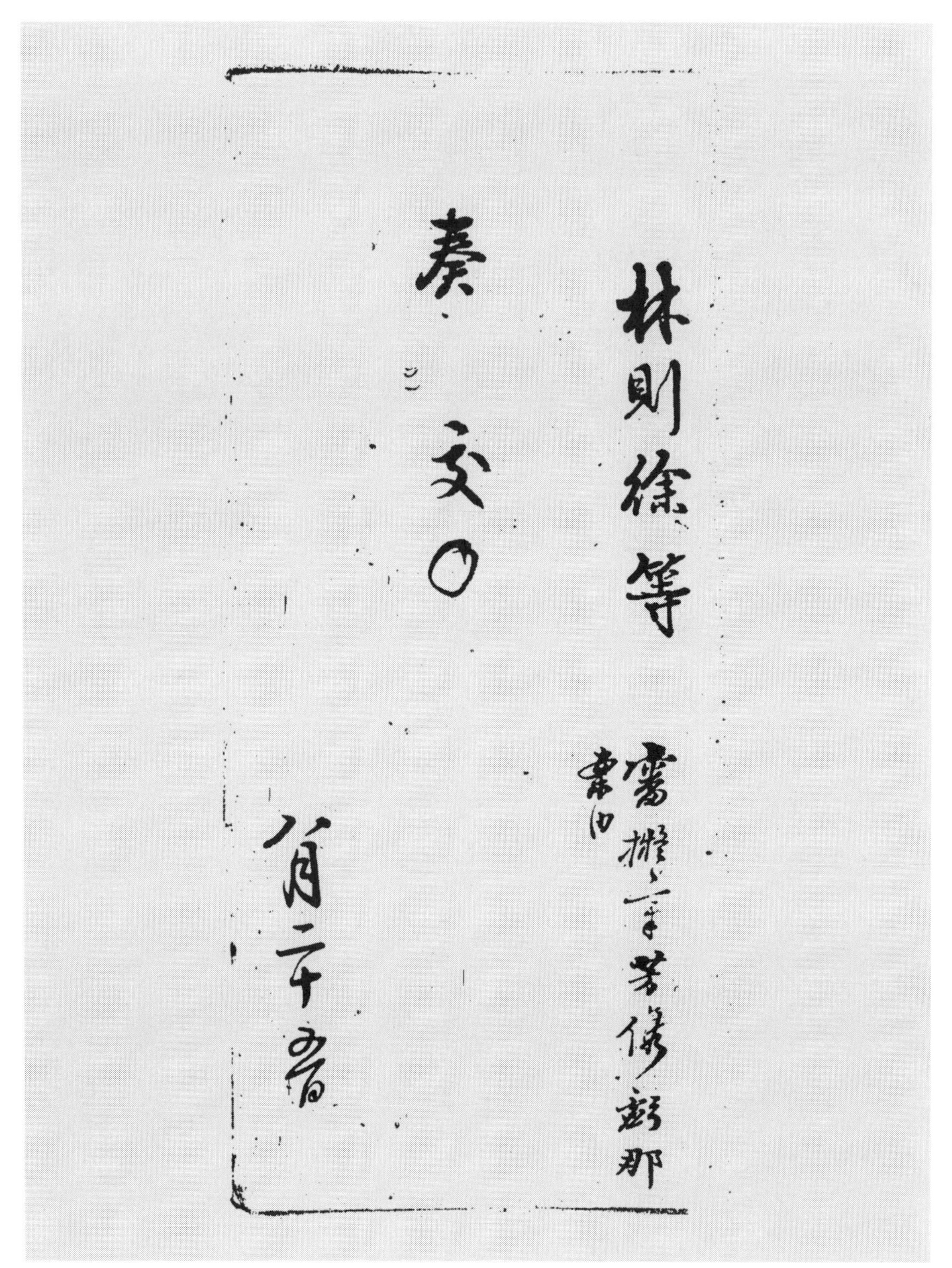
林則徐等　審擬章芳僞彭那

奏　交○

八月二十

兩廣總督林則徐等奏摺　審明已故龍門縣知縣章芳僑家丁挪移倉庫錢糧分別定擬

道光二十年七月二十一日

兩廣總督臣林則徐跪

廣東巡撫臣怡良

奏爲審明挪移倉庫銀穀已故知縣之家丁照

例定擬恭摺具

奏仰祈

聖鑒事竊照前任龍門縣知縣章芳僑因經手

倉庫兩項查出短少正雜捐款共銀六千四百

餘兩倉穀三百一十一石二斗二升二合一勺經

前督臣鄧廷楨會同前撫臣祁𡎴恭摺

奏參請將該家屬丁胥嚴提澈底究追兹奉

諭旨這所參虧短倉庫之已故勒休廣東龍門縣

知縣章芳僑于任內經管倉庫共短少正雜

捐款銀六千四百餘兩倉穀三百十餘石之多該

家屬追不清繳顯有侵蝕情弊在鄭廷楨委
嚴提該家屬暨經手丁胥人確審覈辦定擬
並此外有無未清款項分別究追按例定擬辦理
訪有該故員原籍祖籍家產及寓所資財並一併
查封備抵茲據遵經行提該故員章芳儁家屬及
經手丁胥人等並咨文代卷宗赴省飭委廣州
府督審外一面飭司委員該故員寓所衣物查
抄估值紋銀三兩五錢四分並准浙江撫臣咨報
抄存該故員祖籍房屋田畝共估值紋銀四百
五十一兩七錢二分七釐五毫又准順天府尹查覆
該故員寄籍並無家產無憑查封備抵等情
茲據委員廣州府等查明該故員章芳儁止

遺妻一子，其子年僅七歲，此外並無親屬在粵。據
集該故員家丁及書役人等審明，議擬由藩臬
兩司覆審，並無別項，原參短交正雜捐款
共銀六千四百四十五兩五錢一分九厘，內正雜各款
銀五千三百四十六兩三錢五分七厘，捐款銀
一千九十九兩一錢六分二厘，除將查抄該
故員家產衣物及原籍田房共估值銀四百
五十五兩二錢六分七厘五毫，又續查出該故員
任內未領養廉及墊支不敷因報銷功銀一千八
百五十八兩八錢七分二厘，均應備抵外，尚虧短
正雜庫項銀三千三十二兩二錢一分七厘五毫，
捐款銀一千九十九兩一錢六分二厘，應歸主

石一十二石二斗二升二合七勺，此外並無另有
未清款項等情前來，臣等督同司道親提研
訊，緣章芳儁籍隸浙江會稽，寄籍順天
府宛平縣，由廩生於
見以知縣用，遴選揀發，內補龍門縣，道光十三年六月初
四日到任。十四年十月內，差家丁黎升與倉書王
殿文解運倉米六百餘石，船至番禺縣屬虎
離洋西面，遭風擊破米船二隻，搶救不及，沉失米
四百五十六石七斗九升三合，當經該升稟，章
芳儁前赴查勘屬實，因係解運不慎，例應賠
補，未經詳報，即照數買米補運。又十五年
五月內，縣城連日風雨，城垣衙署俱被倒塌

經該故員購集料匠修葺完固又因縣屬界
連四邑匪徒最易竄匿遇地方緊要緝捕無
要隘另設建設卡房僱募壯丁並添舖巡以上各
項經費無從設措除自行墊用銀兩不計外
共挪用庫貯銀徵存銀所糶羨耗米盈餘
穀變價等項正雜庫銀五千三百四十七兩
三錢五分七厘又挪移常平倉穀三百八十
石二斗二升二合一勺陸續碾米支放壯丁口
糧該故員挪用時並經書吏李文光王毅文
許綬廣振及家丁黎升等阻諫故員章芳
儁答以暫時挪用隨後設法籌補旋因銀兩
無措未及歸款並曾有本任存捐各款銀一千

九十七兩一錢六分二釐七毫八絲捐解離任因勤休離
任隨即病故經接任之員查出虧短銀穀由
該管道府詳司揭請
奏參茲提集該故員家丁書役分晰審悉前
情原芳以該家丁所供虧倉庫銀穀均係因公
挪用難保非避重就輕[illegible]意存掩飾復加嚴
詰據稱當日買補倉米修理城垣衙署并以捐
土匪所須用去銀兩均有卷可查並經書
斗級亦俱未侵蝕入己情事況家主已故無可
迴護如果有侵蝕情弊何必代為隱飾等
語質之庫書羅文光倉書王聯文斗級廖
振含供無異檢查卷宗核對亦與所供相符似

至若飾查例載挪移庫銀五千兩以下者擬雜犯
流總徒四年限一年果能全完免罪開復又州縣
虧空倉穀以穀一石折銀五分定罪各挪移
者照挪移庫銀例擬既更倉穀全據任收于
秋成穀賤時申詳督撫藩司酌量分糧照時價
先行買補于虧空人員及妻子名下勒限一年收
勒用銀兩照數追補返項又審擬挪移之章芳
定案自查收參後完過若干准予開復以現在僞
之穀定擬撫恐未協謹於道光十三年前督臣盧坤會同
前撫臣朱桂楨
奏奉
諭旨各州縣挪移銀兩有虧短揭款則扣留查看勒休

臣等逐款分別擬案奏辦外因欽此此案前任龍門
縣勒休後病故知縣章芳僑因賠補沉失米石侵
挪工程等項挪用庫銀五千三百四十六兩三錢五
分七釐又挪移倉穀三百一十一石二斗二升二合石
照例每石折銀五錢作該銀一百五十五兩六錢一分
一釐核計倉庫二項共挪移銀五千五百一兩
九錢六分八釐除于奉行查抄家財衣物及原
籍田房共估值銀四百五十五兩二錢六分七釐
五毫又查出該故員未領養廉等款銀一千八
百五十八兩八錢七分二釐均請抵完正雜款現
實未完倉庫銀三千一百八十七兩八錢二分六釐
五毫自應以現在未完之數按例定擬章芳僑居

依挪移銲銀五千兩以上擬雜犯流總徒四年
例，總徒四年。業已病故，應毋庸議。所挪銀兩
在于該故員家屬名下按限追繳。其經手指
數銀一千九十九兩一錢二分二釐，亦應照
奏定章程勒限一年著落該家屬照追完項。倘
俟逾限屆滿尚未完繳，另行照例辦理。庫書
吳文光、倉書王敬文、斗級廖振、家丁黎升于
本官挪用銀穀時，雖經勸阻，惟查本年催收時歸
補完竟不合。王敬文、黎升于領運兵米時，又不
能預為防範，以致擊破米船，沉失米石。廖振辭
然均請照不應重律杖八十，分別責革。吳文光、
王敬文、廖振俱革役。相移該故員寓所衣物即

行照估變價，連追出領農應賠項銀兩，先飭該
縣分領回歸款。其原籍抄存田畝房屋，移咨浙
江撫臣飭速變價解粵，備抵未補倉穀。飭令現
任該縣將侵缺，於穀賤時按照時價詳明動項
買補。所有不敷之穀，責該員家屬名下勒限照
數追還歸項。除備錄供招咨新部外，此有審明定擬
緣由，臣等謹合詞恭摺具
奏，伏乞
皇上聖鑒，敕部核覆施行。謹
奏。
道光二十年八月二十七日奉
硃批：刑部議奏。欽此。
七月二十一日

上諭　著照林則徐等所請給還始興縣知縣莫春暉頂戴

道光二十年七月二十二日内閣奉

上諭林則徐等奏請將原參疎防之縣令給還頂帶一摺廣東始興縣知縣莫春暉前因該縣河面被盜一案僅報獲夥犯七名起贜無幾當降旨將該員摘去頂帶勒限緝拏解省嚴審茲據該督等奏稱該員於被參後業已獲犯過半兼獲首犯並審明此案並非强刦該縣實無意存消弭情弊莫春暉著准其給還頂帶該部知道欽此

兩廣總督林則徐等奏摺 **拏獲迭劫及在逃多年盜犯審明分別辦理**

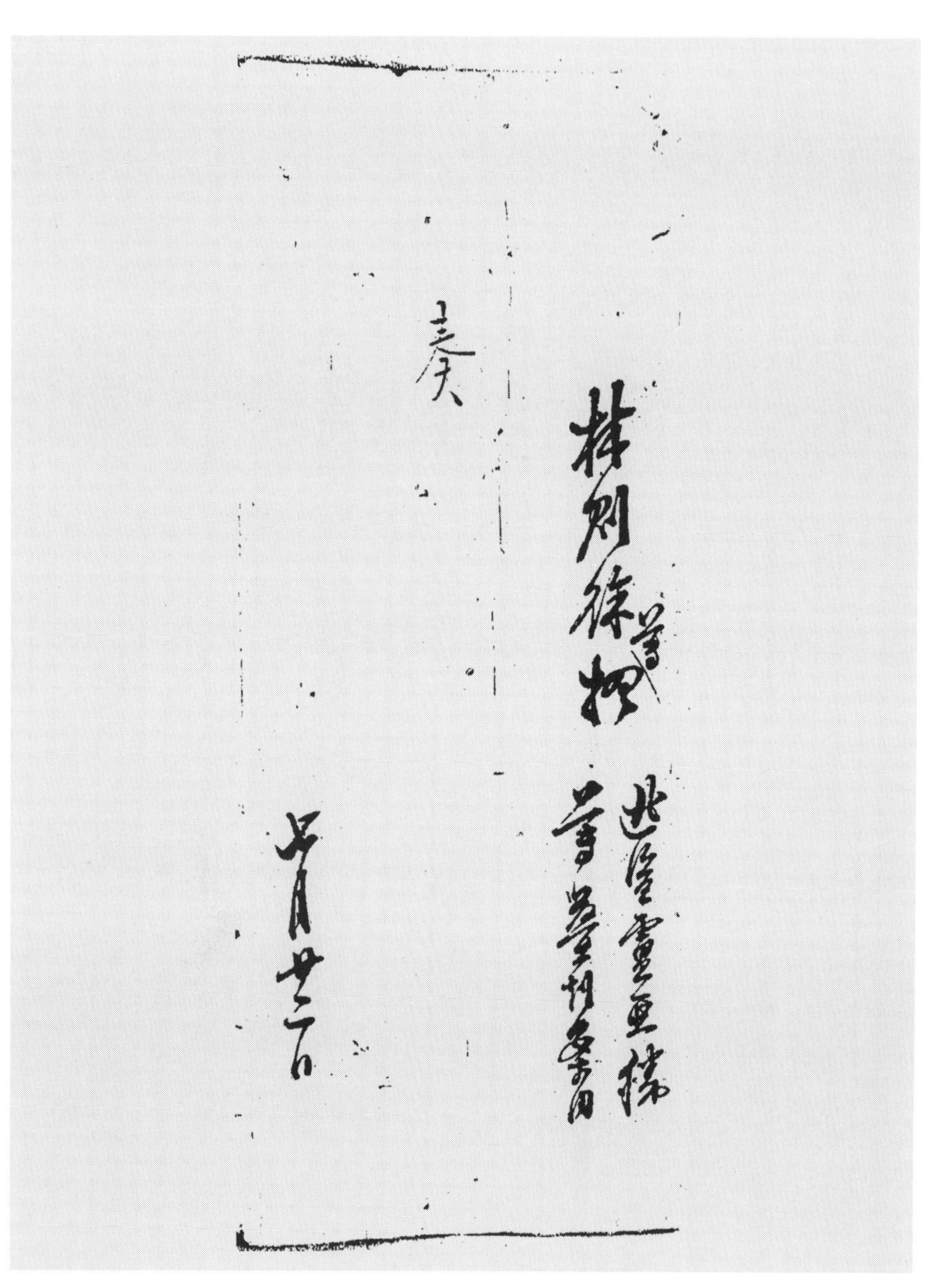

奏

林則徐等摺

七月廿二日

兩廣總督臣林則徐
廣東巡撫臣怡良 跪

奏為拏獲迭劫及在逃多年盜犯審明分別照例辦理恭

摺

奏祈

聖鑒事竊照順德縣事主陶全心曹廣泰何蘇氏李啟

昌曾蘇帽英蘇滿成被盜疊劫各案先經獲

盜犯劉進芳甘青如因有迭盜尚多未獲經臣等

嚴檄該管文武上緊嚴拏務令全獲據該縣先以

詳報事主杜方舉羅業呂黃氏馮吳氏被盜疊

劫各案亦經嚴飭速偵緝拏據該縣營

兵役隨同緝捕委員偵獲盜犯盧亞勝朱亞

韓劉西新馮亞李鍾亞幅劉阿賊譚阿沈劉亞垣

兩廣總督林則徐等奏摺 拏獲迭劫及在逃多年盜犯審明分別辦理
道光二十年七月二十二日

吳亞揚羅亞燦戲陽洲吳亞財馮亞改陸亞
新李亞坤麥亞勝鍾亞擧黎亞庚李亞同
李亞有黎亞桂黃亞孔林亞早區亞羅蘇亞
彩請以道二十六年在縣者多妻罟廣州府屬縣
會同候補道判到提省同候補知府長蕃時技
寶陸綿香審辦等犯提訊委員等歸犯審明擬議
擬由署臬司王寫丕審解勘前案犯朱五
耀到海賊壇以淺到亞坦馮亞河麥亞有黎
亞社林亞早區亞羅李南海香山順德各縣
緝捕務分情前來臣等即督同司道提犯研訊
據獲麥盧亞勝等以賭博比等於道光十六年
五月初十日夜犯盧亞勝起意共夥十二人行劫五主

隨入心耕寮前劫之何亞揚糾同亞保、劉亞蔴現獲
另劫之吳亞獅子尚未獲之吳亞十、廖亞貴、吳
亞腓、劉亞目、左分勝出投駐盧亞勝與庇劫之劉
進茅現獲之劉亞新未獲之劉傳年、劉亞安入
寮搜劫銀物價分。又十六年五月初七日夜，該犯
盧亞勝聽從前劫之盧亞麟起意，共夥十二人
行劫子主曹廣秀家。前劫之盧亞澤、盧廖保
何亞成未獲之劉亞雁、劉雅茂、新四淺、亞秩在
分贓。續糾賊盧亞麟與該犯盧亞勝及黃姓吳
淡春、麥亞土、盧保、豬屎四未獲之盧伯萌入室搜
劫銀物價分。又二十年二月二十五日夜，該犯盧亞勝
聽從現獲病故之劉亞坤起意，共夥八人，行劫子主

兩廣總督林則徐等奏摺　拏獲迭劫及在逃多年盜犯審明分別辦理

道光二十年七月二十二日

杜序著寫陂時行強犯盧亞勝兩次現獲之黃
亞孔未獲之朱亞漢譚亞勝李亞勝呂振
贓到亞垣與現獲之袁亞魁未獲之曹亞癇
再不識姓名一人入室搜劫銀物俵分又二十年三
月是日夜強犯盧亞勝听從現獲之陳亞幅
起意共夥十八人行劫多主羅居字現獲之
陳亞新華亞坤麦亞務任亞章再現獲之病
故之朱天耀未獲之梁雇但羅大眼富黃發
區李谷把風接贓張亞幅與強犯盧亞勝再現獲
之馮亞李吳亞芋楊羅亞蟻歐陽明與現獲另案
之梁亞相未獲之胡亞清麦炯沙黎梁亞簡拔
頭入室搜劫銀物俵分又現獲之病故之朱天耀

于道光十六年十二月初二日夜，听從未获之朱錦輝
起意，共夥十四人行劫馬之何蘇氏家，臨時行強
前办之朱亞但、朱治勝、黄威寬、未获之朱五、潜
朱陶、洸朱亞炳、不識姓名之亞才在外接贓，
朱錦輝與該犯、朱亞耀及另办之朱振青、朱
亞貴、朱之七、薛未获之葉亞杞、并不識姓一人
入室搜劫銀物俵分。又現获之到亞新于道光
十八年十二月十六日夜，听從另办之到亞雁起
意，共夥七人行劫馬之李蔡氏家，臨時行強
前办之道亞名，未获之到佳來、到亞與在外接
贓，與到亞雁與該犯、到亞新及另办之陳業
皆與該犯入室搜劫銀物俵分。又現获之馮

兩廣總督林則徐等奏摺　拏獲迭劫及在逃多年盜犯審明分別辦理
道光二十年七月二十二日

亞未于道光十八年十二月初十日夜聽從前
尤亞岑糾伴保起意共夥十二人行劫事主
蘇炯業家渡船馮亞來與前未獲之周金廣清
亞潑楊亞五楊亞文未獲之不識姓亞洪在船分
贓復據姓岑糾伴保與前未之清亞元
李亞潑現獲之傳亞揭未獲之麥亞德
同不識姓名一人又于道光十九年十二
月二十六日夜糾同馮亞本助搶現獲之潘亞清同
潘起意共夥十人行劫事主呂姓民船現獲之
蘇亞魁潘亞門現獲病故之林亞星區亞羅
未獲之余賢成坐分贓復據潘亞清同潘亞與糾伴
馮亞本及未獲之麥炯伴黎亞英亞明並不識姓名

一人入室搜劫銀物俵分。五十九年十二月二十八日夜，
該犯馮亞來聽從現獲病故之劉潮賊起意，共
夥十二人，行劫馬子鴻景順店舖。現獲之黎亞廣、
李亞用，現獲病故之黎亞有，未獲之林
鍾九、黎亞九、黎華興、潘李寄接贓，勝華、劉添
賊與該犯馮亞來及現獲病故之馮亞汝、
未獲之黎亮比、陳亞明入室搜劫銀物俵分。又
現獲之何亞幅于道光十九年十二月初十日夜，
聽從在逃之陳亞買起意，共夥十八人，行劫石至
蘇清成高恰號，行強。在逃之盧亞得、清華、
角何亞穆，未獲之胡亞清在外接贓。聽從
該陳亞罘與該犯鍾亞幅及在逃之黎亞漢望

西洋未獲之李積倫花西逃入重樓劫得物
係分每審擬西勝與供認前情又詳其究不
移案來逼錄又名犯尚有另犯樓奪各案均
在押罪不致之列陳子滄郭供指再由詳晰聲
敘等查例載粵東內河盜劫之案行劫二次
又脫逃三年以後就獲各犯又行新池者加以專
予等詳
一 三犯先行正法又律載強盜已行而但得財者不分首
從皆斬又共謀為強盜臨時行強臨時之意及共
強盜者不分首從論又例載盜劫之案應行
究之審明該法所犯有又情有可原者分晰聲明
各等語本案陳所從行劫二次在逃已逾三年罪

又新集又朱亞旗與趙意行劫入室擄贖一次又
又新洸又劉海賊清浩陵劉亞坤及聽從行
劫入室擄贖一次又又新洸又馮亞汝并聽從
行劫李發瞻米擄贖一次又又挑運又黎亞社林
亞早逼亞羅麦亞有均經病故不日又盧亞一
勝趙意行劫一次聽從行劫三次劉亞新聽從行
劫入室擄贖二次馮亞李聽從行劫四次鍾亞幅
趙意行劫一次聽從行劫二次劉亞新于道光十
六年四月初十日夜聽從行劫入室擄贖並
二十年三月因始行就獲計先逃已逾三年
均又與伊同犯盧亞勝劉亞新馮亞李鍾亞
幅四犯均各係粵東洋劫三案行劫三次及

脫逃三年以後就獲亦行斬決者加以梟示
係擬斬立決各犯均于審明後恭請
王命飭委署按察使王篤、督標中軍參將福母將該犯區亞勝、劉亞新、馮亞李、陳亞幅押赴市曹先行正法，同已被獲未經解審一并審有
犯何地方是何年月所犯何罪，吳亞揚、羅亞熾、歐陽明四、袁亞魁均聽從行劫入室搜贓一次，陳亞新、李亞坤、麥亞勝、陳亞肇、鄧亞廣、李亞周、黃亞孔、蘇亞魁、溫意日均聽從行劫在外瞭望接贓一次，審無與律同擬，吳亞揚、羅亞熾、歐陽明四、袁亞魁、陳亞新、李亞坤、麥亞勝、陳亞肇、鄧亞廣、李亞周、黃亞孔、蘇亞魁請

祺　魁

意旨均令依强盗已行但得財者不分首從皆斬律擬斬立決，照例先于左面刺强盗二字。吳亞揚、羅亞熾、歐陽明照、袁亞魁入室搜贓，法所難寬。陳亞新、辛亞坤、麥亞揚、鍾亞禁、黎亞廣、李亞得、黃亞孔、蘇亞魁訊係在外瞭望接贓，並無兇惡情狀，且行劫僅止一次，均屬情有可原，相應請

將各犯或據供親老丁單，或稱獨子，惟係强盗應不准其留養，毋庸取結。查失察各犯為盜之父兄多已身故，訊明照例辦理。各犯訊無窩有犯窩留賊匪同居親屬知情分贓逃散之人行竟爲匪，因無知情容留之人，未提出在形鄰禁平人，並無受害情弊，均毋庸議。搶劫各贓

兩廣總督林則徐等奏摺　拏獲迭劫及在逃多年盜犯審明分別辦理
道光二十年七月二十二日

陳朱交擬斬已死免徵外，餘全于現犯名下照追
給主。其逸犯另飭嚴緝，務獲另結。各案兵丁不能獲犯
過年無獲，遵章應否開參之處，應另行查明照案
辦理。獲犯之叙職名，因犯故，圖請另查另詳
請將南番二县各賢犯僅止一二名，應獄官條
[illegible]職名毋庸開[illegible]有照[illegible]犯之名
管獄官職名係照定例毋庸開送。世琳相應附
參。除將[illegible]叙全案招送部查核外，所
有獲犯審明緣由，謹合詞恭摺具
奏，伏乞
皇上聖鑒，敕部核覆施行。再此案核與部[illegible]
相符，合併陳明，謹

道光二十年八月二十二日奉
硃批刑部速議具奏欽此

兩廣總督林則徐等奏摺　**廣東省續獲鴉片人犯烟具確核實數**

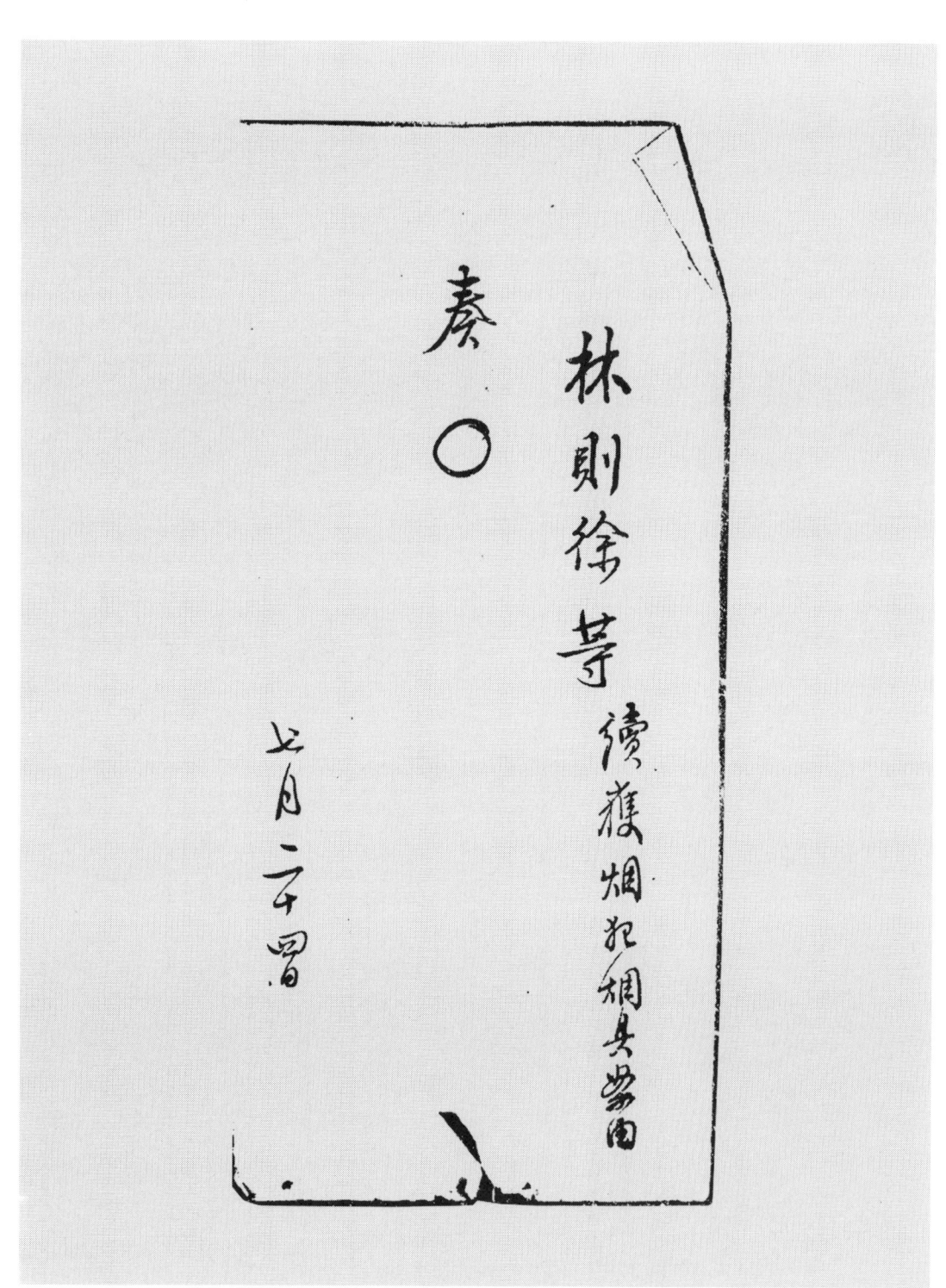

林則徐等續獲烟犯烟具緣由

奏○

七月二十四日

兩廣總督林則徐等奏摺　廣東省續獲鴉片人犯烟具確核實數
道光二十年七月二十四日

兩廣總督臣林則徐跪
廣東巡撫臣怡良
奏為續獲鴉片人犯烟具確核實數恭摺具
奏仰祈
聖鑒事竊照廣東省節次拏獲鴉片截至本年三
月以前業經臣等會核具
奏在案惟洋夷貿易雖斷而其船未全回帆諸因
烟土囤銷不肯甘心輕棄又見稽查嚴緊輒思
減價招徠奸民見利而趨認不畏死其出洋向
買者每於夜深時從偏僻小港乘潮往返或
艇舨底用雙層夾板或艙上添半截假篷遮掩
混藏交卸而出其在岸售賣者或以牛皮串貯
裹在腰間或以皮袋捆纏夾於胯下屢經偵拏

搜獲始破其奸而海口之藏于密室深房者亦
復不勝枚舉廣東流毒之久陷溺之深實不啻
什佰於他省言之倍堪憤恨計惟乘此番尚
畏之時倍加嚴緊有犯必獲有獲必辦庶幾辟
以止辟漸絕根株茲自本年三月起至五月止
據水陸文武員弁先後拿獲烟案一百八十五起
人犯四百零八名烟土二萬五百六十六兩二錢三分
烟膏一千三百三十九兩六錢六分烟槍一百一十八
枝烟鍋十四口又陸續撈獲及民間首繳烟土二
千零一十五兩二錢三分烟膏三十四兩烟槍四百
六十五枝烟鍋二口統計烟土烟膏二萬三千九
百五十五兩一錢二分烟槍五百八十三枝烟鍋

兩廣總督林則徐等奏摺 廣東省續獲鴉片人犯烟具確核實數
道光二十年七月二十四日

十六日所有膏土槍具俱已驗明假造仍封貯
臣林則徐署內彙同燒燬解部各犯均經臣等
分提至署訊取大概供情書同審擬其烟土業
歷同覈對姓名無不究明之即隨時以杜偏遺並
剴切示諭民間以新例一年六個月即屆滿限
念及轉瞬求生而不得豈尚甘心怙惡而不悛
其時不吃緊提撕無處不必隨查嗣此日自一
斷癮之人即自收少一環首之人以烟銷路全絕
來源永斷仰副
聖主保衛民生之至意所有續獲人烟槍具緣由
謹合詞恭摺具
奏伏乞

皇上聖鑒謹

奏

道光二十年七月二十四日奉

硃批外而斷絕通商並未斷絕內而查拿犯法亦不能
淨無非空言搪塞不但終無實濟反生出許多波
瀾思之曷勝憤懣看汝以何詞對朕也欽此

林則徐等片

再臣等嚴拏鴉片尤必重辦栽贓緣差役眼線皆粵省之人在密查暗訪之時斷不能不用而假公濟私之弊實不可不防是以嚴飭各屬凡帶差役線人查拏烟案必先將其人搜檢一過無夾帶者方許上前又拏到烟犯若即令拏犯之人將以何查拏情形當堂詳細供指使烟犯聞知無可置喙然後再向該犯追究鴉片來歷以成信讞而杜侵欺第烟犯情節各不相同有不必栽贓者亦有不能栽贓者如平日本係著名窯口及積慣興販早為人所共知或聞拏先逃久而始獲則其棄贓滅跡亦不能末減其辜

其或首犯先後到案供證僉同或查獲帳以清叢
其罪名所謂不易栽贓者此也又如盤以箱籠篋匿
攙入別貨之中地窖夾牆藏於密室之內歷
破獲者數孔多非分人所得擬揑即挾仇亦難
誣陷則犯供與或獲展而無證即是雖混蹟
不能栽贓者此也所最宜防者惟零星之小土與
熬熟之烟膏價賤物微人心因而叵測無藏此種
烟犯臣等無不加倍留神如本年三月間有清遠
縣人鄧亞帶假造烟膏裝於小錫盒預藏莫
亞三紫船內商囑譚亞得姚安等引同差役往
拏圖詐當經訪獲訊認不諱又拏番禺縣獲到
羅定州人李亞有糾同林亞土陳亞茲等攜帶烟

膏至番禺县梁國氏家藉搜查鴉片為名扵
得番民及首飾衣服等件又拟归善县营会
获兵丁何逢升等將紳民首缴之烟土二塊向
王大受羅亞玉等栽害藉称搜查扵取番艮
四圓八圓不等又拟新会县访获從九品职衔周
兆龄即周超宇因素知同县之陀亞信有平帕
事商同族弟周尊澄等携带烟扵一枚烟盒
一個指為陀亞信之物將其擄捉圖詐艮三百兩
未成復被縣訪获周兆龄質退属实此外未经
栽赃平空訛詐之何伯達等及甫造假土而被
訪獲之周亞榮等犯徑逃一并获陆时發審另
摺按例從嚴擬辦法無枉縱罪當情真庶已之

於服人心，即以滿除積習。謹將歷辦情形合詞附片奏

聞，伏祈

聖鑒。謹

奏。道光廿年七月廿四日奉

硃批：覽。欽此。

交州　林則徐片

再上年九月二十八日水師提臣關天培督率舟
師在穿鼻外洋轟擊𠸄夷吐嘧兮舡斷其舡
頭舵尾披靡奔逃因師舡亦有損壞未克窮
追經臣等會摺
奏明在案茲據藩臬兩司查明損壞師舡共有四
隻內水師提標左營第二號大米艇一隻陽江
鎮左營第一號大米艇一隻均係被礮傷損至
甚難以修復必須另行打造又陽江鎮右營第
六號中米艇一隻碙洲營第三號中米艇一隻
皆有損壞應行大修時當屹界防夷需舡駕用
經飭廣州府按照例價購料趕緊修造該工委

兩廣總督林則徐奏片 請於關鹽盈餘項内動支修造參戰師船
道光二十年七月二十四日

員確驗實係堅固並無減卒浮冒等弊業已
交營配用詳請
奏明動項以便造冊報銷等情前來臣查廣東
水師額設各船前准部咨以未屆修造年
限或有被風等項隨時專案
奏辦等因所有歷年被風師船均經照辦有案
此次轟擊暎夷損壞船隻多屬因公自宜
援照辦理相應
奏懇
天恩准將修造前項米艇四隻用過工料銀兩
按向例在於關鹽盈餘項内動支造冊報銷
以符原額而重巡防除飭司另行造冊詳送咨

兩廣總督林則徐奏片 請於關鹽盈餘項內動支修造參戰師船
道光二十年七月二十四日

部外謹附片具
奏伏乞
聖鑒謹
奏
道光二十年七月二十四日奉
硃批工部議奏欽此
兩廣總督

上谕 著恪守漕運舊章金應麟林則徐等所奏變通事宜毋庸議

道光二十年八月初六日内閣奉

上諭前因鴻臚寺卿金應麟奏請飭禁漕政積弊並將漕運事宜量為變通一摺當交兩江總督有漕督撫等議奏旋據林則徐烏爾恭額覆奏復降旨將林則徐所議四條飭令伊里布安議茲據伊里布裕謙議奏著該督撫等會同漕督和衷共濟恪守舊章去其太甚以冀漸革積獘儻官弁軍民有敢爭持延玩誤公者立即重治其罪毋得托諸空言日久懈怠所有金應麟林則徐等原奏各條均毋庸議又另片覆奏鐵麟條陳幫船調次展增年限等語著該督撫督同司道隨時稽查如有刁劣幫丁立即斥革貧疲各幫裁撤歸併以期漕務日

有起色所有鐵麟原奏亦著毋庸議欽此

兩廣總督林則徐奏摺　**遵旨審明海陽縣民羅德茂京控五命案分別定擬**

林則徐　審擬羅德茂京控案由

奏　○

九月十八日

兩廣總督臣林則徐跪

奏為京控命案遵

旨審明定擬恭摺具

奏仰祈

聖鑒事竊照廣東海陽縣民羅德茂以印瑞鳳等

糾衆搶劫擄人燒斃羅武信等五命等情赴

都察院呈控供具

奏奉

旨此案著交鄧廷楨督同臬司喬用遷親提人證

卷宗秉公嚴訊按律定擬具奏原告羅德茂該

部照例解往備質至該民人結稱在本府控告

四次之多何以該府並未親提著該督查明具奏欽遵

前准臣鄧廷楨調任卸事未及查辦臣抵任後
准都察院將原告羅德茂遞解到粵並據海陽
縣報獲兇犯郎汶幅郎智榮陳烏弟郎阿傾
四名及總告郎瑞鳳郎成郎阿安郎阿目郎才
寶郎李家郎卅計輝八名聲明陳烏弟郎鳳
瑞等于取供後先後在監在保病故將郎汶幅等十
名拴同卷宗解省內郎阿傾解至惠來縣在途病
故郎才寶在省取保後亦病故並提原告羅德茂羅
阿牛即羅武猛全列羅武淮等之名以原控有
添砌情節據實首明旋由長臬司王篤會同長
藩司喬用遷暨調署廣州府知府余保純等
審擬詳解前來臣隨提同兩司親提研訊據

羅德茂羅阿牛羅武信並與鄧汶幗並籍
隸海陽縣小劉村居住素識無嫌道光十二年
十二月二十日早晨鄧汶幗牽牛赴土名長美坡
牧草，隨往樹林內出恭適羅德茂族人羅武信
赴墟走至樹內見牛隻偷牽跑走鄧汶幗出林內
望見趕出喝拏羅武信牽牛跑逃鄧汶幗追捕
不及將牛牽回晷午候在羅屋寨地方與羅武信
撞遇鄧汶幗又向喝拏羅武信上前拒捕毆鄧
汶幗跑進附近田寮攜取裝就防夜竹銃香火
走出點放砂子擊傷羅武信左肋倒地有李阿
經見救阻不及鄧汶幗當即跑走李阿往向羅
武信之母羅柯氏報知趕視詢明情由羅武信

傷重移時殞命。是日郎汶幅族人赴獲病故之郎阿傾與未獲之陳阿麥，先帶竹銃、香火出外捕獸，由羅武信族人羅烏崇、羅爾枝蔗田經過，誤將甘蔗踹壞一株。適羅烏崇、羅爾枝也見，斥罵索賠。郎阿傾出不服，回言致相爭鬧。羅烏崇隨拿扁挑向郎阿傾撲毆，郎阿傾點放竹銃，砂子致傷羅烏崇胸膛倒地。羅爾枝亦搶取扁挑向陳阿麥毆打，陳阿麥點放竹銃，砂子致傷羅爾枝心坎倒地。有高英路過經見，攔阻不及。郎阿傾、陳阿麥各即跑逃。高英往向羅烏崇堂弟羅阿牛及羅爾枝堂弟羅武淮報知，趕往詢明情由。詎羅烏崇、羅爾枝傷重移時殞命。羅阿

牛羅武準回玉村前去邱阿傾等族人已獲痛
故之邱瑞鳳邱才寶現獲之邱得成邱阿安邱
阿相日未獲之邱阿相日邱有運撞遇觸起先前
嫌即以邱瑞鳳等族人邱阿傾不合與陳阿秀
而伊等坐知羅烏岸羅成枝銃斃之言向邱
瑞鳳等辱罵邱瑞鳳等不服回罵並趕向羅阿
牛等毆打羅阿牛等跑走邱瑞鳳因被罵不甘
喝同邱得成等一共七人走至羅阿牛羅武準家
內將屋什物打毀多數其時羅武信之母羅楊氏
因伊子羅武信偏幸牛隻有礙門面隱匿
躲由煌以邱汶幅索欠爭毆銃傷伊子羅武信
身死赴縣具報羅阿牛羅武準被邱瑞鳳等趕跑

云伊等未回家亦以鄧阿傾等踏壞蔗株起釁
爭鬭毆傷罗烏崇等身死赴縣具報未將罗
烏崇等向鄧阿傾等辱駡緣由詳晰聲敘均
經該前縣驗訊[illegible]通詳飭緝續經罗阿牛罗武
准將鄧瑞鳳等打毀器物緣由赴縣控勘以罗阿牛
家被毀器物估值銀兩零罗武准家被毀
器物估值銀几兩零飭拘鄧瑞鳳等訊究本
三年正月十六日罗德茂胞弟罗寔向充潮州鎮
中營兵丁告假回家與罗阿牛胞姪罗阿毛等
刀挑赴土名洋中地方砍柴有現獲病故之陳烏
年與現獲之鄧智榮各攜竹鏢香火出外打雀
走至該處山坡籍林叢密地方鄧智榮望見

林邊有雇夥集即點放竹銃打雇適羅阿毛
正從後逃回銃出火所砂子迸發誤傷羅
阿毛胸膛倒地羅寬升隨後走至不依在罵並
趕向揢拏郎智葉跑走羅寬升追趕陳烏仔上
前攔阻羅黃〔寬〕升舉刀轉向陳烏仔撲砍陳烏仔
點放竹銃砂子致傷羅寬升胸膛倒地經李阿
沅路過瞥見救阻不及陳烏仔當即跑走〔逃〕李阿
沅適見羅寬升業已斃命羅武淮隨向報知羅武淮
未及細問情由倉卒趕往查看詎羅寬升羅阿
毛業已傷重身死往尋見證李阿沅未遇羅武
淮即以羅寬升羅阿毛被不識姓名人銃傷身
死報縣驗詳飭緝嗣因各案限滿將初參承緝分

及據稱恨滿並失察竹銃無故在先致將無辜
致羅武璜獲向鄉隣李自洸細詢起釁情由並
向鄰先犯陳烏牙邱智榮姓名告知赴縣首呈
控據經該縣飭獲邱瑞鳳一名訊認喝令打毁
羅阿牛等家物錄供通報並將邱瑞鳳議擬具
詳飭緝餘犯究辦未獲羅治茂因邱邦彥邱
陳和邱李豪等均係兇手邱智榮等近房親屬
並不將兇送究又因邱瑞鳳之子邱金奐郎外與伊
差詳辦舊時隣居私議疑有賄囑情弊並因
族人羅武銳羅源畧好出來因而以藉詞裝點呈
砌叙邱瑞鳳與族人邱邦彥邱陳和等劃殺羅
武信等五命洗劫羅阿牛等各家財物擄捉羅武

欽羅源畧閩禁邱姓族人邱李京家等在場幫
毆邱瑞鳳之子生員邱丹炳喉邱小差許輝等在旁犯
不將各情作就呈詞令羅武維羅阿牛等出名伊作
抱告呈控赴督撫司道提鎮各衙門呈報均經
批行緝犯究審並經潮州府飭委詳邱瑞鳳
供詞核與羅武維等所控刦殺各情不符行提邱
瑞鳳到府訊不承認刦殺各情並拆毀器物一節
之後翻供屢捏原告羅武維等質訊未到注銷續
獲邱阿目一名訊認聽從打毀器物解府質審
邱瑞鳳仍不肯承認邱阿目亦隨同翻異邱瑞鳳旋
即在保病故原告仍未到案殊與莫結貞光加
邱汶愊等亦盡逃拘未獲羅德茂遂赴都察院

呈批

奏，奉

諭旨遵回署鞫，即據羅德茂以原控各情

節據實首供，並經提集審訊，核各供詞前情

互諱，且以案關五命，恐有避就，反覆窮詰，矢口不移

其致斃各命，或因爭鬥故殺，或因擅殺誤傷

各自起意，並非預謀械鬥，亦無受賄頂兇情

弊，覈與眾供合同，審無遁飾。查例載：因爭鬥

擅將竹銃施放殺人者，以故殺論。又律載：故殺者斬監

候。又例載：事主因竊犯白日偷竊，有人看守器物

而毆打致死者，照擅殺罪人律擬絞監候。又例載：

民人于深山曠野捕獵，施放槍箭，打射禽獸，不致

殺人者比照捕戶于深山曠野安置窩弓不立
望杆因而傷人致死律杖一百徒三年追埋葬銀
一十兩給與死者之家又棄毀人器物者計贓准竊
盜論免刺又竊盜贓一兩以上至一十兩杖七十為從
減一等各等語又道光二年間准刑部咨以廣東
省審辦致斃二命以上及火器殺人各案並各鄉
械鬥之案引案辦理者無須照擬于審擬定案
具
題附隨案聲明在案此案被殺之羅武信與姑係同族
無服兄弟一家且係各斃各命自應各科各罪卽
阿傾因踏壞蔗株被斥爭鬧鏡傷羅烏山字身
死係烏手因阻鬥爭毆鏡傷羅窯叶斃命均

應照例內擬鄭阿順陳烏手俱合依因爭鬥擅
用竹銃施放殺人者以故殺論例依故殺者斬監候
律擬斬監候該二犯均已病故毋庸議鄭淙陽因
先被羅武信偷牽牛隻跑走追回又被撞遇捕
毆放銃致傷羅武信身死實係擅殺鄭淙陽合依
事主因賊犯白日偷竊有人看守器物又被毆打
致死者照擅殺死犯照擅殺罪律擬絞監候例擬絞
監候例擬絞監候從秋後處決鄭智榮因在山腳
箐林叢密處放銃打雀不期羅阿毛從坡後追
面跑出致被誤傷羅阿毛身死鄭智榮合依
民人于深山曠野捕獵施放槍箭打射禽獸不期
殺人者比照捕戶于深山曠野安置窩弓不立望

等因而傷人致死律杖一百
徒三年追埋葬銀一十兩給與死者之家收領
據供親老丁單是否屬實飭縣查明取結照
例辦理鄭瑞鳳起意打毀羅阿牛羅武淮器
物羅阿牛家計贓值銀六兩零羅武淮家計
贓值銀九兩零應以一主為重鄭瑞鳳合依棄
毀人器物計贓准竊盜論計贓一兩至一十兩杖
七十律杖七十業已在保病故應毋庸議鄭阿成
鄭阿高鄭阿月鄭才宝雖從打毀羅阿牛等
器物合依為從減一等律於鄭瑞鳳杖七十罪上
減一等杖六十折責二十板免其刺字鄭才宝業
已在保病故應毋庸議鄭阿成等杖責發落

兩廣總督林則徐奏摺　遵旨審明海陽縣民羅德茂京控五命案分別定擬　道光二十年八月十二日

邱李富訊未在場幫毆，生員邱升七與係羞許
辦並無縱唆庇犯情事，毋庸議。羅德茂因
阿牛即羅武猛毆斃人命，重大將其女添砌搶
擄各情，亦已據實首明，請免其置議。毛乎前
釋未到人證，應免提質，以省拖累。逸犯陳阿要
等飭緝獲日另結。案犯陳烏手、邱阿領在監在
途病故，俱經驗訊詳報，禁卒解役人等並無疏
虞情弊，亦毋庸議。所有監斃斬犯陳烏手一名，
管獄官係海陽縣典史安高達，科打應開報犯故
圖結飭取另送。再本案火器殺人各從斬決，已
命訊非謀械鬥，分別犯之年顧光情斬決
原告在潮州府控告，業經該府提訊，因無從傳

原告又到籍未署結合併聲明陳備錄全案供

招咨覆刑部暨都察院外所有審明定擬緣由

臣謹恭摺具

奏伏乞

皇上聖鑒敕部核覆施行謹

奏

道光二十年九月十八日奉

硃批刑部議奏欽此

八月十二日

兩廣總督林則徐等奏摺　審明出洋潛買鴉片入口囤積發賣各犯分别擬辦

道光二十年八月十二日

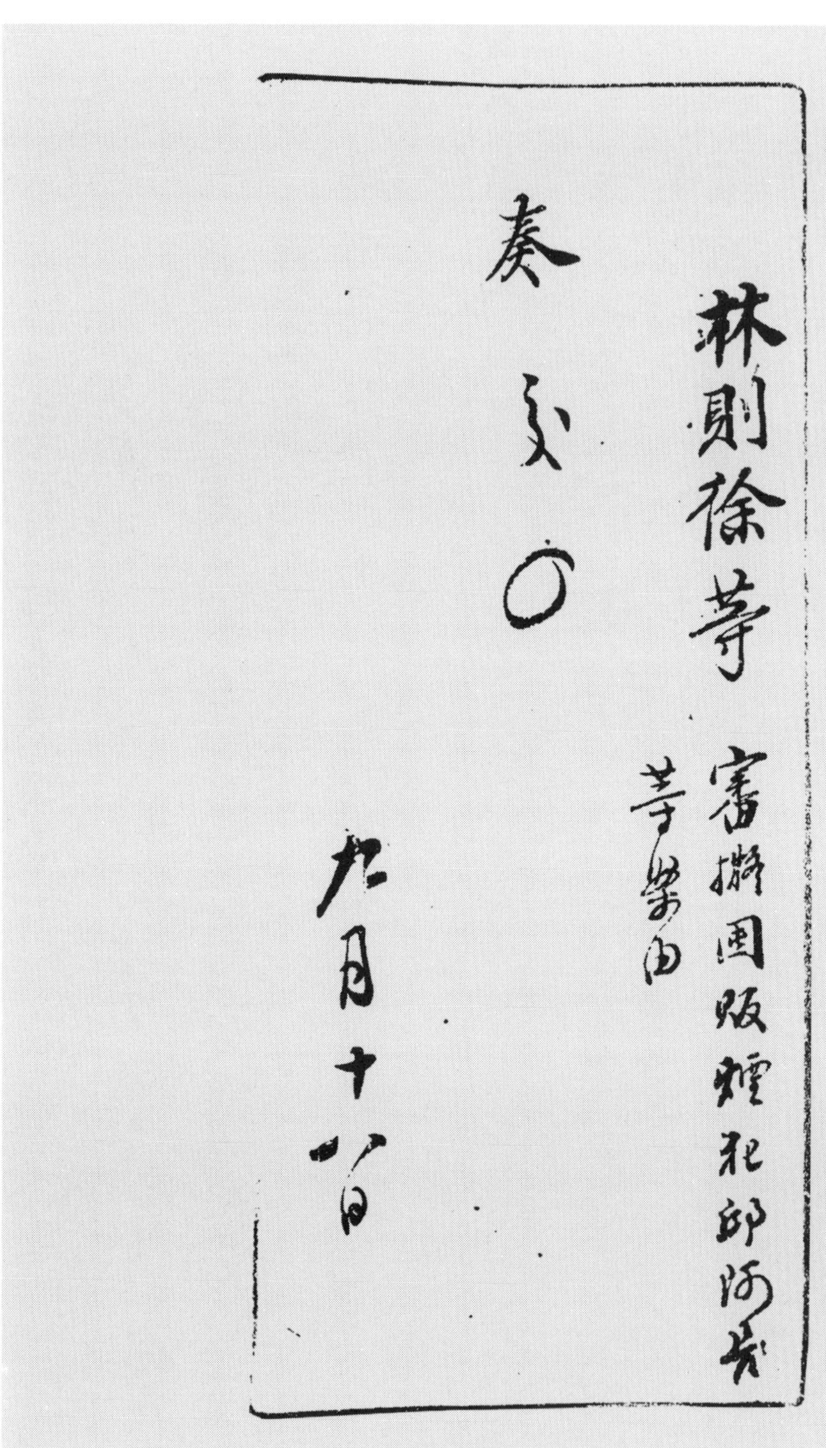

林則徐等　審擬囤販煙犯郭阿發等案由

奏交○

九月十四日

兩廣總督林則徐等奏摺　**審明出洋潛買鴉片入口囤積發賣各犯分别擬辦**

兩廣總督林則徐等奏摺　審明出洋潛買鴉片入口囤積發賣各犯分別擬辦
道光二十年八月十二日

兩廣總督臣林則徐跪
廣東巡撫臣怡良
奏為審明出洋潛買鴉片入口囤積發賣各
犯分別擬辦恭摺奏祈
聖鑒事竊照廣東省販賣鴉片匪徒節經嚴
拏審辦疊次奏
聞在案而嗜利之徒仍難免以身試法臣等督飭
水陸文武員弁嚴密查拏石准精有縣
懈擬標碣石鎮左營守備黃慶元率同弁兵
暨碣石同知歸善陸豐新安各縣差役拏
獲煙犯駱邱阿長及舵水林義叟林阿四吳
阿二朱工鄭阿三七名並獲船隻煙膏刀械船

照及收受規費帳單等件。又據南海、東莞兩縣營訪獲烟犯盧文秀一名，并起出烟土二百八十三兩七錢、烟膏三十兩，又起出兩起，共獲人犯八名，先後解經臣等提訊取供，發司委員審辦。內吳阿二一犯帶病解到，於取供後在南海縣監病故，經該縣驗明詳報。所有現犯，據委員署潮州府[illegible]府余保純等審明定擬，由廣東按察使喬移解前來。臣等督同司道覆審。緣鄧阿長等均籍隸歸善縣，與未獲之蔡阿先素識。蔡阿先置有紅頭船一隻，領歸善縣船照，船名蔡益順。本年自本洋載送客貨至越販賣，船由[illegible]船內置有防夜刀械，雇覓現獲之林義、曾林、林阿四、吳

阿松余阿來吳阿二陳發之蔡阿福蔡阿晚充當
舵水每月每給工銀二圓又雇現發之鄭阿三充當
出之月給工銀一圓蔡阿晚素吸鴉片攜有烟膏
在船道光二十年五月初七日船泊碣石洋面邱阿
長駕駛前來船所帶鴉片減價發賣向蔡阿先
稱欲出洋買烟圖利商雇蔡阿先船隻載運
許給雇價番銀二十圓蔡阿先貪利應允囑令
舵水林義實林阿四吳阿松余阿來吳阿二蔡
阿福蔡阿晚幫同駕駛每人許加工銀一圓鄭
阿三曾經在船守艙問因係火工不諳駕船並
未許給銀兩邱阿長於五月初七日即坐蔡阿
先船隻駛出新安縣屬長沙灣洋面邱阿長攜

銀二百四十圓另雇朱義之陳亞帶蝦笱艇駁
搬紅毛啵囉咭夷船陳亞帶引同郭阿長但上
夷船買得烟土四十箇共重一千二百餘兩郭阿長獨
携回蔡阿先原船將烟土逐箇秤準寫出帳單
以便隨時轉賣因關查嚴緊由深港開行向北
沿途陸續賣與不識姓名人烟土二十六箇每箇價
銀四十八圓不等共賣番銀一百九十八圓五月十四日
駛至陸豐縣碣石港將賣剩烟土十四箇每箇
作銀八圓價數賣與素識朱義之李亞炳轉銷郭阿
長將先後所收價銀所付給蔡阿先船價番銀
二十圓轉給舵水林義寶共存銀八圓郭阿
長與蔡阿先各將銀兩花完令水手蔡阿福由旱

敗樸等回家，郭阿長旋患足瘡不能行走，仍
由原船轉回。五月十五日船至烏涌洋面，即經
各該文武訪聞追捕，蔡阿先、蔡阿晚覓水潛逃，
將郭阿長、林義賣、林阿四、吳阿松、余阿來、吳阿
二、鄭阿三等七犯連船隻、烟膏、刀械、船照、帳單
一併拏獲。又霍文秀一犯，籍隸東莞縣，小販營生，
素識陳弟傳起意商同來莊之梁阿何與各出本
銀三千圓出洋販烟轉賣，旋於道光二十年五月初
九日一同僱坐不識姓名蝦笱艇由僻港駛至
大嶼洋面，霍文秀走過嘆咭唎國來船，用銀
五千四百圓買得烟土二箱零十四包，共重二百八十觔
兩，運回霍文秀家內收藏。五月二十六日霍文秀

又有同案梁亞照向來熟識之李華富用洋十一兩買
片烟膏二千兩連前買藏烟土俱貯木箱充作貨物
與梁亞照搭坐渡船駛往佛山鎮[illegible]轉賣行至
中途即經緝私營訪聞查拏梁亞照乘間逃逸將
霍文秀連烟土烟膏一併獲解據各供認前情不
諱究詰不移此案無遁飾查新例沿海奸徒勾
通外夷潛買鴉片烟土入口囤積發賣圖利一經
審實首犯擬斬立決奏請
王命先行正法仍傳首海口地方懸竿示眾知情受
雇之船戶擬絞監候船隻入官等語此案鄧阿長
霍文秀各自起意出洋向夷船買取烟土入口轉
賣寔屬藐法霍文秀除另向李華富收買

烟膏尚未售賣輕罪不議外應與鄧阿長均照新
例斬決梟示即於審明後恭請
王命飭委署按察使王篤、督標中軍副將趙光璧將
鄧阿長盧文秀二犯綁赴市曹先行正法仍傳
首海口地方懸竿示衆以昭炯戒船戶蔡阿先
受雇出洋載運鴉片烟土例應擬絞舵水林
義寶林阿四吳阿松余阿來吳阿二同係給
工受雇同加駁詰均應於知情受雇之船戶蔡阿
先應得絞罪上減一等杖一百流三千里吳阿二業
已病故應毋庸議林阿四余阿來據供親老丁單
惟係鴉片案內擬流之犯不准留養雇工鄭阿
三訊未分受銀兩惟既在旁聽聞並不阻止又不舉

但查此烟禁當嚴之際殊未便免議致有輕縱

鄭阿三應請照依受僱給工只幫同駕駛之舵水

林義賢等滿流罪上量減一等杖一百徒三年楊

供親老丁單是否屬實飭縣查明取結照例辦

理該烟船隻係由僻港偷越出洋守口弁兵無

從查察請免開參吳阿二業已進監病故刑禁

人等訊無凌虐情弊照監斃罪名照例免開參

獲船隻變價入官烟土烟膏刀械船照帳單業

經燒燬逸犯蔡阿先等飭緝獲日另結彙文

奏等搭坐澳船據供船戶人等不知情應免緝拏

獲犯職名飭行查明另咨兩案烟犯均經該管

縣訪聞拏獲究無失察職名應請免開除備錄

供招咨部外所有審明辦理緣由臣等謹會同

恭摺具

奏伏乞

皇上聖鑒敕部覈覆施行謹

奏

道光二十年九月十八日奉

硃批刑部議奏欽此

八月十二日

兩廣總督林則徐奏摺　**廣東防務喫緊陸路提督郭繼昌請俟防務辦定後再請陛見**

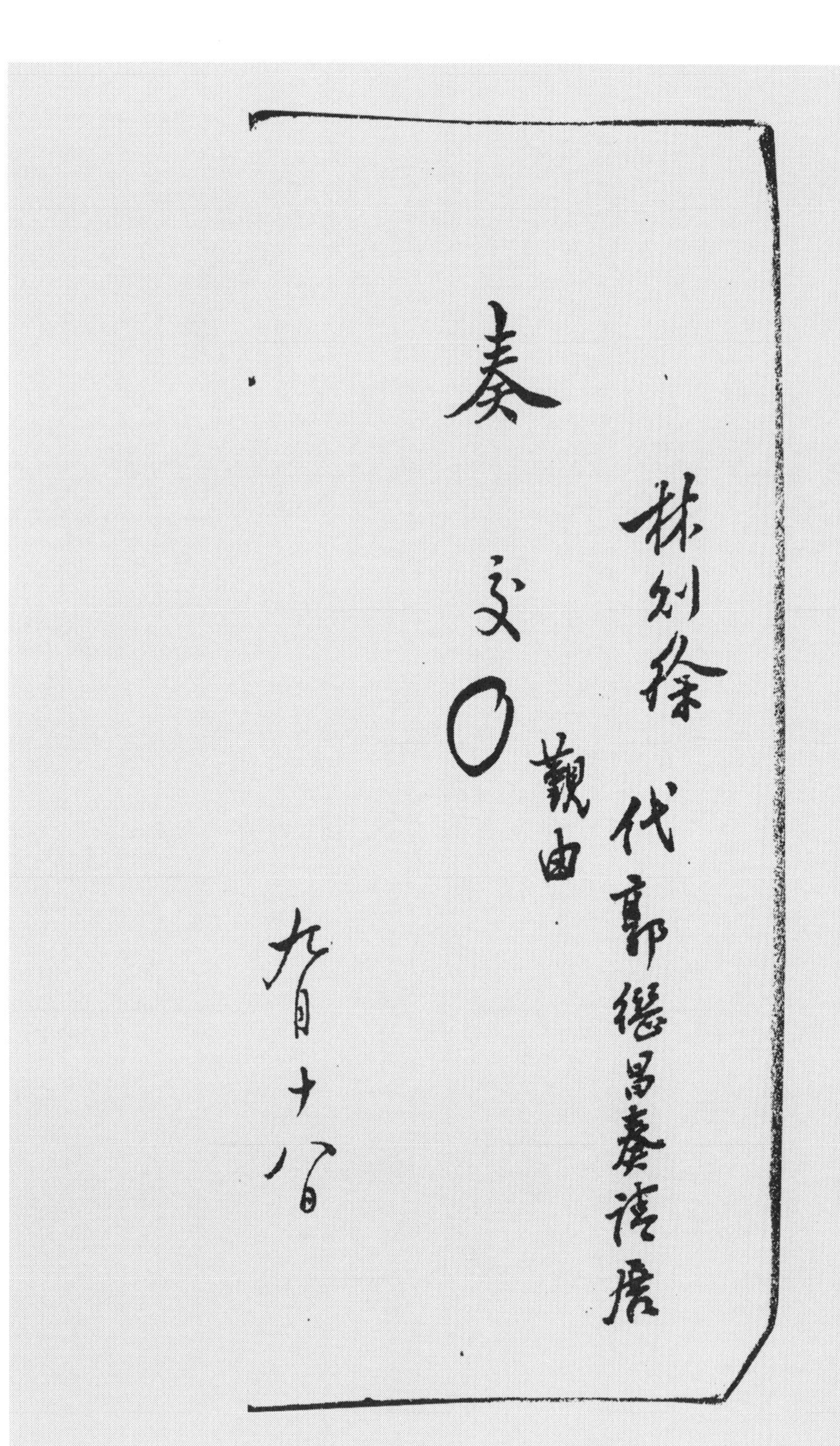

奏

林則徐代郭繼昌奏請

覲由

交〇

九月十八日

二四

兩廣總督林則徐奏摺　廣東防務喫緊陸路提督郭繼昌請俟防務辦定後再請陛見

道光二十年八月十二日

兩廣總督臣林則徐跪

奏為廣東陸路提臣展

覲屆期懇俟防務辦定之後再行陳請恭摺

奏祈

聖鑒事竊照陸路提督臣郭繼昌咨稱該提督前在

陝西延綏鎮總兵任內欽奉

諭旨補授廣東陸路提督進京

陛見於道光十七年九月內遵

旨馳赴新任是年十二月十七日到粵任事扣自

陛辭出京計至本年九月屆滿三年應

瞻情殷例應請

覲惟現值防務緊要不敢率行陳奏合先具摺

兩廣總督林則徐奏摺　廣東防務喫緊陸路提督郭繼昌請俟防務辦定後再請陛見　道光二十年八月十二日

奏請備文咨留到臣臣查廣東勦辦𠹌逆正當喫
緊之際濱海一帶水陸防範宜嚴該提督統
轄全省陸營責成綦重且水師所轄城塞口岸
遇有弁兵不敷巡防須撥陸營協濟郭繼昌選
將練兵調度策應辦理均屬周到一時未便離開
臣前因水師提督臣關天培展
覲期屆當以事務緊要
奏準
硃批必當先其所急可奏請時再行奏來欽此欽遵
在案茲陸路提督臣郭繼昌屆當請
覲之時合無仰懇
聖恩一併准俟事務辦定之後再行

兩廣總督林則徐奏摺　廣東防務喫緊陸路提督郭繼昌請俟防務辦定後再請陛見
道光二十年八月十二日

奏請
陛見以重職守而慎边防謹繕摺具
奏伏乞
皇上聖鑒訓示謹
奏　道光二十年八月十二日
硃批依議欽此　月十二日

兩廣總督林則徐等奏摺　拏獲迭劫逸犯陳亞幅審明擬斬立決梟示

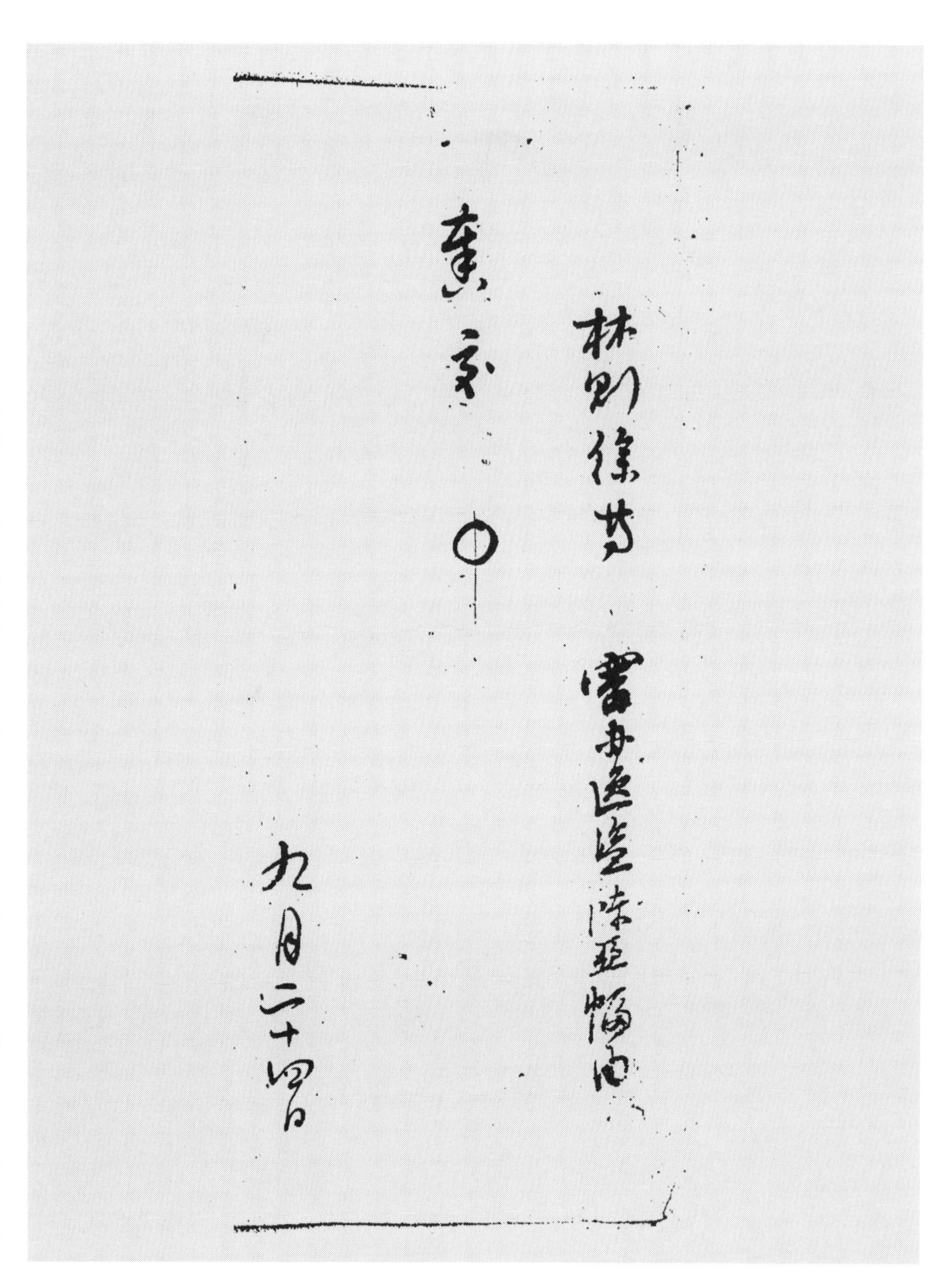

林則徐等　審擬逸盜陳亞幅由

奏　〇

九月二十四日

兩廣總督林則徐等奏摺 拏獲迭劫逸犯陳亞幅審明擬斬立決梟示

道光二十年八月二十二日

兩廣總督臣林則徐跪
廣東巡撫臣怡良
奏為拏獲疊劫逸盜審明照例辦理恭摺具
奏仰祈
聖鑒事。竊照南海縣屬事主羅橫、何秉乾、関英揚
被劫各案，先經緝獲首夥洋盜犯鄭亞沅、老亞滿
鄭亞重等審辦，因逸犯尚多，節經檄飭該管
文武嚴緝。隨據南海縣及高明縣知縣吉建
勳會同廣州協右營把總湯振升，督率兵役緝獲
逸盜陳亞幅一名，訊供通詳，批飭審辦。茲據該
縣將犯審擬，由廣州府知府余保純解，經臬
司王篤覆審解勘前來。臣等督同司道提犯研
訊。緣現獲之陳亞幅籍隸南海縣，道光十一年二月

二十四日夜該犯陳亞幅聽從前獲之鄭亞沅
起意共夥十七人行劫事主多楨家陳亞幅與前
獲之崔亞讓李秀潔未獲之陳亞成陳金順陳
亞球陳蕩洋陳閏洋在外把風接贓鄭亞沅與
前獲之梁亞四未獲之徐亞幅李亞南陳亞基
陳亞彩陳亞深陳亞滔亞三入室搜劫銀物陳
亞幅拒傷事主平後將贓分別變賣俵分又十九
年七月二十八日夜該犯陳亞幅聽從前獲之毛
亞滿起意共夥十八人行劫事主何秉乾家陳
亞幅與前獲之何亞狗鄭基錦未獲之黃亞
有李亞保在外把風接贓毛亞滿與前獲之閔
亞佳張亞以未獲之黃東秀并不識姓名一人

兩廣總督林則徐等奏摺　拏獲迭劫逸犯陳亞幅審明擬斬立決梟示　道光二十年八月二十二日

入室搜劫銀物分別變賣俵分又十八年正月
初五日夜該犯陳亞幅聽從夥犯之鄧亞望起
意共夥十八人行劫事主閔泉揚家陳亞幅與未獲
之胡亞梭胡亞江洪亞蛟陳遍同在外把風接
贓鄧亞望與夥犯之徐亞給鄧亞全陳亞才未獲
之梁亞二入室搜劫銀物分別變賣俵分歷
審據陳亞幅供認前情不諱贓雖未獲惟據
供行劫年月日贓夥名數悉與原案相符逸
盜無疑查律載強盜已行而但得財者不分首
從皆斬又例載粵東內河盜劫之案積劫三次
以上若犯者行斬決故加以梟示恭請
王命先行正法各等語該犯陳亞幅聽從行劫三

洋盜照例問擬陳亞幅合依粵東内河盜劫之案行劫三次以上各犯應以斬決者改擬梟示例擬斬立決梟示臣等于審明後恭請

王命飭委按察使王篤撫標中軍參將祺壽將該犯陳亞幅綁赴市曹先行正法仍梟首犯事地方示衆以昭炯戒該犯訊無另有犯案窩夥與同居親屬知情分贓逃役亦無行兇爲匪及知情容留之人住處亦無鄰保均毋庸議買贓之人據供不識姓名無憑提訊查起各贓照估追賠逸犯徐亞幅等飭緝獲日另結各案首犯俱獲且已獲犯過半有無應參之員飭行查明與獲犯應敘職名照例辦理除備錄供

兩廣總督林則徐等奏摺 拏獲迭劫逸犯陳亞幅審明擬斬立決梟示 道光二十年八月二十二日

招咨部外臣等拏獲叠劫逸盜審明辦理緣

由臣等謹合詞恭摺具

奏伏乞

皇上聖鑒敕部查照施行再此案核與新設定案條

款相符合併陳明謹

奏 道光二十年九月二十四日奉

硃批該部知道欽此

八月二十二日

兩廣總督林則徐等奏摺 拏獲在逃多年逸盜陸亞容審明擬斬立決梟示

道光二十年八月二十二日

兩廣總督林則徐等奏摺 拏獲在逃多年逸盜陸亞容審明擬斬立決梟示

奏

林則徐等

拏獲逸盜陸亞容由

九月二十四日

兩廣總督林則徐等奏摺 拏獲在逃多年逸盜陸亞容審明擬斬立決梟示

道光二十年八月二十二日

兩廣總督臣林則徐跪
廣東巡撫臣怡良
奏為拏獲在逃多年逸盜審明照例辦理恭摺具
奏仰祈
聖鑒事竊照從化縣屬事主陸怡焜店鋪被劫銀錢衣
物拒傷工人鄭佑平復一案先經緝獲夥盜
李晨九等審辦因有逸犯未獲節經檄飭該管
文武嚴緝務獲從化縣兵役隨同營員績獲逸
盜陸亞容一名訊供通詳批飭審辦茲據該縣將
犯審擬由署廣州府知府余保純解經署臬司王
篤覆審解勘前來臣等當同司道提犯研訊緣現
獲之陸亞容籍隸從化縣道光十五年八月二十
五日夜該犯陸亞容起意糾同前辦之李晨

九等共夥十四人行劫事主陸怡焜店鋪前加之
李晨九黃亞金鄺劆九李亞蒼廖成加鄺亞鶴
鄺亞允未獲之陸妹併郭記蘇在外接贓瞭望
陸亞容與前加之鄺亞木陳石養先因成未獲之陸
亞通入室陸亞容用刀拒傷工人胡聯海右肩
甲陳石養並用棍毆傷其偏左右胥眼搜劫
銀錢衣物一同跑走鄺亞木先因成落後事主
喊同鄰人追捕鄺亞木用棍毆傷鄰人陸巨
沅左眼胞先因成用棍毆傷鄰人蕭用九右腿
將贓分剩變賣俵分胡聯海等傷經平復并
究出該犯又於道光十九年十二月十八日起意
糾同未獲之陸弁當先文彥共夥三人搶奪

江會川牛隻賣與未獲之歘亞九得銀均分屬實
據陸亞容供認前情不諱詰非未赴排據供行
劫年月日期姓數核與原案相符逸盜無疑查
律載強盜已行而但得財者不分首從皆斬又
例載粵東內河盜劫之案脫逃三年以後就獲各
犯應行斬決者加以梟示等語
王命先行正法各等語此案陸亞容起意糾劫事主
陸怡焜店鋪入室搜贓罪應斬決該犯於道光
十五年八月二十五夜犯事脫逃至二十年四月十
七日始行就獲計在逃三年有餘應照例問擬
陸亞容除搶奪計贓輕罪不議外合依粵東內
河盜劫之案脫逃三年以後就獲各犯應行

斬決並加以梟示例擬斬立決梟示臣等於審
明後恭請
王命飭委署按察使王篤槽標中軍參將祺壽將該
犯陸亞容綁赴市曹先行正法仍梟首犯事地
方示眾以昭炯戒該犯訊無另有犯案篤夥與同
居親屬知情分贓逃後並無行兇為匪及知
情容留之人住當時零向無牌頭甲保均毋庸
議到贓照追給主逸犯陸亞通等飭緝獲日另結
陸怡焜被劫一案首無應參之員飭行查明照
例辦理江合川被搶一案計贓不及十兩文員例免
參緝武員在於初參限內拏獲首犯所有文
武職名應請免開獲犯職名飭行查明詳請

除傳錄供招咨部外，所有拏獲行劫在逃多年逸盜審明辦理緣由，臣等謹合詞恭摺具

奏，伏乞

皇上聖鑒，敕部查照施行。再此案核與部議專奏條款相符，合併陳明。謹

奏。

道光二十年九月二十四日奉

硃批：該部知道。欽此。

八月二十二日

兩廣總督林則徐等奏摺　**續獲在逃多年劫盜李亞二審明擬斬立決梟示**

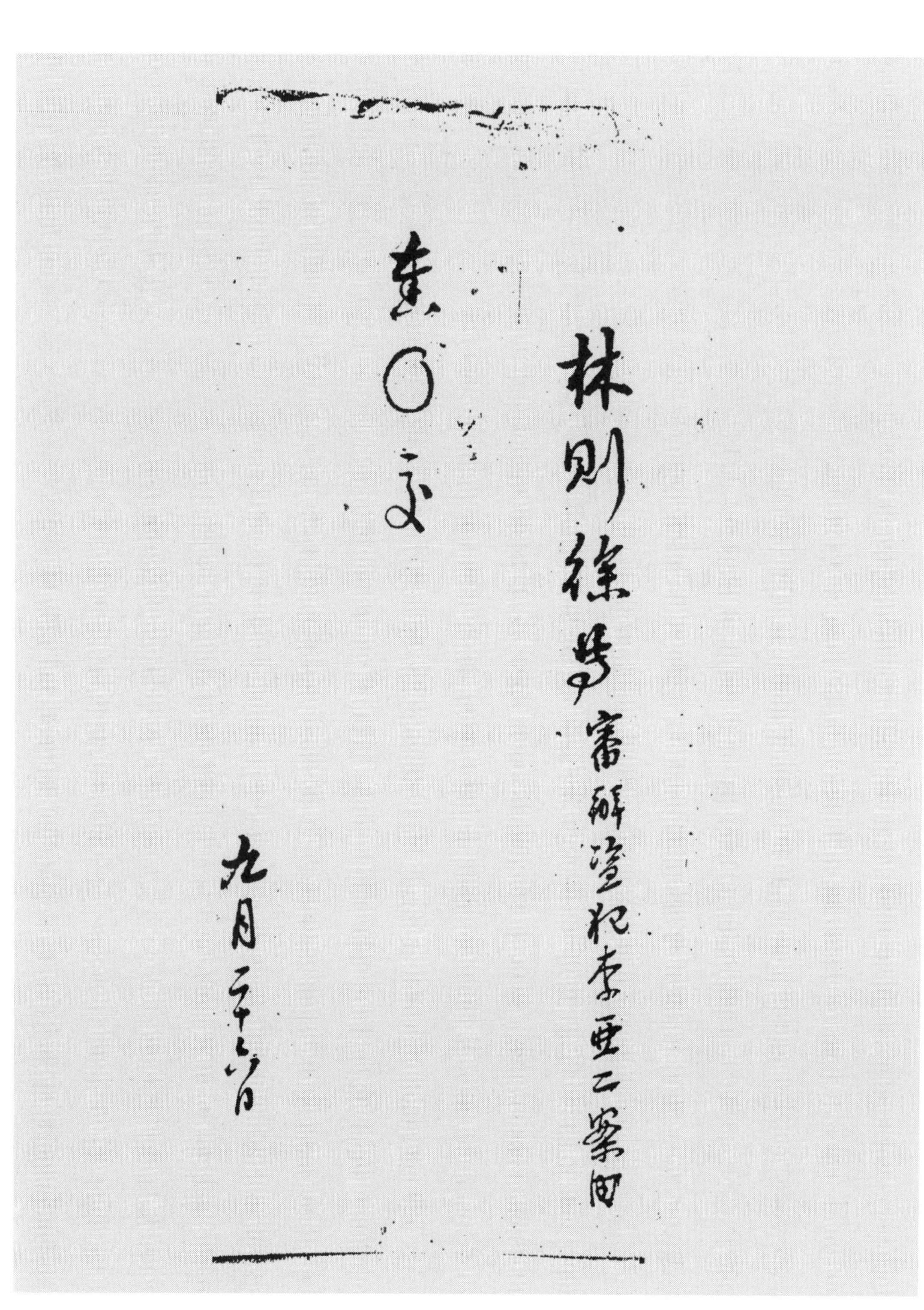

林則徐等審解盜犯李亞二案由

九月二十六日

兩廣總督林則徐等奏摺 續獲在逃多年劫盜李亞二審明擬斬立決梟示 道光二十年八月二十六日

兩廣總督臣林則徐
廣東巡撫臣怡良 跪
奏為續獲在逃多年劫盜審明照例辦理恭摺具
奏仰祈
聖鑒事竊照南海縣事主勞藝名耕寮被劫銅錢衣
物一案先經緝獲首夥盜犯陸亞好等審辦因
尚有逸犯李亞二等未獲經臣等嚴檄該處文
武密速偵緝旋據該縣吳殿颺江浦司以羅與
役緝獲逸盜李亞二一名訊供通詳批飭審
辦茲據該縣將犯審擬由府解經臬司王篤
察審解勘前來臣等即督同司道提犯研訊
緣李亞二籍隸南海縣道光十二年十月二十九
日夜該犯李亞二聽從已辦之陸亞好起意共夥

九人行劫南海縣屬事主勞蔡氏耕寮案內之
蕭亞權未獲；又認糾夥之四會縣事主[illegible][illegible]案內
之黃亞儒、馮廣美、黃亞南在外接贓，陸亞如、
該犯李亞二并為夥主羅亞長亞巡瞭入寮搜
劫得錢衣物，分別拾取變賣俵分。屢審據李
亞二供認前情不諱，嚴究不移，案無遁飾。贓
雖未起獲，惟據供行劫年月日期、贓數並與原案
相符，正盜無疑。查例載：粵東內河盜劫之案，脫
逃二三年以後就獲者，擬以斬決，加以梟示，奏
請
王命先行正法。又律載：強盜已行而但得財者，不分首從
皆斬。又例載：盜劫之案，嚴切究審，將法所難寬

兩廣總督林則徐等奏摺　續獲在逃多年劫盜李亞二審明擬斬立決梟示
道光二十年八月二十六日

起意糾夥搶出案李亞二聽從行劫事主鄧蔡
名耕寮入室搜贜係屬法所難寬罪應斬決
該犯于道光十二年十一月二十九日夜行劫在逃
至二十年六月始行就獲在逃已逾三年自應
照例問擬李亞二合依粵東內河盜劫之案脫
逃三年以後就獲各犯應行斬決者加以梟示例
擬斬立決梟示臣等于審明後恭摺
王命飭委署按察使王篤督標中軍參將祺壽將該
該犯李亞二綁赴市曹先行正法仍梟示犯事
地方懸竿示眾以昭炯戒該犯訊無另犯別案窩
夥與同居親屬知情分贜逃後已三年究為逃
及知情容留之人住處時審向無牌頭甲保

毋庸議其贓照估追賠逸犯羅會全飭緝獲日
另結本案同夥九人先經拏獲首夥六名擬首
一名已于原案聲請免奏今又續獲夥犯一名毋
庸再行陳請錄供招咨部外所有續獲逸盜
審明擬辦緣由理合恭摺具
奏伏乞
皇上聖鑒敕部查照施行再此案核與部議定章
條款相符合併陳明謹
奏
道光二十年九月二十六日奉
硃批刑部知道欽此
八月二十六日

林則徐等　審擬盜犯関幡隴案由

奏

旨〇

九月二十六日

兩廣總督林則徐等奏摺　拏獲迭劫盜犯關幡隴等審明分別辦理

道光二十年八月二十六日

兩廣總督林則徐等奏摺　拏獲迭劫盜犯闞幡隴等審明分別辦理
道光二十年八月二十六日

兩廣總督臣林則徐、
廣東巡撫臣怡良跪
奏為拏獲疊劫盜犯審明分別辦理恭摺具
奏仰祈
聖鑒事。竊照南海縣事主何挪庭家被劫銀物一案，
先經拏獲首夥盜犯何亞仿等審辦，因尚有逸
犯闞幡隴等未獲，是又據該縣先後詳報事
主鄧識、鄧守業被竊行強及被劫二案，節經臣
等嚴檄該管文武密速偵拏。旋據該縣兵役暨
九江主簿及江浦司巡檢弓役隨同營員緝獲
盜犯闞幡隴、潘亞民、馮亞丙、馮亞易、程亞德五名，
并在馮亞丙名下起獲事主鄧守業被劫原
贓鼻烟、綢襖，解縣傳主認領，提犯訊供通禀

批飭審辦茲據該府將犯審擬由府解經署臬
司王篤覆審解勘聲明案犯馮亞扁馮亞曷二
名在監病故等情前來臣等即督同司道提犯研
訊緣關幡隴等均籍隸南海縣道光
十四年十二月二十七日夜該犯關幡隴隨從前
獲之何亞信起意共夥十人行劫南海縣屬事
主何椰庭家關幡隴與前獲之何江泉鄧亞
聚未獲之陳亞隆蘇亞五在外把風接贓何亞信
同前獲之陳達基戴亞盛冼亞松戴亞枝入室
搜劫銀錢衣物分別變賣俵分又十九年九月初
十日該犯關幡隴起意共夥十人行竊南海
縣屬合夥貿易之事主鄺誠等店鋪臨時行

張現獲之程亞佑聞喊先逃，不知，係隱情了。未獲

之潘超、潘亞全、潘亞沅、李亞南、不識姓之

亞安在外接贓，關幡隴與未獲之潘達業、高

佬、潘高佬大入室搜劫銀錢衣物，分別變賣俵

分。二十年正月十七日夜，該犯關幡隴起意，共

夥十八人駕艇在南海縣屬河清埠頭河面行劫

事主鄭宇業船隻，現獲之潘亞民、現獲病故之

馮亞高、未獲之古亞受、古亞保、黃亞江、麥亞參在

在本艇扳船接贓，關幡隴與現獲病故之馮

亞南、未獲之潘亞士、關亞後過船搜劫銀錢衣

物，分別撿取變賣俵分。屢審，據關幡隴等供

認前情不諱，贓經主認，正盜無疑。核查例載：粵

東西河盜劫之案行劫三次以上各犯應行斬決
並加以梟示等請
上命先行正法又律載共謀為竊臨時行強其不行
之人係竊人而曾分贓但為竊盜從以臨時主意
及共為強盜者不分首從論又強盜已行而
但得財者不分首從皆斬又例載強劫之案嚴
行究審將法所難宥及情有可原者分晰聲明
又律載竊盜臨時一百二十兩以上流罪雖為從
贓一等各等語此案陳胡從行劫另人船搶竊
應斬決法所難宥之溫亞丙與聽從行劫在本
艇扳船搶擄贓物應擬斬梟情有可原之溫亞昌
均係病故毋庸議外謀犯關幡隴起意及聽從

行刦二次起意行窃臨時行强一次自應照例問擬

闽情既合依粤東内河盗刦之案行刦三次以

上爲犯應行斬決者加以梟示例擬斬立決梟

示臣等核寫明後恭請

王命飭委署按察使王篤督標中軍參將祿壽將該

犯闽情既綁赴市曹先行正法仍梟首犯事地

方並等示衆以昭炯戒潘亞良雖随從行刦事主

鄧宇業船内銀兩在本艇板艙接贓一次亦在

盗律向擬潘亞良合依聽從已行但得財者

不分首從皆斬律擬斬立決照例先於左

面刺强盗二字該犯訊止在本艇板艙接贓並

無先登情狀且行刦僅止一次係屬情有可原相

應擬明程亞穗鍾從行劫之王鄧氏唐播黎
接贓該犯聞拿先逃不知同夥情況等訊係情事
於事後分贓應坐窩主之從本律科斷本案估
贓值銀一百六十兩零程亞茂應合依窩藏強盜一百二
十兩以上從犯依為從減一等律杖一百流三千
里至船戶林貴出賃與匪於其回劫窩藏二字
各犯詢無另有犯案窩竊與同居親屬知情分
贓逃後亦無行兇為匪及知情窩留之人住
處畸零向無牌頭甲保洪亞丙等在逃病故
葉亞人等訊無淩虐情弊均毋庸議買贓之人
據供不識姓名盜艇係洋中小船定案焚燬所
當經盡鞫洗盜械等五隻均無憑提訊查起已起

之犯任倫垂鄧來韶及犯陳馮亞丙等已死勿徵
外餘於現犯名下照估追賠從逃犯陳亞山陸等飭
緝獲日另結此案首犯俱獲及所獲犯過半應
照開參奏明照例辦理監斃盜犯僅止二名管
獄官例無處分疏名應請免開犯數因係病故
並行咨送除備錄供招咨部外所有獲盜審辦
緣由臣等謹合詞恭摺具
奏伏乞
皇上聖鑒敕部核覆施行再此案核與部議應奏條
款相符合併陳明謹
奏
道光二十年八月二十六日奏

硃批刑部議奏欽此

八月二十六日

兩廣總督林則徐奏摺 恭讀批諭自請從重治罪
道光二十年八月二十九日

兩廣總督林則徐奏摺 **恭讀批諭自請從重治罪**

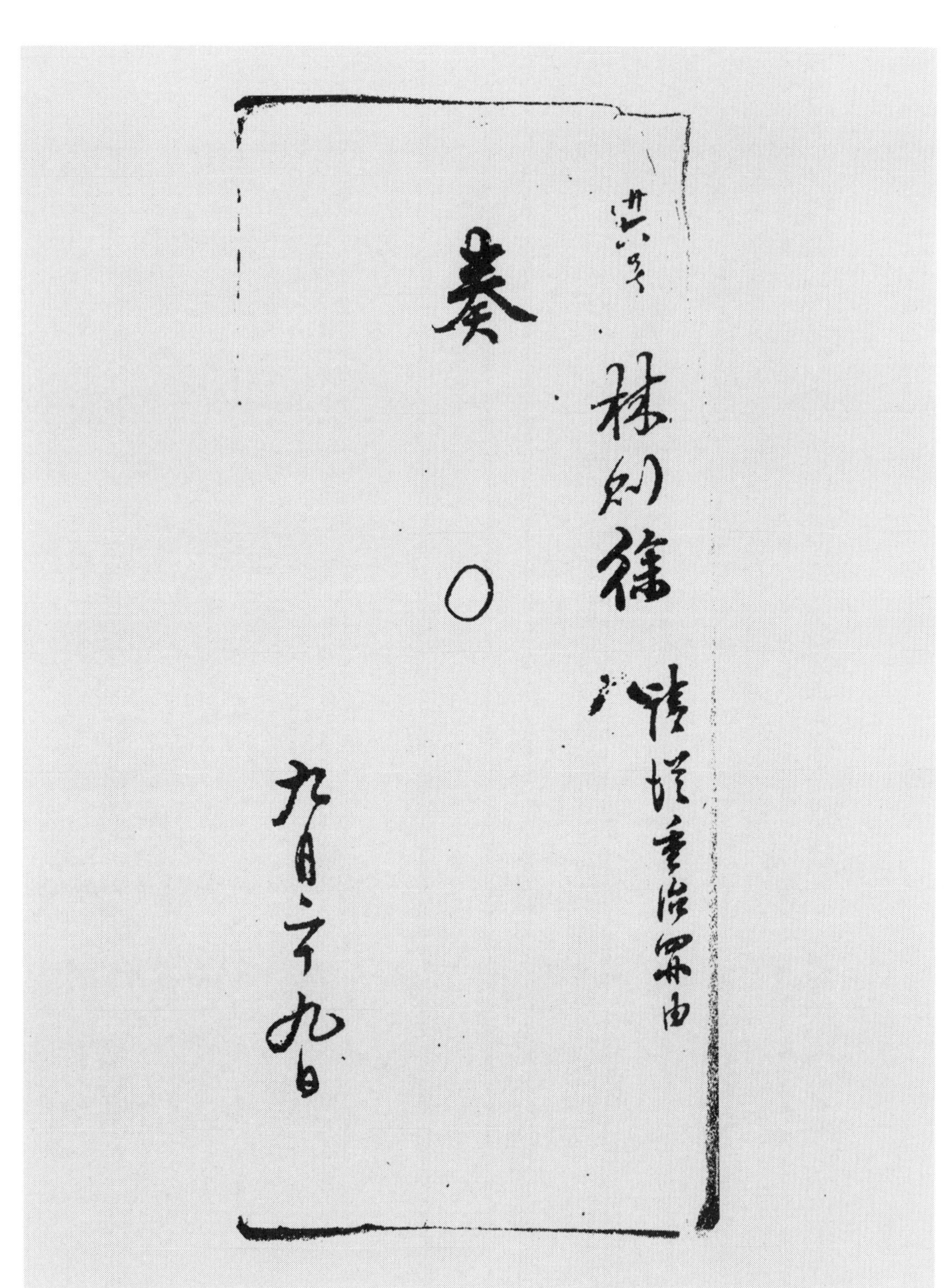

奏 林則徐 請從重治罪由
〇
八月廿九日

兩廣總督林則徐奏摺　恭讀批諭自請從重治罪
道光二十年八月二十九日

兩廣總督臣林則徐跪
奏為恭讀
批諭惶悚難名謹瀝下忱請
旨將臣從重治罪恭摺奏祈
聖鑒事竊臣奏報拏獲鴉片烟犯摺內欽奉
硃批外而斷絕通商並未斷絕內而查拏犯法亦
不能淨無非空言搪塞不但終無實濟反生
出許多波瀾思之曷勝憤懣看汝以何詞對朕也
欽此臣跪誦之下伏地碰頭愧懼慚惶莫能
言喻伏思上年臣奉
命來粵查辦禁烟先將
繳銷欽差關防繼復

兩廣總督林則徐奏摺　恭讀批諭自請從重治罪
道光二十年八月二十九日

而調兩廣總督
責成之重
委任之專，臣何人斯，膺茲
倚畀。誠宜殫精竭慮，以冀永臻成效，仰答
高深。乃為時已閱年餘，而鴉片尚未盡除，夷船
則經過窺伺，雖異類難延殘喘，而淺謀未策
萬全，夙夜循思，時懷悚愧。荷蒙
訓飭，寵懷尤深，寔慚痛悔，驚駭寔寔無詞以對
君父。惟有仰懇
聖主將臣從重治罪，以儆無能。不勝戰慄屏營
之至。所有微臣惶悚下悃，謹繕摺具
奏，伏乞

兩廣總督林則徐奏摺 恭讀批諭自請從重治罪
道光二十年八月二十九日

皇上聖鑒謹
奏
道光二十年九月二十九日奉
硃批 欽此
八月二十九日

兩廣總督林則徐等奏摺　**審明行劫餉銀盜犯分別擬辦官昕請賞還頂戴**

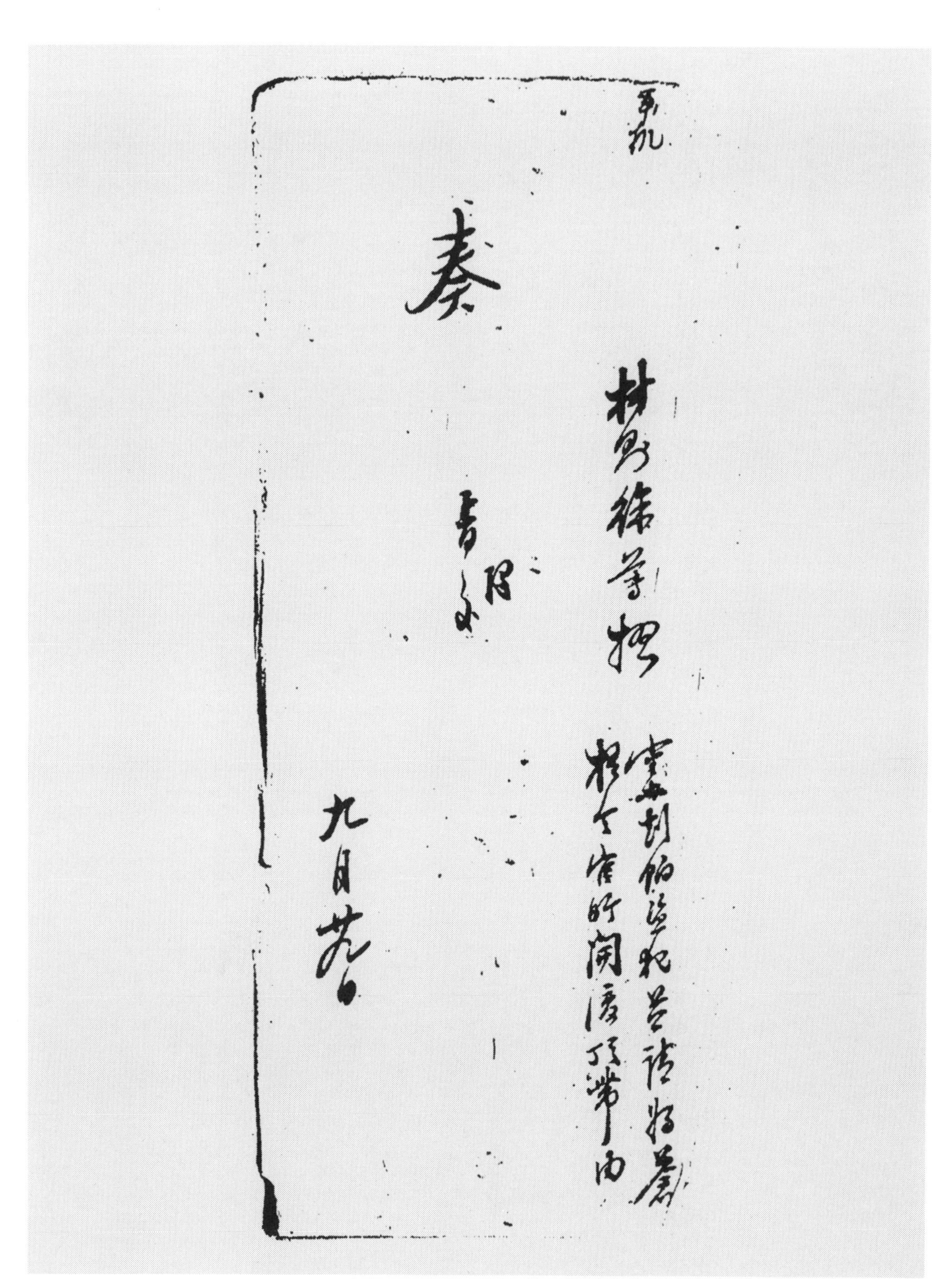
奏

林則徐等摺

兩廣總督林則徐等奏摺　審明行劫餉銀盜犯分別擬辦官昕請賞還頂戴　道光二十年八月二十九日

兩廣總督臣林則徐
廣東巡撫臣怡良　跪
奏為審明行劫餉銀盜犯分別擬辦恭摺具奏事。竊
查肇慶府屬四會縣典史起解地丁銀兩船隻，在高要縣屬
河面被劫一案，前據廣東廣西兩省文武員弁督同兵
役并遂溪縣丁保先等在東省獲首犯鄧亞談、陳亞三、
陳亞成、陳亞二、羅亞七、徐亞幸、黃亞晚、即翁郭德晚、
鈕亞二、混名大頭母九名，奪獲賊艇一隻，并在陳亞
三等起出贓銀三十兩，洋銀四十三圓零，陳亞成等
起出贓銀三十兩解經臣等訊據鄧亞談供認起意
糾夥行劫，陳亞三一犯係為首等情，
諭旨飭將首名之巨匪此犯不足蔽辜，當將提訊大概
情形專摺陳奏。

閩安協副將振德救獲犯梁亞理梁易長即黃亞長
陳亞向霍潤富何亞祿謝亞四六名解司併案審辦計
本年共獲人犯十五名內羅亞玉陳亞二二犯于取供
後在監病故該府有現犯九名廣東臬司王篤督同署
廣州府知府余保純等審擬詳解前來臣等督同司
道提犯逐一研訊緣鄧亞諾混名瓜蒂色籍隸廣東
英德縣人向在廣西駕艇度日道光二十年五月十五日鄧
亞諾起意糾同現獲之陳亞二黃亞晚王亞二陳
亞六羅亞玉陳亞戊楊亞理梁易長趙亞四陳亞
二陳亞向何亞祿謝亞四霍潤富未獲之譚亞邊
李亞義黃亞帶郭亞算郭潤開黃見真鄧亞
麗并譚亞邊轉邀不識姓名一人共犯二十三人霍

詢舊焙時患病又行約僱乘艇同伴黄接吳亭
士在底良塘鶴泥坡河面閒劃過往客船適慶
西與業興批解銀丁解船更是夜灣泊該處因
值風雨未掛燈籠旗幟各犯先不知為餉船將艇
撥近鄧亞格許趙亞四陳亞三陳亞日派亞祿謝亞
刁黃亞茂鄭亞單鄭閏閒黃見真鄧亞麗并
不識姓名一人共十一人在本艇瞭望接贓鄧亞狡南陳
亞三黃亞晚王亞三梁亞來羅亞玉陳亞成楊亞理
梁昌吳澤亞辺李亞義共十一人持械過船搶匪入
艙兵役人等驚起格傷餉船哨舍長鄧亞狡因想
餉銀為數必多更可分用仍起意商同陳亞三等逞
強持刀先將格出銀一箱衣箱原交趙亞四等接收

一同回船駛到僻處查點劫得洋銀二千八百六十二圓零又碎銀一百五十八兩零番銀五十三兩銅錢八千文及衣物等件鄧亞語當將劫洋情由向趙亞四等告知給曾亞在分贓另現獲為從之王逕興即王亞弓並盧檀先查向王逕興係現獲犯王亞二之胞兄王亞二據實告知鄧亞語給與贓銀七兩隨向聲明其餘銀錢各犯首夥分托殷姓代賣開當鋪銀七兩文敬等充當陳亞三先于道光十四年九月初二日起意糾同蔡萬西之牛一肋辛苗共夥九人在新會縣屬銀瓶洲面洋搶奪事主譚慶安船內衣物一次又十六年十月初十日聽從莫林了李亞社起意糾同牛一肋辛苗共夥六人駕艇

兩廣總督林則徐等奏摺　審明行劫餉銀盜犯分別擬辦官昕請賞還頂戴　道光二十年八月二十九日

左就金里房三記何面陸予搭寮可主林開建艇
內欽予二衫約一次又十六年十一月初三日听從已故蕭
亞二附亞四鍾意翰同牛筋亭芳翰三人向就金
里房三家鄉外不識姓名事主舞賽路嶺打單
詐得番銀二圓一半均分一次又十六年十一月初九日听
從已故蕭亞了附亞四起意糾同牛筋亭芳翰
三人向就金里房何壙鄉外不識姓名事主耕賽路嶺

打單詐得番銀一圓均分一次又十七年四月廿二日糾從已故蕭細
不諳無可起意翰及牛筋亭等共翰十人各持刀械駕艇駛至新
會縣屬大沙河面攔搶事主蔡高帶艇內衣人衣飾攞已紅
翰贓並無殺人傷人情事一次又十九年四月二十四日夜與已故
蕭亞二何宗陸同閔學梅省三亞二梁北帝起意共翰十二人
在廣西童保明府壬象一座呈河面持械行劫事主廣東巾

用知會李廷福家眷坐紅旗兵船陳亞三立岸被風打破一次本年

於本年六月十六日夜雅住觀音為兩廣之何某起意共犯十八人在廣

東新川新會將山嶺同洞面行劫事主汪瑞倫船只該犯陳亞

三過搜劫得贓係第一次其犯再出以不知某地方係逃歸查獲

截獲犯所知其節俱係行劫但謀分財時起意而旁有隨同上盜

之犯按之次某未其在外瞭望接贓並未上盜之犯若不知情

原督節例經奏常盜案議又粵東同洞盜劫之案以劫三次

以上為免應以斬決其加以梟示恭候

聖恩亦以為法外得載雖盜匠行而但分財尤不分首從嘗於而截

盜劫之案叢節夜審時法以雖有兩犯有所原尤一一分撕

修又共謀為強盜犯非時間甚為不以事後其故一為從之

犯各有強盜案節更稱好則起意伙劫又紅旗近犯各係其常

兩廣總督林則徐等奏摺 審明行劫餉銀盜犯分別擬辦官弁請賞還頂戴 道光二十年八月二十九日

劫，仍敢歸行劫，據陳亞三、黃亞曉、王亞二、侯亞[illegible]、李寬、亞玉、陳亞成

楊亞理、梁昌長隨同上岸，王紅明知係餉銀，尚敢截住行劫

者，數至二千八百餘兩之多，陳亞三一犯尤係積慣，通共行劫三次

以上早經奏

[illegible]

[illegible]廣東按察使[illegible]標中軍副將趙光[illegible]

犯鄧亞[illegible]、陳亞三、黃亞曉[illegible]王亞二[illegible]

亞李、陳亞成、楊亞理、梁昌長[illegible]黃[illegible]長共八名[illegible]

[illegible]

[illegible]趙亞四、陳亞二、陳亞有、陳亞祿[illegible]

[illegible]

陳亞有、鄧亞祿、鄧亞可[illegible]

皆於得財後動手之後照例先于右面刺強盜二字該犯訊止出洋
行劫聽從接贓並無兇惡情狀且只劫過一次仍屬情有可原應
照洋盜二案已發回原省有案閩省拿獲洋盜劫贓後
甚屬無以事後分贓之條例共謀為強盜計贓時不以事後
贓物折一百流三千里例擬以流三千里至新疆各省改發
刺強盜二字該犯何在隔屬以劫原一籍解保外照無隱匿情
其係協同同役被劫餉銀先經協同查拿起贓出具一切情形擬解
現起之贓尚不足數餘未起各贓除已先後給回依例將所查追起
獲並飭協同查緝免滋逸犯將洋盜日後續獲犯再行辦
係查明各詳請奏明題覆咨送嚴禁辦理二者禁章不以訊無誤
非情弊岩擬甘戒敢應請免開衹將因緝獲屬所逸再廣
西蒼梧縣知縣官昕前因獲解不慎經廣西撫臣梁章鉅

會同臣林則徐奏參請
旨先行摘去頂戴，仍飭將此案贓銀留任，勒限一年，倘能將全案首從緝獲，准
　遵于係前赴東西兩省，協同各府州縣文武員弁，于該案限內將盜犯
首犯鄧亞柱等十五名全數拿獲，業已審擬具奏
欽奉　諭旨　欽此
恩俯准將署潯州府知府官昕
賞還頂戴之處出自
聖主鴻慈，其緝獲留任之處，仍俟核辦，咨吏
部外，臣等謹會同廣西撫臣梁章鉅合詞恭摺具
奏。伏乞
皇上聖鑒，勅部核覆施行。謹
奏。
道光二十年九月初九日奉

兩廣總督林則徐等奏摺 審明行劫餉銀盜犯分別擬辦官昕請賞還頂戴

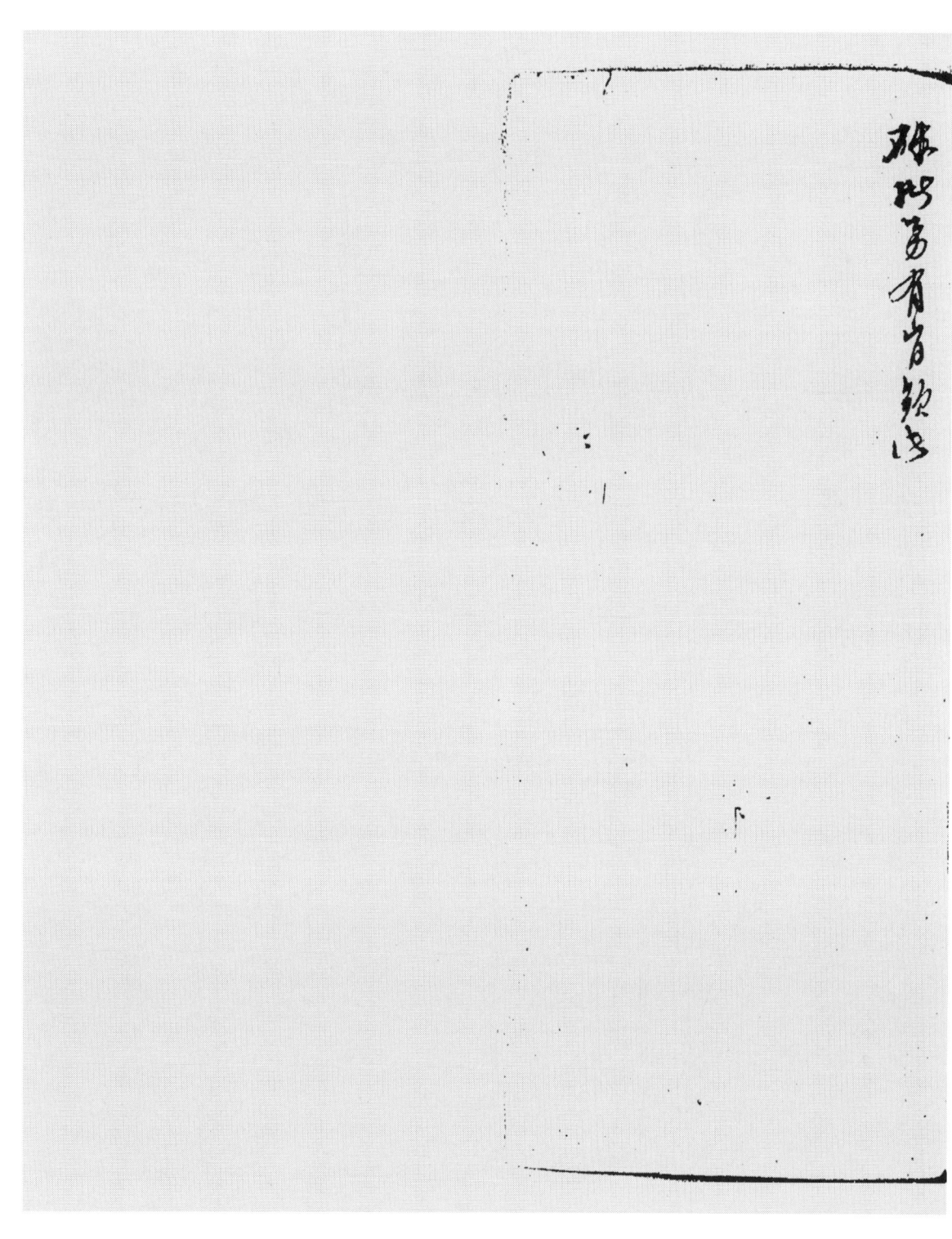

兩廣總督林則徐等奏摺 審明迭劫並拒捕致斃綫人盜犯分別定擬向培芳請開復原官

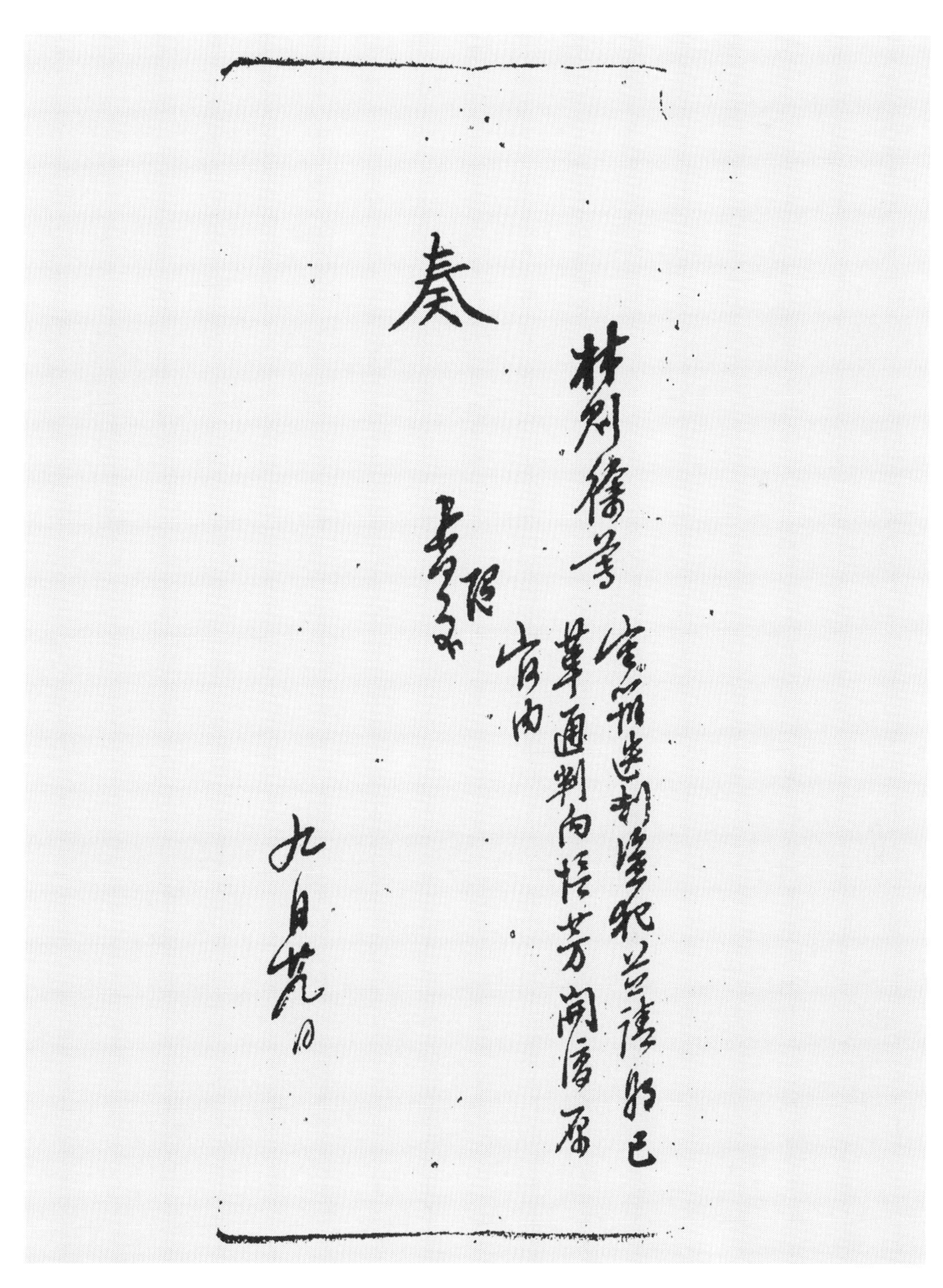

奏

林則徐等 審辦迭劫拒犯並請將已
革通判向培芳開復原
官由

另有旨

九月廿九日

兩廣總督林則徐等奏摺 審明迭劫並拒捕致斃綫人盜犯分別定擬向培芳請開復原官
道光二十年八月二十九日

兩廣總督林則徐等奏摺 審明迭劫並拒捕致斃綫人盜犯分別定擬向培芳請開復原官

道光二十年八月二十九日

兩廣總督臣林則徐
廣東巡撫臣怡良 跪

奏為審明迭次搶劫並拒捕致斃綫人盜犯分別定擬，恭摺奏祈
聖鑒事。竊照廣東高要縣匪犯何業迭次糾夥走廣東、廣西兩省地方搶劫，節經臣督飭嚴拏，前督臣鄧廷楨、廣西巡撫臣梁章鉅札飭各地方文武並專委員弁查拏。先因該犯潛至廣西桂平縣屬之大洋墟地方，經廣東西寧縣差役蘇金帶同綫人廖明並役陸超等查拏往捕，該犯何業當眾拒傷蘇金等五人，並傷斃隊目二命，經廣西撫臣梁章鉅會同前督臣鄧廷楨於上年二月間具奏，欽奉
上諭：這起參奏緝捕不力，致匪犯拒捕傷斃二命之廣西署桂平縣事候補通判向培芳著先革職，留於該地方協同現任文武員弁上緊嚴緝，兇犯何業務獲，無弋獲再行嚴參辦理。欽此。欽

迭至[illegible]義[illegible]湖[illegible][illegible]署州知州[illegible]山[illegible]報[illegible][illegible]年

旨將[illegible]之何榮[illegible][illegible][illegible]州郭莫村[illegible]方[illegible]會同[illegible][illegible][illegible]兵役

[illegible][illegible][illegible]何榮[illegible][illegible][illegible][illegible]情[illegible][illegible]械拒捕[illegible]兵[illegible][illegible]傷何榮[illegible]

[illegible]逃有廣西省等[illegible][illegible]洋之[illegible][illegible]到向培芳派遣兵丁

[illegible][illegible][illegible]同[illegible][illegible]將何榮[illegible][illegible][illegible]一併[illegible][illegible][illegible]南海[illegible][illegible][illegible]

[illegible][illegible][illegible][illegible]到廣西興業[illegible][illegible]張[illegible][illegible]鄭亞[illegible][illegible][illegible][illegible]封

巨盜陳亞三[illegible][illegible]解省[illegible][illegible][illegible][illegible]將[illegible]訊大概[illegible][illegible][illegible]司[illegible][illegible]

緣由[illegible]摺

聞並東[illegible][illegible]按[illegible][illegible][illegible][illegible][illegible]廣西[illegible][illegible]靈山欽州[illegible][illegible][illegible][illegible]廣

西桂平[illegible][illegible][illegible][illegible][illegible][illegible]會[illegible][illegible][illegible][illegible][illegible][illegible]亞[illegible][illegible]十九[illegible]

[illegible][illegible][illegible]亞[illegible]李亞二[illegible]李[illegible]鬼二[illegible][illegible][illegible][illegible][illegible][illegible][illegible][illegible]

[illegible]司[illegible][illegible][illegible][illegible][illegible][illegible]大[illegible][illegible]一[illegible][illegible][illegible][illegible][illegible][illegible][illegible][illegible][illegible][illegible]

劫洞銀兩鄭亞發等共劫三次之陳亞三臣查歸案另行審
辦外，因該犯現犯何茶亞拉在廣東界內王篤曾同在廣州府紅
石家係犯等先後扦詳解前來，臣督同司道提犯逐一研訊。緣
何茶即何亞五，又名鄭二長，一籍隸廣東高要縣，因迭次犯案被
拿，潛往廣州及廣西宣化、桂平各處地方，縣鳥蜂衣係工道光十九
年四月中旬，何茶與另案已獲另案之陳亞三糾同素識不識
姓名之豬頭晚糾匪，除由廣西省內另案首另案之梁北帶起
意，共糾十二人，在廣西宣化向鄉土名蛇河面，搶劫行劫不遂
廣東即用知縣李廷福家眷坐船，該犯何茶在本船搶奪
捆縛，劫去銀兩衣飾，僱下。又于十九年六月十二夜，何茶起意，糾
同現獲之吳滿得，隨後黃袁見雅、要邀夥，即大個魚、何亞濱、
陳亞壬、陳亞三、陳亞淨、陳亞六及已獲另案之陳亞三臣另

雨病故之鄭亞滿未獲之徐歌協何亞得李輝彬阮亞
燦陳亞燦楊亞幸楊亞丙亞保歌協拉伴不識姓名一人共駕
十六人在廣東東莞川物鉤嶺同何南口劫事主汪瑞倫船只係
亞三陳亞燦陳亞六何亞祥李輝彬阮亞燦陳北勝楊亞幸
楊亞丙九人在本縣板船擄掠何茉興黃怡勝寮亞有何亞濃
陳亞壬陳亞三吳亞滿係歌協並不識姓名一人共九人在船
擄禁勒贖銀錢衣物分贓又十九年十月十三日夜何茉興盈同
因批在逃之黃怡勝寮亞新李大眼勝陳亞二鄧亞四陳亞木新
亞振梁亞有彭華輝吳丁壽陳亞白十陳輪阮亞未獲之楊亞
年楊科不識姓名二人共糾二十人駕船持械在高要縣河口
堡沙灣河南門劫搶事主吳丁發船只陳亞木新亞振
梁亞有彭華輝吳丁發陳亞阜陳橋泥楊亞丙鄒孫長黃

兇具及不識姓名二人，共十二人，在本船扳虹梅姪何業，有黃恤

勝、崔亞哥、李大眼、勝陳亞二、趙亞四、楊亞辛、陳敬均八人持械

過船，劫得銀兩，同船駁艇與兵丁梁瑞、葉倫貓見出捕，不及偏

貓先點燃火把查點被劫物件，失火燒着船篷，火勢猛烈

倫貓見被火燒傷，至二十一日身死。何業於勝糕了頭情並

逃出。何業先于道光十八年四月十四日在起意糾同前叢已獲

病故之陳亞四共犯二人在海康洲廍門前不識姓名事主家搶

贓一次。又十八年五月二十四日起意糾同茅崔於叢罪之陳二首起意

共犯二人在海康洲廍白沙地方經手搶奪事主劉佐烟葉一次。

又十八年八月二十四日何業與東叢之何江等共犯十二人各持器械

在虹戶陳亞養等船上赴廣西桂平縣〔大黄江地方在先該村又大旺墨〕向培芳處假將虹戶陳

亞養等審叢解訊，旋何業等脫逃。又十八年八月二十二日

何茶秋住番禺縣之趙亞云起意出高要縣屬土名大棚地方

住手搶奪馬亞三衣箱一次。又是月二十七日原緝二人至高要縣屬

土名望沙涌河邊住手搶奪廖亞任亞加艇內衣服一次。五十九年

二月初一日何茶興現之黃驪蒲衣亞茅何亞淡甘社晚陳亞志

李亞三即李李鬼未獲之楊亞幸楊亞兩即二并不知姓名之

大眼有一共十二人同至廣西桂平縣屬大洋埠湯亞年家搶

奪贓物拚逃廣東西寧縣屬匿後赴縣村陸廣明家僱陸趙

與年差四拚巡逃查拿何茶勝逃誤至高要縣同原亞三在

不識姓名總目二人至西寧何茶為拒捕並將兵役

頂伊邪李不識姓名線目一人先被何亞潰用刀箭砍挖戳

左腿并受傷被揚亞雨用刀戳傷心坎倒地身死。又不識姓名線

目一人先被李亞二即李李鬼用刀殺傷左右手指并受傷詢

黃亞萬用兩嘴鐵扒戳傷心坎倒地身死何案亦用刀戳傷
差役王恩寶偏左並更黃鴨寮用鐵嘴扒戳傷謝亨左腿後
楊亞幸用鐵嘴扒戳傷何因報盜追上並更郭二用鐵嘴扒
戳傷李華衮額頰並更林四用刀戳傷溫四左耳根本年復
于社悅陳亞志大眼有查端脅勢來經傷人又道光十九年七月
本省何業英現獲之陳亞壬陳亞妹新經正法之蘇振發
中好譚意共犯十八人持械在高要縣河面搶奪事主王本
匪船田銀物情事一次又與先出現獲之黃鴨寮先于道光十九年
五月初四日夜隨同正法病故之嚴其新譚意共犯十二人內到
高要縣事主劉識中雜貨鋪誘稱黃鴨寮入室搶劫
銀錢衣物該犯等各按情事較何業英供明伊尚有犯同正法
蘇振之蘇亞孩並另案在某又據甘社德供明伊係在何

兩廣總督林則徐等奏摺　審明迭劫並拒捕致斃綫人盜犯分別定擬向培芳請開復原官
道光二十年八月二十九日

案拒捕殺死綫目又一案前在廣西串同將黃帽狗溺死黃壽恩
李亞二邢孝壽恩何亞漢冼亞字供出伊兩犯均好并聲言要將
審擬黃供明與該犯糾邀再要將不獨案逃捕書伊欲
案內同盜劫一案以劫三次以上應以斬決加以梟示前據
王命先行正法又得載強盜已行而但得財未不分者應皆斬又例
載盜劫之案嚴行究審將法所難宥及情有可原者分撥
案內又得載殺人拒捕者照捕人致斃照盜殺傷人者應在斬梟
一等又殺傷差役在案何葉而何疵又名鄧二長鄧日以劫三次究
應按梟又分犯全案黃亞夫一次拒捕殺斃綫目二命一次又於
將各次黃帽狗限外黃壽恩均係以前三次鐵匠拒捕殺
將差役年後一次何葉陳兌黃亞夫均拒捕殺斃綫目廖
並同場辦情及送次拒前黃帽狗陳鐵匠拒捕殺傷差

後再復及賭博無疑，斷不致因縱然依粵東因循刦之案，
以刦三次以上者即斬決並加以梟示等語，
王命先以正法，例斬決梟示，日後尋常盜案仍照例辦請，
王命飭委署廣東按察使王篆、督標中軍副將[illegible]將該
犯何榮邦即何蘇照又名鄭二長、黃幅歸、張亞安、黃壽恩二犯綁赴
市曹斬決梟示，傳首犯事地方懸竿示衆，以昭炯戒。雖亞
番即大網魚起意同刦二次，又因賭博輸窮，聽從[illegible]拒捕致
傷目一命，何亞廣起意同刦過如擄贖一次，因賭博輸窮，起
意拒捕致傷綫人一次，陳亞壬起意同刦過如擄贖一次，起
意持械搶奪一次，李大眼[illegible]、陳亞二、趙亞四、無雞同刦過如
擄贖一次，陳亞歸起意同刦擄贖一次，起意持械搶奪一
次，陳亞三、陳亞六、陳亞木、鄭亞根、梁亞有、劉某

梁某丁義陳亞阜陳橋沅乃聚衆駐泊以刻查本艇
搶劫獲贓一次有亞勝同大閣魚何亞潰陳閏帳
搶犯畢發羅汛拒捕傷斃線人陳亞壬陳亞娣
陳駐隆持械拒奪各犯不敢依在與李
李大眼豬陳亞二趙亞四陳亞三陳亞六陳亞
木茶亞根梁亞弓彭義娣莫

丁義陳亞阜陳橋沅均依強盜
已行而但得財者不分首從皆擬斬
立決照例先于右面刺強盜二字應亞茶
即大閣魚與何亞潰陳亞壬李大眼豬
陳亞二趙亞四已照擾法正辦有陳亞
娣陳亞三陳亞六陳亞木茶亞根梁亞昌

彭華勝莫丁米陳亞卓陳編沅在本艇板
船接贓並無知悉情狀且只知止此一次情有
可原擬應分晰聲叙李大明勝起亞四均已病故
應毋庸議李亞二聽李番鬼因賭輸錢聽從
拒捕先用刀戳傷不識姓名綫目一人後經崔亞芳
向大潤頭戳傷身死甘社飽陳亞志因賭輸錢聽從
拒捕目睹殺人在場助勢均屬拒殺為從李亞二
甘社飽陳亞忌陳培發雖死不計外均合依竊盜拒
捕殺死捕人執持器械為從減一等擬杖一百流三
千里李亞二業已病故應毋庸議該犯等均有
犯案窩竊為因居叔屬初犯分贓或住處鄰等
向年牌頭甲保或在酒屬行知原籍牌保等

經查家均如屬役累經之人故殺不識姓名並經
鑒既並檄委查寬免究据訊查起行劫各贓除已死
各犯毋庸議外仍飭查此外案逸犯緝獲日另辦
行劫各案盜犯係在何屬限內拿獲成名者應予補
參所有盜犯各職名飭行查明一併咨到乃理高要南
海二縣監斃盜犯各上一名桂林府監斃盜犯一
名係染患常病通監查獄官均照例無處分職名應請
免開犯殺圍後傷致斃再原參消緝不力等
旨革職留緝之前署廣西桂平縣事候補通判向
培芳今于二案限內已將迭劫巨盜拒捕斃命
之犯丙查拿手下之犯盧丁協獲尚知愧奮可
否仰懇

天恩俯准開復原官出自

聖主鴻慈其餘各犯均按照例分別辦理除繕錄供

招咨部外臣等謹會同廣西撫臣梁章鉅合

詞恭摺具

奏伏乞

皇上聖鑒敕部核覆施行謹

奏道光二十年九月二十九日奉

硃批另有旨欽此

題參署廣東督糧道洪錫豫等員疏防渡船劫案限滿贓犯未獲

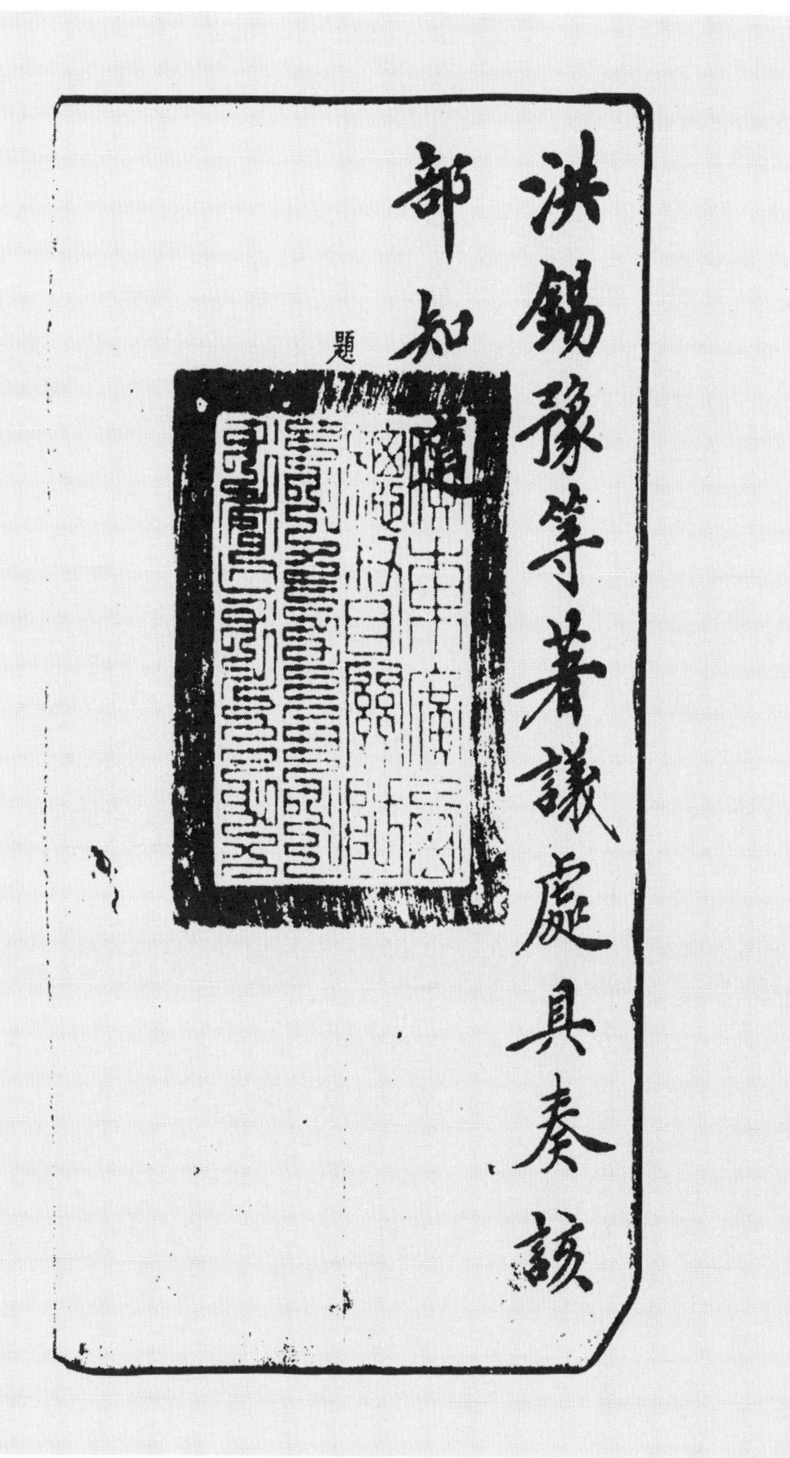

洪錫豫等著議處具奏該部知道

題

兵部尚書兼都察院右都御史總督廣東廣西等處地方軍務兼理糧餉臣林則徐謹

題爲開叅疎防職名事據署理廣東按察使司仰

務廣東督糧道陸補長蘆鹽運使王篤詳稱案

據南海縣知縣劉師陸申詳道光貳拾年叁月

初貳日據順德縣渡夫林順和稟稱伊承擺陳

村往佛山餉渡貳拾年貳月貳拾柒日在埠攬

載客貨開行是日起更時候船至縣屬土名蔗

園河面停泊被賊多人駕艇攏近持械過船搶

奪伊與水手喊捕被賊用械恐嚇乘機搶奪倉

面銀錢衣物跑走賊賊落後水手黃賢秀羅亞

富赶出船頭向捕各被賊匪拒傷回艇駛逃喊

追不及該處向無埠保理合稟乞勘緝等情違

繇失單壹紙到縣據此當即選差勒緝贓賊一面移會營員親詣該處傳集事主人等勘得林順和渡船被搶處所係在縣屬土名蔗園河面上通佛山下達三汊海口查驗渡船並無損壞亦無賊遺器械該處離瀾石汛約肆拾里附近並無設立撥鋪防兵勘畢繪圖訊據渡夫林順和水手黃賢秀羅亞富各供均與案詞無異當驗得黃賢秀顖門壹刀傷斜長壹寸伍分寬壹分皮破血出又驗得羅亞富左腿彥鐵嘴傷圍寬伍分皮破血出填單飭醫隨傳舖戶眼同事主按照失單逐一確估共值紋銀柒拾叁兩捌錢玖分伍釐列冊同勘圖傷單附卷除移行勒

兩廣總督林則徐題本　題參署廣東督糧道洪錫豫等員疎防渡船劫案限滿贓犯未獲

道光二十年八月二十九日

緝贓賊務獲究辦外理合通詳等情當奉批司
飭緝查參等因又奉牌行據營員報同前由各
到司俱經移行勒緝查參去後茲疎防限滿贓
賊未獲據該縣提驗水手黃賢秀羅亞富傷痕
平復准督糧道併據廣州府開列文員疎防統
轄兼轄各職名到司准據此該署理廣東按察
使司印務廣東督糧道陞補長蘆鹽運使王篤
查看得順德縣渡夫林順和渡船於道光貳拾
年貳月貳拾柒日夜停泊南海縣屬土名蕉園
河面被賊持械過船搶奪銀物拒傷水手黃賢
秀等平復一案先據該縣會營勘訊通詳併據
營員呈報均奉批飭行司勒緝查參移行遵照

兩廣總督林則徐題本　題參署廣東督糧道洪錫豫等員疏防渡船劫案限滿贓犯未獲　道光二十年八月二十九日

去役盜疏防限滿贓賊未獲准督糧道併廣
州府開列文員疏防各職名前來除移行勒緝
贓賊務獲究辦外所有疏防文職統轄係署廣
東督糧道事候補道洪錫豫兼轄同城係署廣
州府事南雄直隸州知州余保純不同城係署
廣州府佛山同知事崖州知州李百齡專管係
南海縣知縣韓經
奏請陞補粵閩荊澳同知劉師陸前任南海縣五
斗口司巡檢谷浦淡溪縣縣丞續經丁憂殷輔
相應開報伏候
題參再本案贓夥確數應俟獲犯審供爲定水手
黃賢秀等傷痕據報均已平復失事處所據勘

係在蓮圍河面離獨石汛約貳拾里附近並無
設立墩鋪防兵又前任南海縣五斗口司巡檢
殷輔因丁母憂於道光貳拾年叁月初貳日卸
事所遺巡檢事務即日行委羅定州晉康司巡
檢姜森代理嗣因調署五斗口司巡檢之臨高
縣和舍司巡檢尹益廷於伍月貳拾貳日到任
姜森即日卸代理均在疎防限內又殷輔業已
丁憂姜森係代理之員均已卸事不復回任應
請照例議結又本案自道光貳拾年貳月貳拾
柒日夜失事起計至陸月貳拾陸日肆個月疎
防限滿今該縣於柒月貳拾日開列職名具詳
到府該府於捌月初拾日詳司計遲延均未及

壹月例無處分職名應請免開至署按察司於
拾叁日轉詳並無遲逾合併聲明等由又先准
廣東水師提督臣關天培開報武員疏防統轄
兼專協防遊巡各職名到臣該臣看得廣東順
德縣渡夫林順和渡船於道光貳拾年貳月貳
拾柒日夜停泊南海縣屬土名燕圍河面被賊
持械過船搶奪銀物拒傷水手黃賢秀等平復
一案先經據報批行勒緝查參去後茲疏防限
滿贓賊未獲據署按察使王篤開列文員疏防
各職名詳請
題參又先准廣東水師提督臣關天培開報武員
疏防各職名前來除嚴飭移行勒緝贓賊務獲

究辦外所有疎防文職統轄係署廣東督糧道
事候補道洪錫豫兼轄同城係署廣州府事南
雄直隸州知州余保純不同城係署廣州府佛
山同知事崖州知州李百齡專管係南海縣知
縣續經
奏請陞補粵閩南澳同知劉師陸前任南海縣五
斗口司巡檢咨補遂溪縣縣丞續經丁憂殷輔
武職統轄係廣東順德協副將楊登俊兼轄併
遊巡均係順德協右營都司王政先專汛係兼
顧順德協右營左哨千總事該營左哨頭司外
委把總余朝安協防係順德協右營左哨頭司
外委把總余朝安相應

兩廣總督林則徐題本 題參署廣東督糧道洪錫豫等員疎防渡船劫案限滿贓犯未獲 道光二十年八月二十九日

題參聽候部議再本案賊夥確數應俟獲犯審供
爲定水手黃賢秀等傷痕據報均已平復失事
處所覆勘係在鹿圖河面離瀾石汛約貳拾里
附近並無設立墩鋪防兵又文職任卸日期已
於司詳內聲敘其武職遊巡順德協右營都司
王政先因遊巡期滿於道光貳拾年叁月底離
巡係在疎防限內又本案自道光貳拾年貳月
貳拾柒日夜失事起計至陸月貳拾陸日肆個
月疎防限滿今該縣於柒月貳拾日開列職名
具詳到府該府於捌月初拾日詳司計遲延均
未及壹月例無處分職名應請免開至該署司
於拾叁日轉詳並無遲逾又專汛係越級兼顧

兩廣總督林則徐題本　題參署廣東督糧道洪錫豫等員疎防渡船劫案限滿贓犯未獲
道光二十年八月二十九日

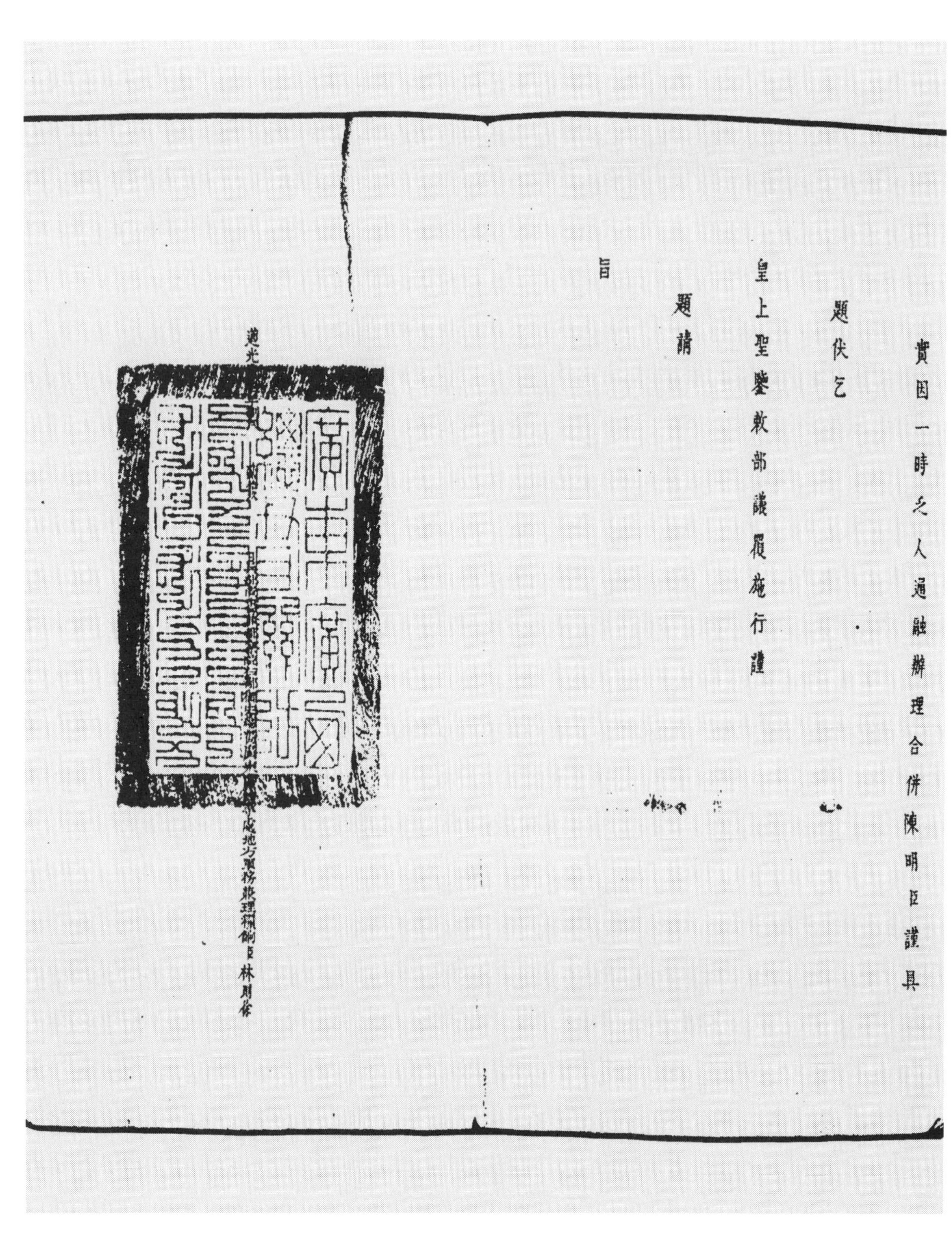

實因一時之人通融辦理合併陳明臣謹具
題伏乞
皇上聖鑒敕部議覆施行謹
題請
旨

道光二十年八月[illegible]地方軍務兼理糧餉臣林則徐

兩廣總督林則徐題本 題參署廣東督糧道洪錫豫等員疎防渡船劫案限滿贓犯未獲
道光二十年八月二十九日

兵部尚書兼都察院右都御史總督廣東廣西等處地方軍務兼理糧餉臣林則徐謹
題爲同參疎防職名事該臣看得廣東順德縣渡
夫林順和渡船於道光貳拾年貳月貳拾柒日
夜停泊南海縣屬土名蔗園河面被賊持械過
船搶奪銀物拒傷水手黄賢秀等平復一案先
經據報批行勒緝查參茲疎防限滿贓賊未獲
據署按察使王篤開列文員疎防各職名詳請
題參又先准廣東水師提督臣關天培開報武員
疎防各職名前來除嚴飭勒緝贓賊務獲究辦
外所有疎防文職統轄係署廣東督糧道事候
補道洪錫豫兼轄同城係署廣州府事南雄直
隸州知州余保純不同城係署廣州府佛山同
知事崖州知州李百齡專管係南海縣知縣續
經
奏請陞補粵閩南澳同知劉師陸前任南海縣五
斗口司巡檢谷補遂溪縣縣丞積經丁憂殷補
武職統轄係廣東順德協副將楊登俊兼轄併
遊巡均係順德協右營都司王政先專汛係兼
轄順德協右營左哨千總事該營左哨頭司外
委把總余翱安協防係順德協右營左哨頭司
外委把總余翱安相應
題參聽候部議臣謹
題請
旨

兩廣總督林則徐題本 **題參分巡惠潮嘉道王貽桂等員疎防竊案限滿贓犯未獲**

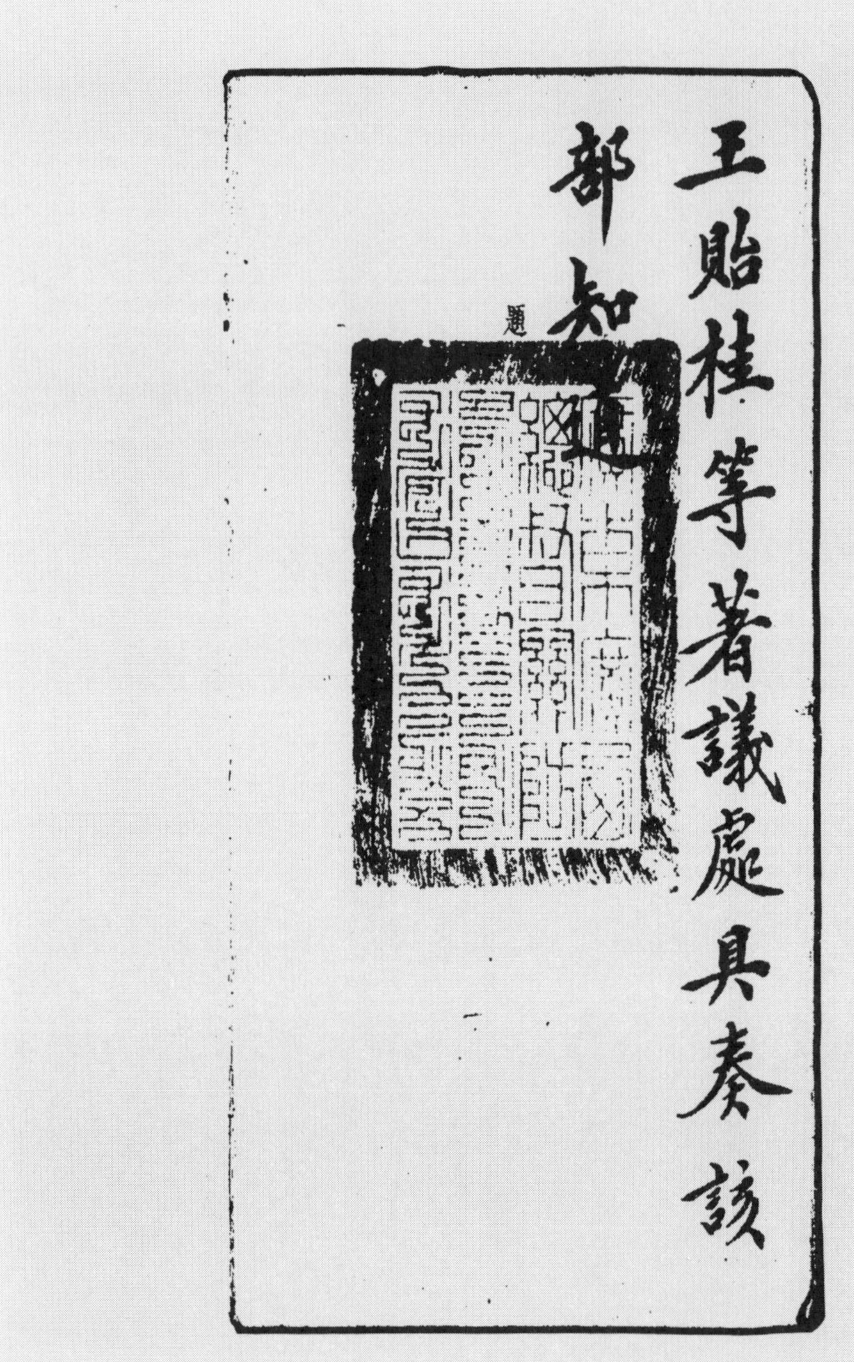

王貽桂等著議處具奏該部知道

題

兵部尚書兼都察院右都御史總督廣東廣西等處地方軍務兼理糧餉臣林則徐謹
題為開參疎防職名事據署理廣東按察使司印
務廣東督糧道陞補長蘆鹽運使王篤詳稱案
據署澄海縣知縣張齡申詳道光拾玖年拾壹
月初伍日據地保郭盛呈據監生李錫奇投稱
伊與繼母李蔡氏同屋居住道光拾玖年拾壹
月初肆日夜叁更時候被賊撬開屋門入室行
竊伊與李蔡氏醒覺起身喊捕賊人持械嚇禁
不許聲張伊與李蔡氏畏懼躲避各賊分投進
房打開箱櫃挖劫銀錢首飾衣物跑去伊喊同
鄰人蔡順等追捕不及等語往查屬實理合報
請勘緝等情並據監生李錫奇開列失單報同

前由各到縣據此當即選差勒緝贓賊一面會
營親詣該處勘得監生李錫奇住屋壹所前後
兩進每進叁間查驗屋門及房中箱櫃均有撬
損痕跡餘無撬壞亦無賊遺油捻器械左鄰蔡
順右鄰高成該處距上窖汎陸里附近並無設
立墩鋪防兵勘畢繪圖訊據地保郭盛事主李
錫奇李蔡氏鄰人蔡順高成各供均與稟詞無
異隨傳鋪戶眼同事主按照失單逐一確估共
值紋銀貳百壹拾陸兩叁錢柒分伍釐列冊同
勘圖附卷除移行勒緝贓賊務獲究辦外理合
通詳等情當奉批司飭緝查參等因又奉牌行
據營員報同前由各到司俱經移行勒緝查參

去後茲疎防限滿贓賊未獲准惠潮嘉道併據
潮州府開列文員疎防統轄兼專各職名到司
准據此該署理廣東按察使司印務廣東督糧
道陞補長蘆鹽運使王篤查看得澄海縣監生
李錫奇家於道光拾玖年拾壹月初肆日夜被
賊行竊臨時行强挖封銀物一案先據該縣會
營勘訊通詳併據營員呈報均奉批檄行司勒
緝查參等因移行遵照去後茲疎防限滿贓賊
未獲准惠潮嘉道併據潮州府開列文員疎防
各職名前來除移行勒緝贓賊務獲究辦外所
有疎防文職統轄係廣東分巡惠潮嘉道王貽
桂兼轄不同城係前署潮州府事嘉應州知州

韓鳳修署潮州府同知事候補通判王集專管
係署澄海縣事准補長寧縣知縣張鑰署澄海
縣典史事候補從玖品蘇勳相應開報伏候
題
参再本案賊夥確數應俟獲犯審供爲定失事
處所據勘係在鄉間距上窖汎陸里附近並無
設立墩鋪防兵又兼轄前署潮州府韓鳳修因
新任潮州府李蘆於道光貳拾年貳月貳拾貳
日到任韓鳳修卽日卸事係在疎防限內又韓
鳳修係署事之員業已卸事不復回任應請照
例議結又本案自道光拾玖年拾壹月初肆日
夜失事起計至貳拾年叁月初叁日肆個月疎
防限滿今該縣於陸月貳拾肆日具詳到府除

去程限貳日計遲延叁個月零貳拾日所有開
報本身應議遲延壹月以上職名係署澄海縣
事准補長寧縣知縣張齡相應開報附參至該
府於柒月拾玖日轉詳到司計遲延未及壹月
例無處分職名應請免開署按察司即於貳拾
叁日轉詳並無遲逾合併聲明等由又先據署
閩粵南澳鎮總兵官江繼芸開報武員疎防統
轄兼轄協防各職名到臣該臣看得廣東澄海
縣監生李錫奇家於道光拾玖年拾壹月初肆
日夜被賊行竊臨時行强捘刦銀物一案先經
據報批行勒緝查參去後茲疎防限滿贓賊未
獲據署按察使王篤開列文員疎防各職名詳

請
題叅又先據署閩粤南澳鎮總兵官江繼芸開報
武員疎防各職名前來除嚴飭移行勒緝贓賊
務獲究辦外所有疎防文職統轄係廣東分廵
惠潮嘉道王貽桂兼轄不同城係前署潮州府
事嘉應州知州韓鳳修署潮州府同知事候補
通判王集專管係署澄海縣事準補長寧縣知
縣張齡署澄海縣典史事候補從九品蘇勳武
職統轄係前代辦廣東澄海協副將事署該協
中軍都司該協右營守備曾應元兼轄係前代
辦澄海協左營守備事署澄海協左營左哨頭
司把總該營左哨外委千總俞超兼顧專汛係

署澄海協左營左哨頭司把總事該營左哨外
委千總俞超協防係前署澄海協左營左哨外
委千總事該營記委陳名桂相應
題參聽候部議再本案贓夥確數應俟獲犯審供
爲定失事處所據勘係在鄉間距上窖汛陸里
附近並無設立墩鋪防兵又文職卸任日期已
於司詳內聲敘其武職統轄前代辦澄海協副
將曾應元因原護副將楊德雄於道光貳拾年
正月初壹日洋巡班滿回營曾應元即日卸代
辦又兼轄前代辦澄海協左營守備俞超因原
署守備李英隆於道光貳拾年正月初壹日分
巡班滿回營俞超即日卸代辦又兼顧專汛署

澄海協左營左哨頭司把總俞超因更派署該協左營左哨貳司把總事該營右哨頭司外委把總謝斌於道光貳拾年正月初壹日到兼顧俞超即日卸兼顧嗣謝斌因更換澄海協左營左哨頭司把總陳名山於貳月貳拾貳日到兼顧謝斌即日卸兼顧又協防前署澄海協左營左哨外委千總陳名桂因原任外委俞超於道光貳拾年貳月初叁日回營陳名桂即日卸署嗣俞超因更派署澄海協左營右哨頭司外委把總事該協右營記委陳盛高於貳月貳拾伍日到防俞超即日離防均在疎防限內又本案自道光拾玖年拾壹月初肆日夜失事起計至

貳拾年叁月初叁日肆個月疎防限滿兮該縣
於陸月貳拾肆日具詳到府除去程限貳日計
遲延叁個月零貳拾日所有開報本身應議遲
延壹月以上職名係署澄海縣事准補長寧縣
知縣張齡相應附參統聽部議至該府於柒月
拾玖日轉詳到司計遲延未及壹月例無處分
職名應請免開該署司即於貳拾叁日轉詳並
無遲逾又武職統轄兼轄均係越級代辦實因
一時乏人通融辦理合併陳明臣謹具
題伏乞
皇上聖鑒敕部議覆施行謹
題請

兩廣總督林則徐題本　題參分巡惠潮嘉道王貽桂等員疎防竊案限滿贓犯未獲　道光二十年八月二十九日

旨

道光

廣西等處地方軍務兼理糧餉臣林則徐

兵部尚書兼都察院右副都御史總督廣東廣西等處地方軍務兼理糧餉臣林則徐謹

題為開參疎防職名事該臣看得廣東澄海縣監生李錫奇家於道光拾玖年拾壹月初肆日夜被賊行竊臨時行強搶刦銀物一案先經稟報批行勒緝查參茲疎防限滿贓賊未獲據署按察使王篤開列文員疎防各職名詳請

題參又先據署閩粵南澳鎮總兵官江繼芸開報武員疎防各職名前來除嚴飭移行勒緝贓賊務獲究辦外所有疎防文職統轄係廣東分巡惠潮嘉道王貽桂兼轄不同城係前署潮州府事嘉應州知州韓鳳修署潮州府同知事候補通判王集專管係署澄海縣事准補長寧縣知縣張龢署澄海縣典史事候補從玖品蘇勳武職統轄係前代辦廣東澄海協副將事署該協中軍都司該協右營守備曾應元兼轄係前代辦澄海協左營守備事署澄海協左營左哨頭司把總該營左哨外委千總俞超兼顧專汛係署澄海協左營左哨頭司把總事該營左哨外委千總俞超協防係前署澄海協左營左哨外委千總事該營記委陳名桂相應

題參聽候部議臣謹

題請

旨

兩廣總督林則徐題本　**題參分巡惠潮嘉道王貽桂等員疏防劫案限滿贓犯未獲**

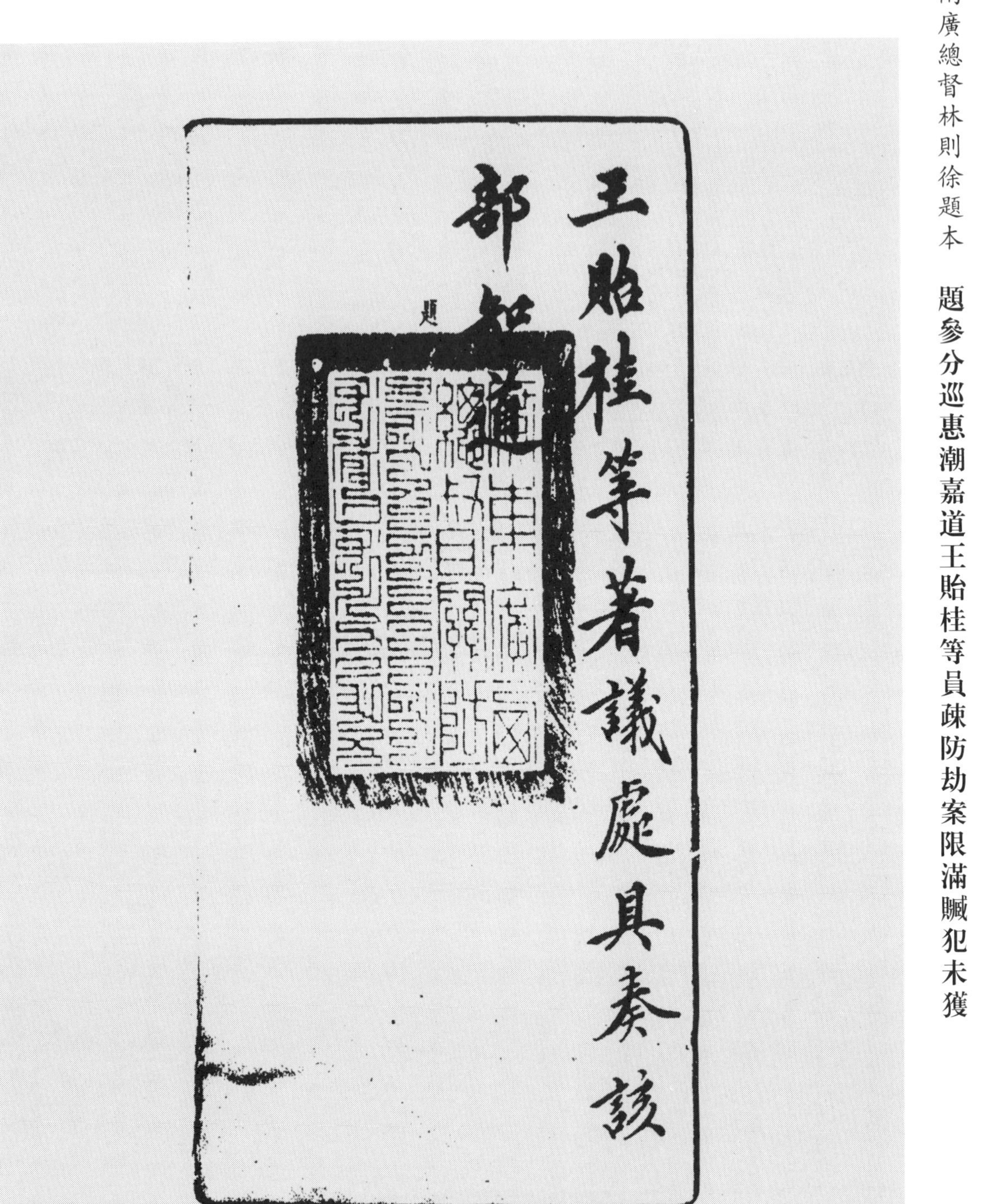
王貽桂等著議處具奏該部知道
題

兩廣總督林則徐題本 題參分巡惠潮嘉道王貽桂等員疎防劫案限滿贓犯未獲

道光二十年八月二十九日

兵部尚書兼都察院右都御史總督廣東廣西等處地方軍務兼理糧餉臣林則徐謹

題為開參疎防職名事據署理廣東按察使司印

務廣東督糧道陞補長蘆鹽運使王篤詳稱據

署陸豐縣知縣龔紹陵申詳道光貳拾年貳月

初柒日據長樂縣民陳五承胡智權呈稱民等

向在縣屬甲子當店傭工貳拾年貳月初貳日

與兄弟陳亞先胡茂權各負包袱內貯銀兩衣

物一同回籍午候行至縣屬土名雙塘地方被

賊陸柒人由路旁樹林內赶出將包袱搶奪跑

走民等追捕陳五承被落後壹賊用竹棍拒傷

右手腕左脚腕胡智權亦被壹賊用刀背毆傷

右臁肕追捕不及地保病故未充理合聞列失

單報乞勘驗緝究等情到縣據此當即選差勒
緝贓賊一面飭傳事主引勘去後旋據差役稟
稱該事主陳五承胡智權於具報後即經回籍
無憑傳喚茲將事主之弟陳亞先胡茂權帶到
等情隨會營前詣該處勘得陳五承等被搶處
所係在縣屬土名雙塘地方路徑荒僻樹林叢
密距甲子汎貳拾里附近並無設立墩鋪防兵
勘畢繪圖訊據事主之弟陳亞先胡茂權並催
傳事主陳五承胡智權到案供與報呈無異當
驗得陳五承右手腕左脚腕各壹傷浮腫微紅
色係竹棍傷胡智權右臁肕壹傷浮腫紫紅色
係刀背傷塡單飭醫併傳鋪户眼同事主按照

失單逐一確估共值紋銀柒拾柒兩肆錢伍分
陸續列冊同勘圖傷單附卷除移行勒緝贓賊
務獲究解外理合通詳等情當奉批司飭緝查
參等因又奉牌行據營員報同前由各到司俱
經移行勒緝查參去後茲疎防限滿贓賊未獲
准惠潮嘉道併據潮州府開列文員疎防統轄
兼專各職名並聲明事主陳五牙胡智權傷已
平復等情到司准據此該署理廣東按察使司
印務廣東督糧道陞補長蘆鹽運使王篤查看
得陸豐縣客民陳五牙等於道光貳拾年貳月
初貳日被賊搶奪銀物拒傷事主平復一案先
據該縣會營勘訊通詳併據營員呈報均奉批

檄行司勒緝查參等因移行遵照去後茲疏防
限滿贓賊未獲准惠潮嘉道併據惠州府開列
文員疏防各職名前來除移行勒緝贓賊務獲
究辦外所有疏防文職統轄係廣東分巡惠潮
嘉道王貽桂兼轄不同城係惠州府知府楊希
銓署惠州府同知事候補通判穆克登安專管
係署陸豐縣事候補知縣績經
題補廣寧縣知縣龔紹陵陸豐縣甲子司巡檢徐
若瀾相應開報伏候
題參再本案賊夥確數應俟獲犯審供為定事主
陳五承胡習權傷痕據報均已平復被搶處所
據勘係在鄉間距甲子汛貳拾里附近並無設

立撥鋪防兵又本案自道光貳拾年貳月初貳
日失事起至陸月初壹日肆個月疎防限滿今
該縣於陸月貳拾陸日開列職名具詳到府計
遲延未及壹月例無處分職名應請免開至該
府於貳拾玖日出文柒月初貳日到司署按察
司於初伍日轉詳扣除轉文程途各日期府司
均無遲逾合併聲明等由又先據廣東碣石鎮
總兵官黃貴開報武員疎防統轄兼轄協防各
職名到臣該臣看得廣東陸豐縣客民陳五承
等於道光貳拾年貳月初貳日被賊搶奪銀物
拒傷事主平復一案先經據報批行勒緝查案
去後茲疎防限滿贓賊未獲據署按察使王篤

開列文員疎防各職名詳請
題參又先據廣東碣石鎮總兵官黄貴開報武員
疎防各職名前來除嚴飭移行勒緝贓賊務獲
究辦外所有疎防文職統轄係廣東分巡惠潮
嘉道王貽桂兼轄不同城係惠州府知府楊希
銓署惠州府同知事候補通判穆克登安專管
係署陸豐縣事候補知縣續經
題補廣寧縣知縣龔紹陵陸豐縣甲子司巡檢徐
若瀾武職統轄係代辦廣東碣石鎮左營遊擊
事該營左哨千總温賢兼轄係代辦碣石鎮左
營中軍守備事該營左哨頭司把總諸文標專
汛係兼顧碣石鎮左營右哨頭司把總事該營

左哨頭司把總諳文標協防係前代防碣石鎮
左營右哨頭司外委把總事該營右哨貳司外
委把總張逢魁相應
題叅聽候部議再本案賊夥確數應俟獲犯審供
爲定事主陳五丞胡智權傷痕據報均已平復
被搶處所據勘係在鄉間距甲子汛貳拾里附
近並無設立墩鋪防兵又協防前代防碣石鎮
左營右哨頭司外委把總張逢魁因改委該營
記委溫瓊珍於道光貳拾年叁月拾貳日到代
防張逢魁卽日卸代防係在疎防限內又本案
自道光貳拾年貳月初貳日失事起計至陸月
初壹日肆個月疎防限滿今該縣於陸月貳拾

陸日開列職名具詳到府計遲延未及壹月例
無處分職名應請免開至該府於貳拾玖日出
文柒月初貳日到司該署司於初伍日轉詳扣
除轉文程途各日期府司均無遲逾又武職統
轄兼轄均係越級代辦之員實因一時乏人通
融辦理合併陳明臣謹具
題伏乞
皇上聖鑒敕部議覆施行謹
題請
旨

兩廣總督林則徐題本　題參分巡惠潮嘉道王貽桂等員疏防劫案限滿贓犯未獲
道光二十年八月二十九日

道光

西等處地方軍務兼理糧餉臣林則徐

兵部尚書兼都察院右都御史總督廣東廣西等處地方軍務兼理糧餉臣林則徐謹
題爲開叅疏防職名事該臣看得廣東陸豐縣客
民陳五承等於道光貳拾年貳月初貳日被賊
搶奪銀物拒傷事主平復一案先經據報批行
勒緝查叅茲疏防限滿賊犯未獲據署按察使
王篤開列文員疏防各職名詳請
題叅又先據廣東碣石鎮總兵官黃貴開報武員
疏防各職名前來除嚴飭移行勒緝賊犯務獲
究辦外所有疏防文職統轄係廣東分巡惠潮
嘉道王貽桂兼轄不同城係惠州府知府楊希
銓署惠州府同知事候補通判穆克登安專管

係署陸豐縣事候補知縣積經
題補廣寧縣知縣龔紹陵陸豐縣甲子司巡檢徐
若瀾武職統轄係代辦廣東碣石鎮左營遊擊
事該營左哨千總温賢兼轄係代辦碣石鎮左
營中軍守備事該營左哨頭司把總諸文標專
汛係兼顧碣石鎮左營右哨頭司把總事該營
左哨頭司把總諸文標協防係前代防碣石鎮
左營右哨頭司外委把總事該營右哨貳司外
委把總張逢魁相應
題參聽候部議臣謹
題請
旨

道光二十年九月初八日奉

旨前派林則徐鄧廷楨在廣東查辦鴉片乃時逾兩

年不但未絕根株轉致該夷赴近畿呈訴冤抑已成何事體

將該督等誤國病民辦理不善之處降旨宣示茲

據吏部遵旨將該督等議以革職實屬咎所應得

林則徐鄧廷楨均著照部議革職林則徐著即折

回鄧廷楨亦著迅速前赴廣東以備查問差委欽此

上諭　著照部議林則徐鄧廷楨予以革職　道光二十年九月初八日

署理吏部尚書敬徵等奏摺　**遵旨嚴議林則徐應照溺職例革職鄧廷楨應行革任**

吏部摺　遵議林則徐等處分由

奏

旨

九月初八日

二四　署理吏部尚書敬徵等奏摺　遵旨嚴議林則徐應照溺職例革職鄧廷楨應行革任

道光二十年九月初八日

署吏部尚書臣宗室敬徵等謹

奏為遵

旨分别嚴議具奏事道光二十年九月初三日内閣奉

上諭前因鴉片烟流毒海内特派林則徐馳往廣東海

口會同鄧廷楨查辦原期肅清内地斷絕來源隨

地隨時妥為辦理乃自查辦以來内而奸民犯法

不能净盡外而興販來源並未斷絕甚至本年㖈

夷船隻沿海遊弈福建浙江江蘇山東直隸盛京

等省紛紛征調糜餉勞師此皆林則徐等辦理不

善之所致林則徐鄧廷楨著交部分别嚴加議處

林則徐即行來京聽候部議兩廣總督著琦善署理

琦善未到任以前著怡良暫行護理此次㖈夷各處投

署理吏部尚書敬徵等奏摺 遵旨嚴議林則徐應照溺職例革職鄧廷楨應行革任

道光二十年九月初八日

遞稟帖訴稱寃抑朕洞悉各情斷不為其所動惟
該督等以特派會辦大員辦理終無實濟轉致別生事
端誤國病民莫此為甚是以特加懲處並非因該
夷稟訴遽予嚴議也欽此欽遵抄出到部 除
恭錄
諭旨先行知照該督撫等欽遵外此案兩廣總督林
則徐前因鴉片烟流毒海內
特派馳往廣東海口會同鄧廷楨妥為辦理乃自查
辦以來並未斷絕甚至本年英夷船隻沿海遊
弈福建等省紛紛征調糜餉勞師誤國病民莫
此為甚欽奉
諭旨林則徐等辦理不善著交部分別嚴加議處應

請將兩廣總督林則徐照溺職例革職前任兩
廣總督調任閩浙總督鄧廷楨于林則徐革職
上分別議以降五級調用查鄧廷楨任内尚有
于革員盧應翔干預詞訟事未能審出實情遽請
開復原官革職留任之案鄧廷楨應行革任所
有臣等遵
旨分別嚴議緣由理合恭摺具
奏伏乞
皇上聖鑒
訓示遵行謹
奏

署理吏部尚書敬徵等奏摺 遵旨嚴議林則徐應照溺職例革職鄧廷楨應行革任

道光二十年九月初八日

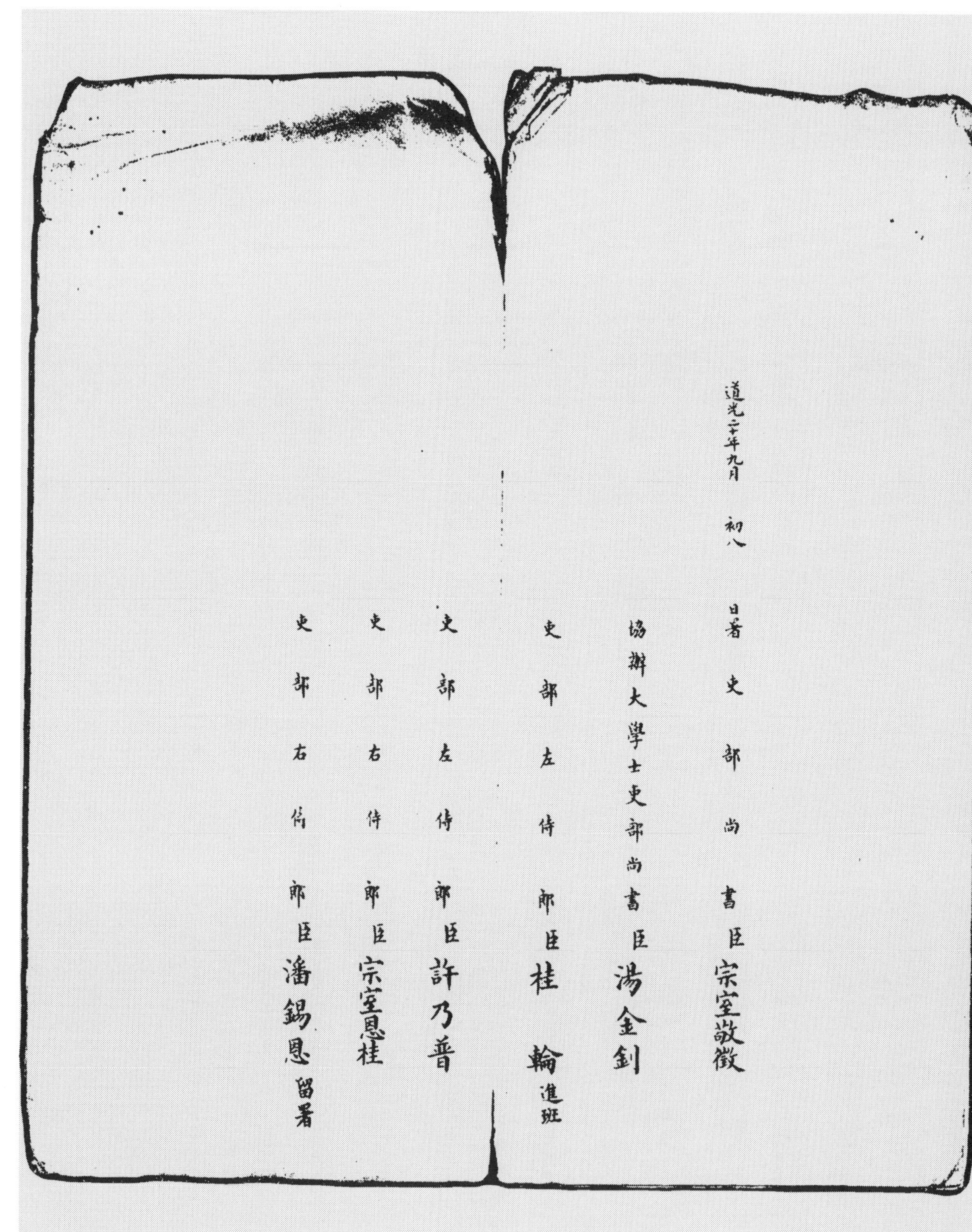

道光二十年九月 初八 日署吏部尚書臣宗室敬徵
協辦大學士吏部尚書臣湯金釗
吏部左侍郎臣桂輪 進班
吏部左侍郎臣許乃普
吏部右侍郎臣宗室恩桂
吏部右侍郎臣潘錫恩 留署

署理兵部尚書賽尚阿等題本

題議林則徐所劾廣東武官楊映奎等應革職陳永揚等應勒休

二四 署理兵部尚書賽尚阿等題本 題議林則徐所劾廣東武官楊映奎等應革職陳永揚等應勒休

道光二十年九月十三日

署兵部尚書臣賽尚阿等謹

題為官員劾參事該臣等議得兵科抄出前任兩廣總

督林則徐題廣東省道光貳拾年肆月屆當舉

劾之期查有三江協左營守備陳永揚年力漸

衰弓箭無準署南韶連鎮中營守備事該營左

哨千總楊映奎籍端生事聲名平常署撫標左

營右哨千總事廣州協左營左哨千總鍾揚威

筋力衰頹不能騎射調署平鎮營左哨千總事

饒平營右哨千總羅重華人品平庸不知自愛

黃岡協右營左哨千總林再開年力已衰不能

振作以上伍員均未便稍有姑容致滋貽誤相

應題參等因於道光貳拾年陸月拾叁日題捌

署理兵部尚書賽尚阿等題本　題議林則徐所劾廣東武官楊映奎等應革職陳永揚等應勒休　道光二十年九月十三日

月拾玖日奉
旨陳永揚等著分别議處具奏該部知道欽此欽遵
抄出到部　查定例直省總兵不准薦舉外
其副將叅將遊擊都司守備千總每貳年半薦
舉壹次該總督巡撫盡心詳查如有劣員一併
糾叅照軍政八法例分别議處又定例軍政計
典官員不謹者革職年老有疾者勒令休致該
總督巡撫提督總兵詢問伊等有情願赴部者自
部覆文到之日起限陸個月内呈請給咨赴部引
見等語今廣東南韶連鎮中營左哨千總楊映奎籍
端生事聲名平常饒平營右哨千總羅重華人
品平庸不知自愛以上貳員均照軍政計典不

署理兵部尚書賽尚阿等題本　題議林則徐所劾廣東武官楊映奎等應革職陳永揚等應勒休

道光二十年九月十三日

謹官員之例革職　三江協左營守備陳永揚年
力漸衰廣州協左營右哨千總鍾揚威筋力衰
頹黃岡協右營左哨千總林再開年力已衰均照
軍政計典年老官員之例勒令休致仍令該督詢
問各該員如有情願赴部者照例給咨赴部引
見恭候
命下遵奉施行再此本科抄於道光貳拾年捌月拾
玖日到部玖月拾叁日具
題臣等未敢擅便謹
題請
旨

署理兵部尚書賽尚阿等題本　題議林則徐所劾廣東武官楊映奎等應革職陳永揚等應勒休
道光二十年九月十三日

道光貳拾年玖月　拾叁　日

經筵講官兵部尚書正白旗漢軍都統總管內務府大臣公　臣　裕誠　差

經筵講官署兵部尚書理藩院尚書鑲藍旗漢軍都統　臣　賽尚阿

尚　書　臣　祁寯藻　未到任

署　尚　書　臣　李宗昉

左侍郎正藍旗漢軍副都統侯　臣　倭什訥

左　侍　郎　臣　朱嶟

右侍郎正藍旗滿洲副都統　臣　宗室端華

右　侍　郎　臣　魏元烺

職方清吏司掌印郎中　臣　那琇

署理兵部尚書賽尚阿等題本　題議林則徐所劾廣東武官楊映奎等應革職陳永揚等應勒休

道光二十年九月十三日

郎中臣興泰

郎中臣洪錫璜

員外郎臣恒廉

員外郎臣成慶

主事臣志魁

候補主事臣安詩

欽差大臣兩江總督伊里布奏摺

粤省所探尚有不實不盡林則徐所陳破敵之策室礙難行

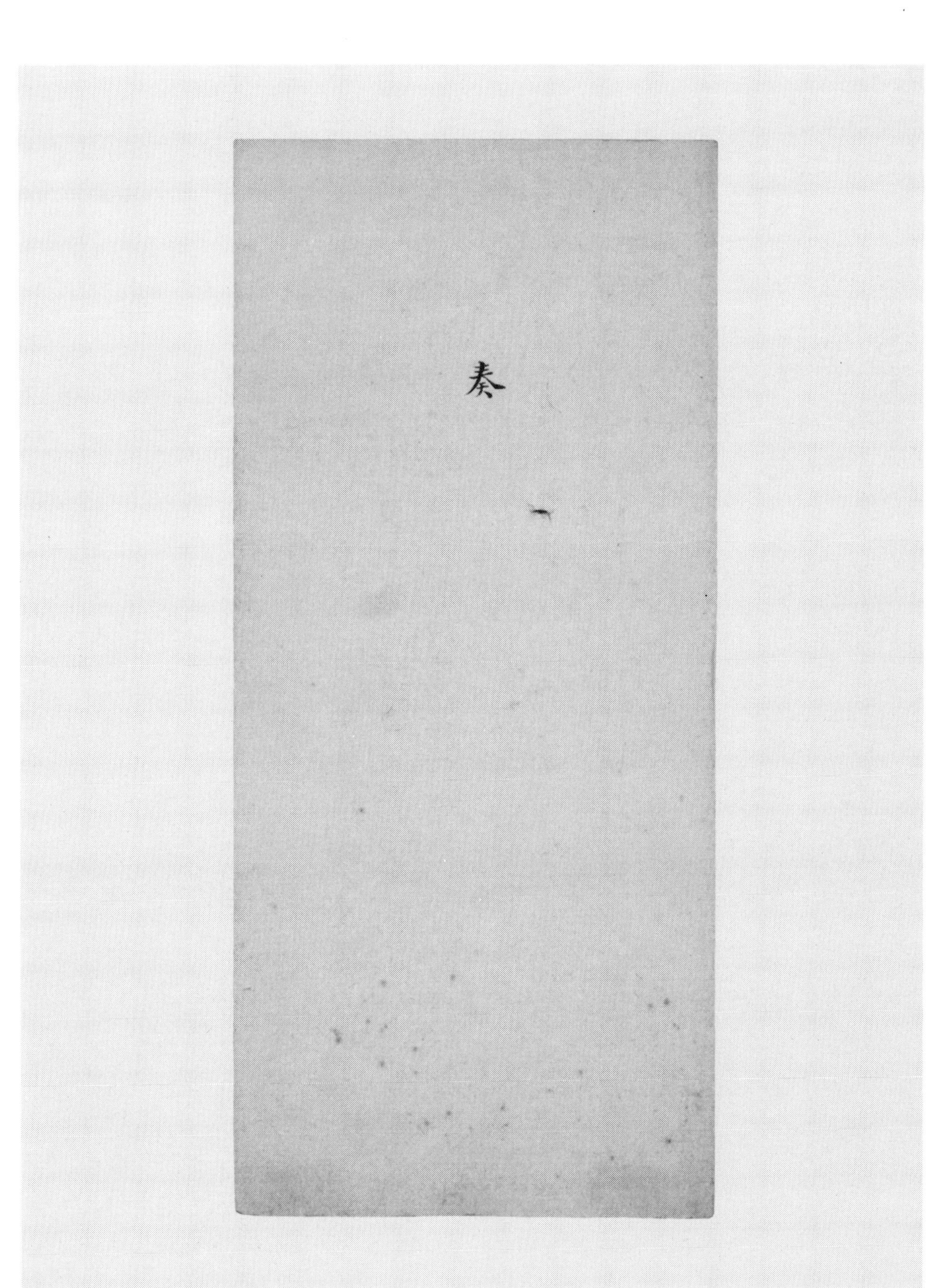

欽差大臣兩江總督伊里布奏摺 粵省所探尚有不實不盡林則徐所陳破敵之策窒礙難行

道光二十年九月十四日

欽差大臣協辦大學士兩江總督奴才伊里布跪

奏為籌議兩廣督臣所陳破夷之策不能施行并

奴才現將隣省兵勇分別撤退緣由附摺由驛馳

奏仰祈

聖鑒事竊奴才於九月初五初六十二等日三次承准

軍機大臣字寄一於八月二十三日奉

上諭本日據林則徐片奏密探定海情形知此次領兵統兵及帶兵職官等名字又該逆中有偽立定海縣官能為華言並請將兵勇扮作鄉民或將鄉民練為壯勇詐為見招而返約期動手等語著伊里布密查各夷目果否實有其人現在作何舉動其所稱詐誘一節是否能行昨據該夷稟稱定海

撤兵一半果否屬實著於查明後詳晰具奏原片
鈔給閱看又御史許乃安奏稱杭州居民紛紛遷
徙山陰會稽等縣官用印票索借民間銀兩三千
五千至一萬兩不等省垣捐助未定章程等語著
伊里布宋其沅一面曉諭居民各安本業毋令虛
疑驚竄一面密查該地方官有無勒措捐輸情弊
認真覈辦不得令胥役人等藉端擾害地方一於
八月二十四日奉
上諭調至鎮海防堵兵丁著伊里布妥為約束毋許
滋擾閭閻其羸弱無用兵丁著即酌量撤回以節
糜費至所奏署寧紹台道覺羅桂菖在署自縊檢
閱所遺親筆家書並訊據幕友家丁僉稱慮有賠

二四

欽差大臣兩江總督伊里布奏摺　粵省所探尚有不實不盡林則徐所陳破敵之策窒礙難行

道光二十年九月十四日

累憂急自盡等語該道身為監司大員何致因日
後恐有賠墊猝萌短見事屬可疑著伊里布宋其
沅再行密加訪察究竟有無別項情節務得確情
據實具奏一於九月初四日奉
上
諭飭將招募各水師應撤應留之處酌量情形分
別妥為辦理福建前募水勇由陸起程前進如果
無需調撥亦著飭令仍由陸路折回各等因欽此
除夷船在浙情形已於另摺陳明其山陰會稽
等縣如何用印票索借民間銀兩有無勒措捐
輸情弊省城捐助何以尚無定章及署寧紹台
道覺羅桂菖自縊有無別故分別嚴密訪查務
得確情另行具

奏並出示曉諭居民各安本業毋庸驚竄外查兩
廣督臣林則徐所奏嘆夷各職官名字内咖啞
嘰嗶即係懿律咈啉嘛即係布爾利呵嘣吋即
係前服寘誅之頭目急頓烏冷嗹其能為華言
之偽定海知縣咭吐𠯿浙省稱為郭士立俱屬
實有其人因夷語可輕可重故彼此譒譯參差
惟急頓烏冷嗹並非被官兵打死能作華言者
亦不止郭士立一人粵省所探尚有不實不盡
又其所請將兵勇扮作鄉民或將鄉民練作壯
勇詐稱回與同住約期動手一節奴才前在江省
防堵聞該夷有招人往販鴉片之事即擬派令
勇敢之士詐往販烟於中取事追奉

命來浙探聞該夷防閑甚密弁兵探聽消息只能三
四人改裝前往如人數稍衆即有阻礙今若令
兵勇鄉民往彼舉事人少則力不能敵人多則
彼必生疑且遣往之兵民均須選用精壯既無
老弱同行又無婦女隨往與見招旋返情形不
能吻合更易為該夷所識破不惟事必無成并
恐兵民為其所害該督此策窒礙難行應毋庸
議至現在夷船雖未退去然其意止在佔踞定
海藉肆要求非有滋擾之志浙省只宜防守不
宜攻剿所有閩省雇募水勇可以毋需調撥現
已遵
旨飭令由陸折回又[cf. 咨]前在江省挑選蘇松等鎮營

水師二千預備調遣并另調狼山等鎮之兵至
崇明等處協防今江省水師亦無庸飭調應將
崇明等處協防之狼山鎮兵丁一并撤退奴才現
亦移知署兩江督臣裕謙查照辦理此外現在
鎮海防兵奴才當督飭鎮將嚴加約束俟該夷退
兵若干再行分別撤留至奴才前議招集之定海
水師係該鎮額設之兵毋庸撤退其官紳雇募
之水勇仍陸續裁撤以節糜費合將查議及辦
理緣由會同福建提臣余步雲附摺由驛馳
奏伏乞
皇上聖鑒謹
奏

欽差大臣兩江總督伊里布奏摺　粵省所探尚有不實不盡林則徐所陳破敵之策室礙難行

道光二十年九月十四日

即有旨

道光二十年九月　十四　日

兩廣總督林則徐等奏摺　請以張熙宇調補番禺縣知縣

林則徐等　請以張熙宇調補番禺令由

奏

旨　閱發

○

十月十七日

兩廣總督臣林則徐
廣東巡撫臣怡良 跪

奏為省會首邑要缺需員恭懇

聖恩俯准調補以資治理事竊番禺縣知縣陳錫

藩先經臣等

奏准升補佛岡同知所遺番禺縣知縣係繁疲難兼四要缺例應在外揀選題補查定例應題缺出先儘候補人員題補如新補無人准以應升人員題升如再無合例堪升人員准於現任人員內揀選調補等因該縣地當省會政務殷繁時有要審要案且所屬之黃埔洋面為夷船入口灣泊之所現當防堵海口之際籌辦一切尤須熟悉地方精明幹練之員方足以資治理

兩廣總督林則徐等奏摺 請以張熙宇調補番禺縣知縣

道光二十年九月十四日

臣
等率同廣東布政司於通省應補應升現
任各員内逐加遴選非現居之缺即人地未
宜實無合例堪以接任之員惟查有揭陽
縣知縣張熙宇年五十二歲四川雙流縣進
士奉
旨以知縣即用籤掣廣東道光十四年六月
十五日到省題補今職十七年八月初九日到
任該員幹練老成辦事奮勉歷俸已滿三年
以之調補番禺縣知縣實堪勝任惟本任揭
陽縣亦係要缺今請將番禺縣知縣以繁調要
之缺籍有奏留任者合無區別之揭陽尤為
要缺且人地實在相需例得專摺

奏請揀廣屬是缺同是併前奏合無仰懇
聖恩俯念首邑員缺緊要，准以該員張熙宇調
調番禺縣知縣，俾資治理。如蒙
俞允，該員係現任知縣調補知縣，銜缺相當，毋庸
送部引
見。所遺揭陽縣知縣係海疆衝難中缺，應在
外揀選調補，實另選員請調。除飭將[illegible]
另行依限完結造冊送部查覈外，臣等爲
要缺需員起見，謹合詞恭摺具
奏，伏乞
皇上聖鑒，敕部議覆施行。謹
奏

兩廣總督林則徐等奏摺　請以張熙宇調補番禺縣知縣
道光二十年九月十四日

硃批

道光二十年十月十七日奉

欽此

九月十四日

兩廣總督林則徐奏摺　**核銷粵省代修福建遭風師船**

林則徐粵省代修閩省師船核實奏

摺由

奏

〇

十月廿七日

兩廣總督林則徐奏摺　核銷粵省代修福建遭風師船
道光二十年九月十四日

兩廣總督臣林則徐跪
奏為粵省代修福建遭風師船覈實報銷仰祈
聖鑒事竊照道光八年十一月內接廣東澄海協詳
報有福建澎湖右營把總林大生外委蘇雯
管駕篷字十號師船赴廈門領運硝黃鉛
子回營在洋遭風漂收廣東澄海所屬沙汕頭
地方船隻損壞經前督臣李飭委澄海協副將某
趕請同該船及管駕弁目將該船損失桅碇逐
審核俟損各項及船身應行修換料件
逐一勘驗確估需款撥修完竣駕駛回閩覆
實用過工料銀八百七十六兩八錢三分造具冊結
詳送閩省報銷將銀解粵歸款覆准閩省咨

覆以該船底板少修按照閩省例價止應給銀
旨
少十三兩六錢五分三釐粵省所用修費較多
閩省雖以報銷資用粵省另行造報援照
淮海關新舊張鈐詳稱查前經閩省後准閩
代修閩省肇字十號師船用過工料銀兩係照
粵省小號米艇成規例價核實修造並無
浮冒請照數銷
奏明查照閩省該船少修例價准銷銀三百六十
三兩六錢五分三釐其不敷銀五百一十三兩一
錢七分七釐歸於該關本款分年捐廉攤補
等情造具冊結詳請核辦
臣
查閩粵兩省修
造師船各係因地制宜例價未能通西一今淮海關

代修閩省萃字十號師船核詳係照粵省
減照例價覈實估造並無浮冒係屬實情
而閩省既以核於例價為詞粵省又未便任其貽累
往查粵省前有代修閩省成字五號六號
平字八號五號師船亦因日久毫無顧經請由閩
省例價報銷其不敷銀兩由粵省攤為捐賠奉
諭旨允准在案所有此次代修該萃字十號船應請
照案即按閩省大修例價報銷銀三百六十三兩
零尚有不敷銀五百一十三兩零飭令廣東陸
海各路代為攤賠歷案續有核無而擬請歸
粵省據藩司具詳前來除咨會閩省查照
辦理外謹繕摺具

奏伏祈

皇上聖鑒謹

奏

道光二十年十月十七日奉

硃批工部知道欽此

九月十四日

奏

林則徐

○

遵查竄入江西匪徒訪有

請俟飭粵究辦由○

十月十七日

兩廣總督臣林則徐跪
奏為欽奉
諭旨嚴查由閩廣竄入江西境內匪徒現在訪有端
倪飭弁跟蹤追究一併先行恭摺覆
奏仰祈
聖鑒事竊臣於本年八月十八日承准軍機大臣字寄奉
上諭有人奏匪徒糾結夥黨由閩廣竄入江西境界
已降旨飭令錢寶琛查辦並諭令江蘇安徽浙
江等省嚴密防範矣據稱兩省游民每百人或數
十人不等由邵武南贛等處至江西撫建吉贛一
帶結黨成羣形蹤詭秘閩人以紅泥塗衣抹為
記粵則青泥為記積久漸衆每起皆有頭目詢

兩廣總督林則徐奏摺　遵查由閩粵竄入江西匪徒情形遴員馳赴大埔兜擒

道光二十年九月十四日

少人數多寡皆言弟兄們二三家人詰其去向則
諉諸支派自四月至六七月不止此地方實無確查向皆
該莠民出境潛找大為地方之害況厥屬蹤形
跡可疑者若不趁早解散誠恐日久滋生事端現在閩
廣兩省查辦拜匪難保不因稽查嚴緊致逃越境圉
跡著鄧廷楨林則徐飭所屬嚴密查拏如有
游手匪徒藉詞結黨出境滋事即嚴拏懲究毋任
欺朦掩飾偷入他省是為至要將此各諭令知之
欽此查粵省自嚴辦拜匪以來臣即恐匪徒
風聞逃竄越境為非屢經諄飭各屬與鄰省接
界要隘無論通衢僻路遇有形跡可疑者均應
詳加盤詰以杜逃遁欽奉前因復經分飭查拏並

密遣妥幹備弁分赴福建江西沿邊探訪。茲據
派往閩省之弁等來稟，訪得本年夏秋間有福建
汀州府屬上杭、永定及龍巖州屬漳平等縣民
人糾立紅會名目，與永定陝背之廣東大埔縣
人張姓為首，其同夥列號分幫，福建幫名為米
手，廣東幫名為長生，每幫各有頭人，衣扣各繫記
認彩帶，夥販潛入江西行銷等情。查匪徒糾會
糾人已屬大干法紀，況敢分幫列號，越境販烟，
尤屬延及一府，尤不便滋蔓。粵省既有大埔縣
民同在會內，並有幫名戳，不止張姓一人，必須迅
速嚴查，密究會首夥黨並出沒蹤跡，以期及
早獲辦，斷絕根株。現已遴委妥幹員馳赴大埔縣

兩廣總督林則徐奏摺 遵查由閩粵竄入江西匪徒情形遴員馳赴大埔兜擒 道光二十年九月十四日

會同該文武密速擒捕併飛諮諭達江西二
省一體確訪兜擒毋使寬逸容俟獲犯審明另
行核實具
奏外謹將現在訪得大概情形先行恭摺覆
奏伏乞
皇上聖鑒謹
奏
道光二十年十月廿七日奉
硃批 欽此
九月十四日

兩廣總督林則徐奏片

覆奏出洋剿辦英軍情形並遵旨防範

林則徐片

再，臣承准五百里

廷寄道光二十年八月二十二日欽奉

上諭：本日已降旨派琦善作為欽差大臣馳驛前

赴廣東查辦事件，該大臣到粵後自能辦理妥協，

但恐沿海各督撫不知現在情形，特此由五百里飛

示，一體嚴飭各守口要隘認真防範，如有該夷船隻

經過或停泊外洋，不必開放槍礮，但以守禦為重，

勿以攻擊為先。其各處布置嚴密之處，仍不可稍

形鬆懈，是為至要。等因。欽此。臣恪遵之下，謹即

恭錄移行水陸各提鎮暨防守要隘各文武

一體欽遵，認真防範，如見有夷船，不必開放

兩廣總督林則徐奏片 覆奏出洋剿辦英軍情形並遵旨防範

道光二十年九月十四日

稽覈在案旋又承准

廷寄八月二十三日奉

上諭據林則徐等奏因在粵夷船游弋稱欲擇日

出洋剿辦等語夷人習熟水戰該督摺內既稱不

值與海上交鋒何以此次又欲出洋剿辦前後自

相矛盾顯因夷兵擾福建浙江又北駛至天津

恐以粵東辦理不善咎起於該督故作此舉先

占地步所謂欲蓋彌彰可稱憤兵也且即所舉

勦亦居由肆馳夷船候諭旨乃摺奏直至本日

方行遞到殊屬不曉事體著傳旨嚴行申飭現

在如已出兵攻剿著即將接仗情形迅速馳奏

該督務當持以慎重毋涉輕躁至海口防禦亦不可

不知嚴密並無密諭交澳夷不動聲色加
意防範是為至要等因欽此臣跪誦再三
悚懼愧惶信難名狀伏查粵洋自上年
以來水陸官兵與英夷接仗已有數次
如上年七月之九龍洋面九月之穿鼻洋面
十月之尖沙嘴洋面皆因該夷先經開礮
我師始行回攻所有節次詳細情形疊經臣
具奏蒙
聖鑒在案嗣欽奉
諭旨斷絕英夷貿易而英船仍在外洋覬望速
臣以師船不遠出驅逐恐外洋或有疏虞
不敢以守為戰以逸待勞為計之得且彼時

兩廣總督林則徐奏片　覆奏出洋剿辦英軍情形並遵旨防範
道光二十年九月十四日

該夷不過遷延未去，尚多猖獗情形，因而
奏請不与停止交鋒，期令窮而自返。迨七月
間始因該夷有攻佔定海縣城之事，是則
逆情顯著，凡有血氣，靡不憤切同仇，維時
臣所添雇之拖風紅單等船、礮械軍火
適已備齊，而所團練之水勇技藝亦
漸熟，於前奏業已以助舟師聲勢也。臣於
七月內赴獅子洋校閱，即往虎門調遣
兵勇出洋勦辦之情形也。嗣在虎門接據
院澳文武等報：七月二十二日嘆夷嘩
喻等船因九洲駛近關閘，礮我軍水陸
奮擊，將夷船二隻桅桿折傷，並擊沉三

兩廣總督林則徐奏片 覆奏出洋剿辦英軍情形並遵旨防範

道光二十年九月十四日

板數隻殲斃夷目夷兵多名正在查數
具奏間復據守報師船在伶仃之北及[illegible]
石赤灣一帶洋面拿攻嘟嚦等夷船隨潮
南竄而經擊殺夷帽夷鞋並夷船槓楫
等物及查出夷人在磨刀山根瘞埋夷屍
十餘具業經據實具
奏此出兵以後接仗之情形也雖因兩次水陸攻
擊祇係小挫其鋒尚未大獲勝仗未敢由
驛馳
奏蒙
聖明訓飭實不勝愧悔惶悚之至現在各要隘
諭飭嚴密布置澳門一帶亦皆靜謐如常

兩廣總督林則徐奏片 覆奏出洋剿辦英軍情形並遵旨防範

道光二十年九月十四日

謹將欽奉諭旨防範緣由附片密

奏伏祈

聖鑒謹

奏

道光二十年十月十七日奉

硃批覽欽此

兩廣總督林則徐奏片

水陸剿辦英軍出力王鵬年請賞戴花翎馬辰請開復遊擊

○二〇七

臣林則徐跪

奏再此次水陸剿辦出力兵弁除把總李亮記委毛
旭陞暨兵丁羅名發等均由臣分別記名遇缺即
拔外其將備出力者以現莅游擊王鵬年即選都
司馬辰二員為最王鵬年業已題升都司可否懇
恩賞戴花翎其馬辰一員已准部文催令赴選臣因粵洋
剿辦吃緊正在需員人咨請暫緩赴部該員本係陸
路游擊屢以軍功仰蒙
賞戴花翎嗣因參案被議革職上年在粵出力
奏蒙
恩旨以都司即選今該員親赴外洋剿辦获勝洵屬
奮勇向前提臣關天培疊次咨商到臣欲資委任

臣不敢違例請改水師惟察看該員于軍務歷
練多年其才識均屬得用可否仰懇
天恩開復游擊並
賞還花翎留于廣東補用之處出自
格外鴻慈臣為海疆營伍需才起見不揣冒昧謹繕
片附陳伏祈
聖鑒訓示謹
奏
道光二十年九月十七日奉
硃批覽欽此

兩廣總督林則徐奏片

閩省咨借火藥已飭潮州各營撥解赴閩

130

林則徐片

再，前十一月臣等接准閩浙督臣鄧廷楨于七
月二十九日來咨，以閩省英夷船隻至廈門滋
擾，已經擊去，轅路復來，現在省來近去，該船一近
內港，即須開礮轟擊，必須多撥火藥，以免臨事倉
皇，備咨廣東撥借三萬斤，委員解閩備用。臣等
伏思火藥一項，為勦夷之所必需，既准閩省咨借，當
自應照數籌撥解往。查廣東潮州府屬
接閩疆，就近撥解，較為迅速。臣怡良在閩監臨，
即由臣林則徐劄飭潮州鎮在于所轄各營整撥
火藥三萬斤，遴派妥幹備弁，移會潮州府遴委文
員，揀帶妥役，剋日由陸路馳解赴閩，並咨閩省

兩廣總督林則徐奏片　閩省咨借火藥已飭潮州各營撥解赴閩
道光二十年九月十七日

督閩浙督臣（據安一等鎮收接解至潮州府該修安隆寓次）趣即委員迅至福建諄囑，定資為
備灼，既已由省酌撥火藥解往抵補，並令速委備
弁來省請領硝磺回營，趕緊製造還額備用。
其閩省此借火藥將來應如何歸還粵省之處，
咨商再行商辦理。此次借給閩省火藥緣由，謹附片具
奏，伏乞
聖鑒。謹
奏。
道光二十年九月十七日奉
硃批：覽。欽此。

兩廣總督林則徐等奏摺　**請以梁星源調補南海縣知縣**

林則徐等　請以梁星源調南海令由

奏

旨

吉[illegible]○

十月三十日

兩廣總督臣林則徐
廣東巡撫臣怡良跪

奏為省會首邑要缺需員恭懇
聖恩俯准調補以資治理事竊照南海縣知縣劉師陸准升澳門同知所遺南海縣知縣係衝繁疲難四字要缺例應在外揀選
題補查該縣為省會首邑政務殷繁且附省考需要案并涉外夷事件必須精明幹練才識兼優之員方足以資治理臣等率同藩臬兩司於通省候補即用現任人員及應升應調各員逐加遴選非現居要缺即人地未宜實無堪以補題升補之員惟查有新安縣知縣梁星源年五十二歲陝西岐山縣舉人大挑一等分發廣

東以知縣儘先題署仁化縣知縣丁父憂回籍
服闋回粵委用奏署今職道光十八年四月
初八日奉文到任業經實授該員才明守
潔辦事實心以之調補南海縣知縣實堪勝任惟
歷俸未滿三年現任新安縣本係調缺今請
調補題缺與例稍有未符但省會首邑尤為
緊要且人地實在相需例得專摺
奏請援廣東省南海縣丁令詳案奏合無仰懇
聖恩俯念省會首邑員缺緊要准以該員梁星源
調補南海縣知縣實於要缺有裨如蒙
俞允該員係現任知縣請調知縣銜缺相當毋庸送
部引

二四

兩廣總督林則徐等奏摺　請以梁星源調補南海縣知縣

道光二十年九月二十三日

以所遺新安縣知縣係疲難中缺例應在外揀選

調補應歸部選之員請調所有該員回避條例

除飭令照例按照完繳并造冊送部查

核外臣等為省會首邑要缺需員起見謹

合詞恭摺具

奏伏乞

皇上聖鑒敕部核覆施行謹

奏

道光二十年十月二十日奉

硃批

欽此

九月二十三日

两广总督林则徐等奏折　**广东省征收道光二十年上忙钱粮银两数目**

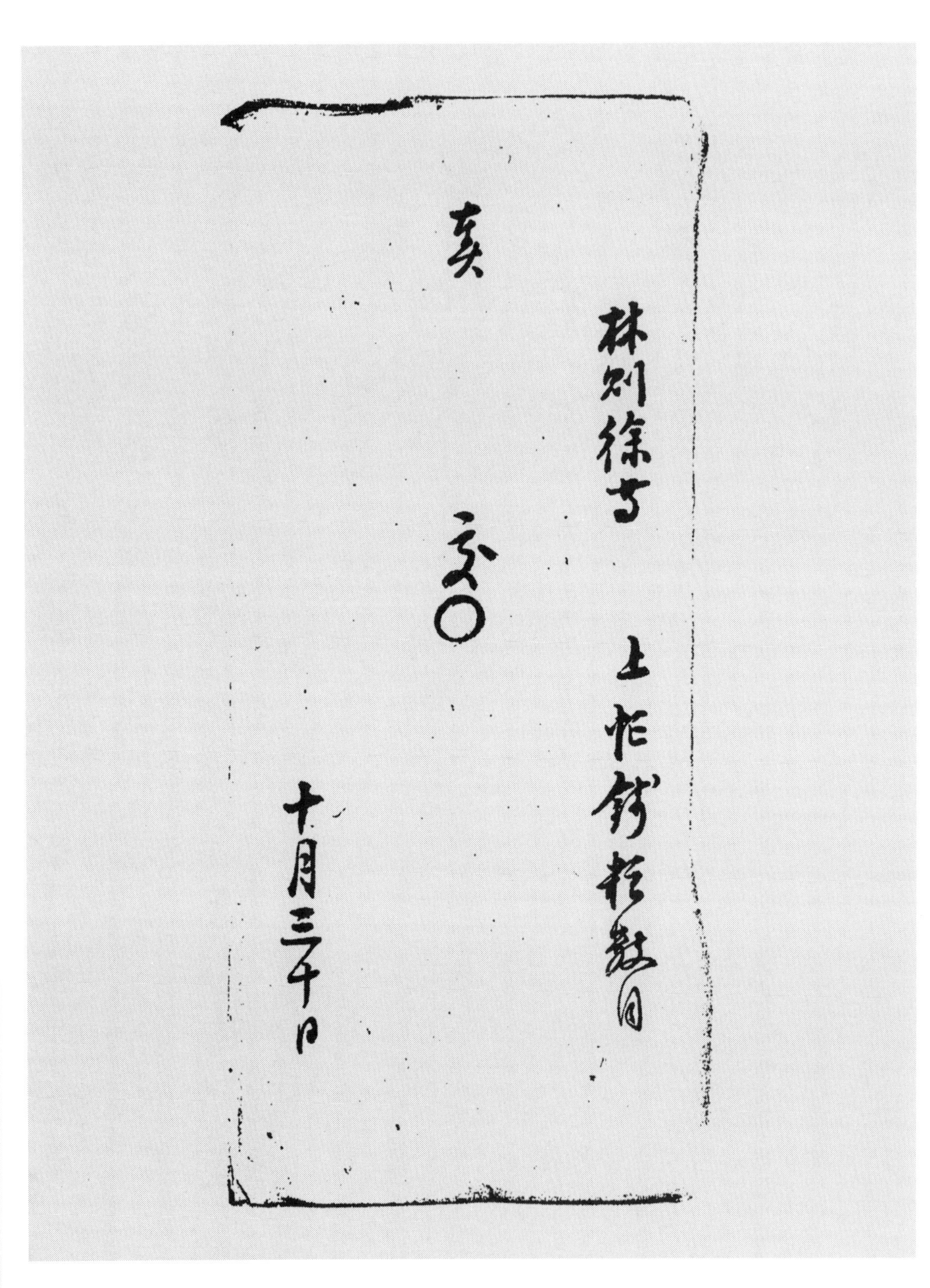
林则徐等
上忙钱粮数目
奏
朱〇
十月三十日

二四

兩廣總督林則徐等奏摺　廣東省徵收道光二十年上忙錢糧銀兩數目

道光二十年九月二十三日

兩廣總督臣林則徐跪
廣東巡撫臣怡良
奏爲徵收道光二十年上忙錢糧銀兩數目循例恭
摺具
奏仰祈
聖鑒事竊准部咨州縣每年應徵上下忙錢糧銀兩
除例准留支及實欠在民外儘數提解司庫上
忙應四月完半限五月底截清將司庫數造
冊詳報督撫於二十日内專摺具奏將原冊
送部又前督臣鄧廷楨等
奏明廣東徵收錢糧須六七月間早稻登場民間
始能完納應以七月爲上忙八月底截清庫數
核實奏報歷經遵辦在案茲據署藩司秀甫

遷詳稱廣東省道光二十年分應徵地丁雜
税屯丁等項銀一百九萬二千六百七十五兩零
截至七月底止上忙完半之期共應起解司道
兩庫存留等項共完銀六十五萬二千八百六
十兩零又應徵耗羨銀五十七萬七千四百六
十七兩零截至七月底止解司及存留等項共

完銀一萬七千五百八十五兩零核算完半之
數已在四分二厘五毫以上再查各屬實徵底
冊核算相符未完之數委係實欠在民並無
捏飾等情前來除嚴飭各屬將未完銀上
緊催征歸入下忙接征完解毋使稍有蒂欠並
將文冊咨送戶部外謹將廣東省徵收道光二十年

兩廣總督林則徐等奏摺　廣東省徵收道光二十年上忙錢糧銀兩數目　道光二十年九月二十三日

上忙錢糧數目臣等恭摺具

奏伏乞

皇上聖鑒謹

奏

道光二十年十月二十日奉

硃批戶部知道欽此

九月二十三日

兩廣總督林則徐等奏摺　**廣東省道光二十年八月份收捐監生銀數已足委員解部**

林則徐等

奏

覽。欽

奏〇

十月三十日

兩廣總督林則徐等奏摺　廣東省道光二十年八月份收捐監生銀數已足委員解部

道光二十年九月二十三日

兩廣總督臣林則徐跪
廣東巡撫臣怡良
奏為廣東省道光二十年八月分收捐監生銀數
已足十萬兩委員解部緣由恭摺奏
聞仰祈
聖鑒事竊照道光九年八月十八日准戶部咨廣東省
收捐監生照嘉慶十四年舊案以收足十萬
兩先行解部續收五萬兩歸補本省封貯俟足
額後再行全數解京又道光十一年七月十七
日准戶部咨嗣後按月奏報一次又道光十
年八月二十五日准戶部咨覆田房旁地稅羨
銀兩原係封貯今該貯二十萬兩既已敷
額此項稅契銀兩嗣後毋庸再行撥補各等因

飭行遵照前據藩司詳自道光三年十二月初
十日開捐起至二十年七月底共收捐監正項
銀二百六十四萬四百六十兩平餘銀一十萬五
千六百一十八兩四錢除先後撥給及歸補封貯
外尚存司庫正項銀九萬四百六十兩平餘銀
三千六百一十八兩四錢經臣怡良於上月

附片奏

聞在
案茲據署藩司喬用遷詳稱道光二十年
八月分收捐監生一百三十六名共收正項銀一
萬四千六百八十八兩平餘銀五百八十六兩五錢
二分連前共收存正項銀一十萬五千一百四十
八兩平餘銀四千二百五兩九錢二分今並

兩廣總督林則徐等奏摺 廣東省道光二十年八月份收捐監生銀數已足委員解部 道光二十年九月二十三日

例捐現收足正項銀十萬兩平餘銀四千兩
委員解部投納尚實存司庫正項銀五千一
百四十八兩平餘銀二百五兩九錢二分俟積
收足正項銀十萬兩另行委員解部投納等由詳
請核
奏前來臣等覆核無異所有道光二十年八月分
廣東省收捐監生銀數已足十萬兩委員
解部投納緣由謹會同恭摺具
奏伏乞
皇上聖鑒敕部查照施行謹
奏
道光二十年十月二十日奉

兩廣總督林則徐等奏摺　廣東省道光二十年八月份收捐監生銀數已足委員解部

道光二十年九月二十三日

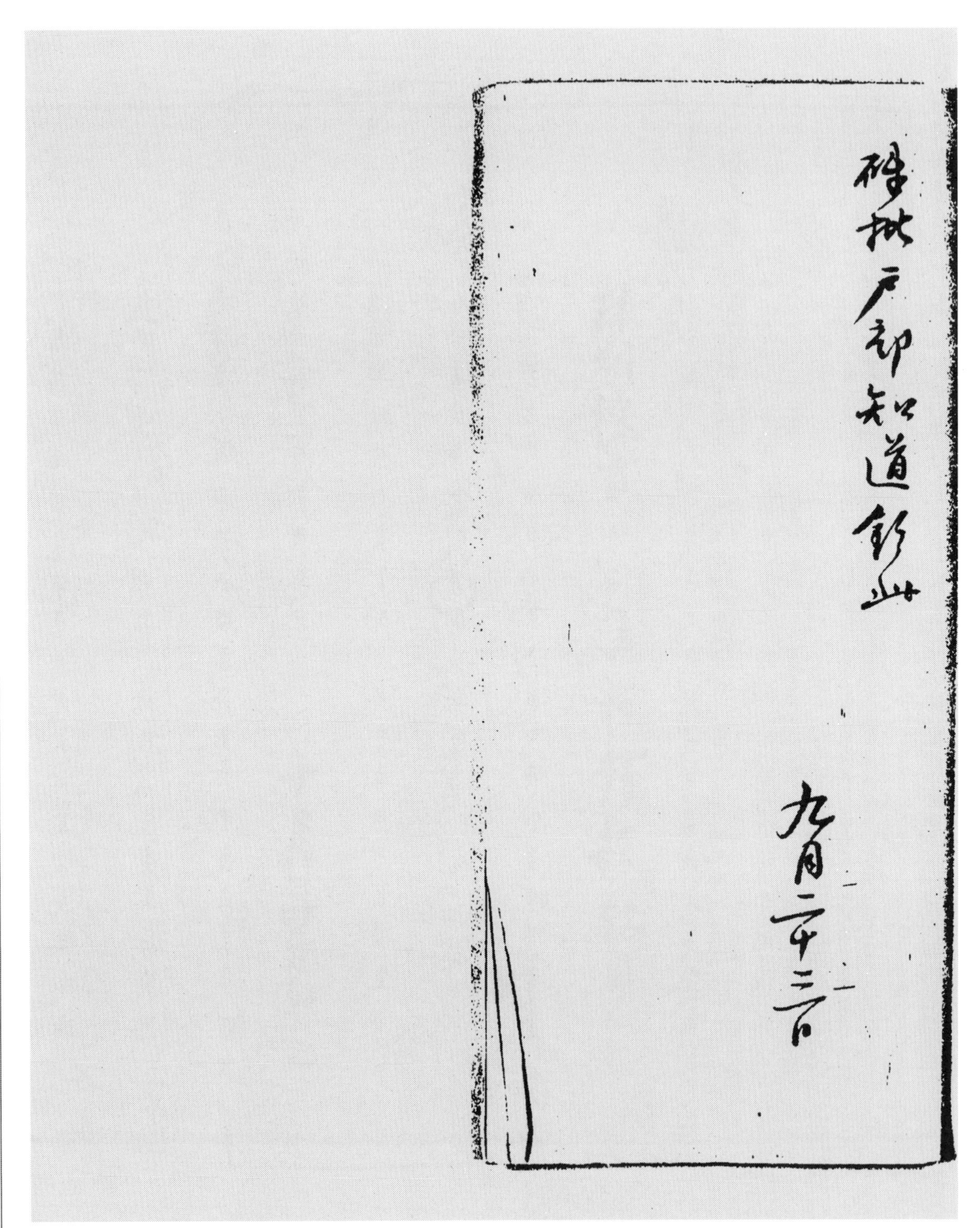

硃批户部知道欽此

九月二十三日

兩廣總督林則徐等奏摺

審明出洋潛買鴉片烟販陳亞幅擬斬立決梟示

林則徐等
審擬出洋煙犯陳亞幅
奏由
奏〇
十月三十日

兩廣總督林則徐等奏摺　審明出洋潛買鴉片烟販陳亞幅擬斬立決梟示

道光二十年九月二十三日

兩廣總督臣林則徐跪

廣東巡撫臣怡良

奏為審明出洋潛買鴉片烟土匪犯按例定擬恭摺

奏祈

聖鑒事。竊照粵東販賣鴉片匪徒節經嚴拏

奏辦。茲據南海、新安、香山等縣訪獲烟犯陳

亞幅一名，並起出烟土三十二角，計重一千[illegible]一十

六兩，解經臣等提訊，取供發司，委員署廣州府

知府余保純審明，定擬由署廣東按察使王

篤招解前來。臣等督同司道覆加研鞫。緣陳

亞幅籍隸香山縣，駕船度日，訪聞夷船常有

鴉片減價發賣，起意販賣圖利，隨措就番銀

六十圓，於道光二十年五月二十日獨自撐[illegible]艇由附

兩廣總督林則徐等奏摺　審明出洋潛買鴉片烟販陳亞幅擬斬立決梟示

道光二十年九月二十三日

港偷越出洋，駛至長沙灣洋面逗留。素識未
獲之莫亞嵩船載食物泊在嘆夷吧喇船邊，陳
亞幅給與番銀一圓，託其引上夷船，由不識姓之
經紀亞林向夷人買得烟土十箱，搬運回船，駛
至佛港灣泊，原船攜烟土上岸，賣與不識姓名人，
得受番銀八十圓。六月初一日，該犯陳亞幅又將
所賣價銀帶至素識未獲之莫亞成草船，告
知販烟獲利情由，起意商令出本販賣，莫亞
成允從，亦出本銀八十圓，即由莫亞成船隻仍由
佛港駛至廣州洋面，攏近嘆夷煙土船邊，陳亞
幅獨自過上夷船，由素識之經紀梁亞茹向夷
人買得烟土三十二箱，搬運下船，駛回海邊，陳亞

幅攜烟登岸覓售，即被營務防員追拏。黃亞成駕船逃逸，將該犯陳亞幅連烟土一併截拏解省審供認前情不諱。嚴詰不移，事無遁飾。查新例：沿海奸徒勾通外夷潛買鴉片烟土入口，囤積發賣圖利，一經審實，首犯擬斬立決，奏請

王命先行正法，仍傳首海口地方懸竿示眾等語。此案陳亞幅[illegible]起意出洋向夷船購買烟土入口發賣，實屬藐法，應照新例擬斬立決梟示。即於審明時恭請

王命飭發署按察使王篤、署督標中軍副將祥壽將陳亞幅一犯綁赴市曹，先行正法，仍傳首海

兩廣總督林則徐等奏摺 審明出洋潛買鴉片烟販陳亞幅擬斬立決梟示 道光二十年九月二十三日

口地方照擬示衆以昭炯戒賣烟受賄各處偷漏
地方販烟船隻係由僻港偷越出洋守口員弁
無從查察應毋庸議起獲烟土業經燒燬應犯
黃亞成甘歲饒弟日前請奉業匪往出洋販
買烟土往該船帶賣究辦其餘賊犯無請
免開除備錄供招咨部外所有審明議擬緣
由理合謹會詞恭摺具
奏伏乞
皇上聖鑒飭部核覆施行謹
奏
道光二十年十月三十日奉
硃批刑部知道欽此
九月二十三日

兩廣總督林則徐題本　**題報交卸兩廣督篆日期**

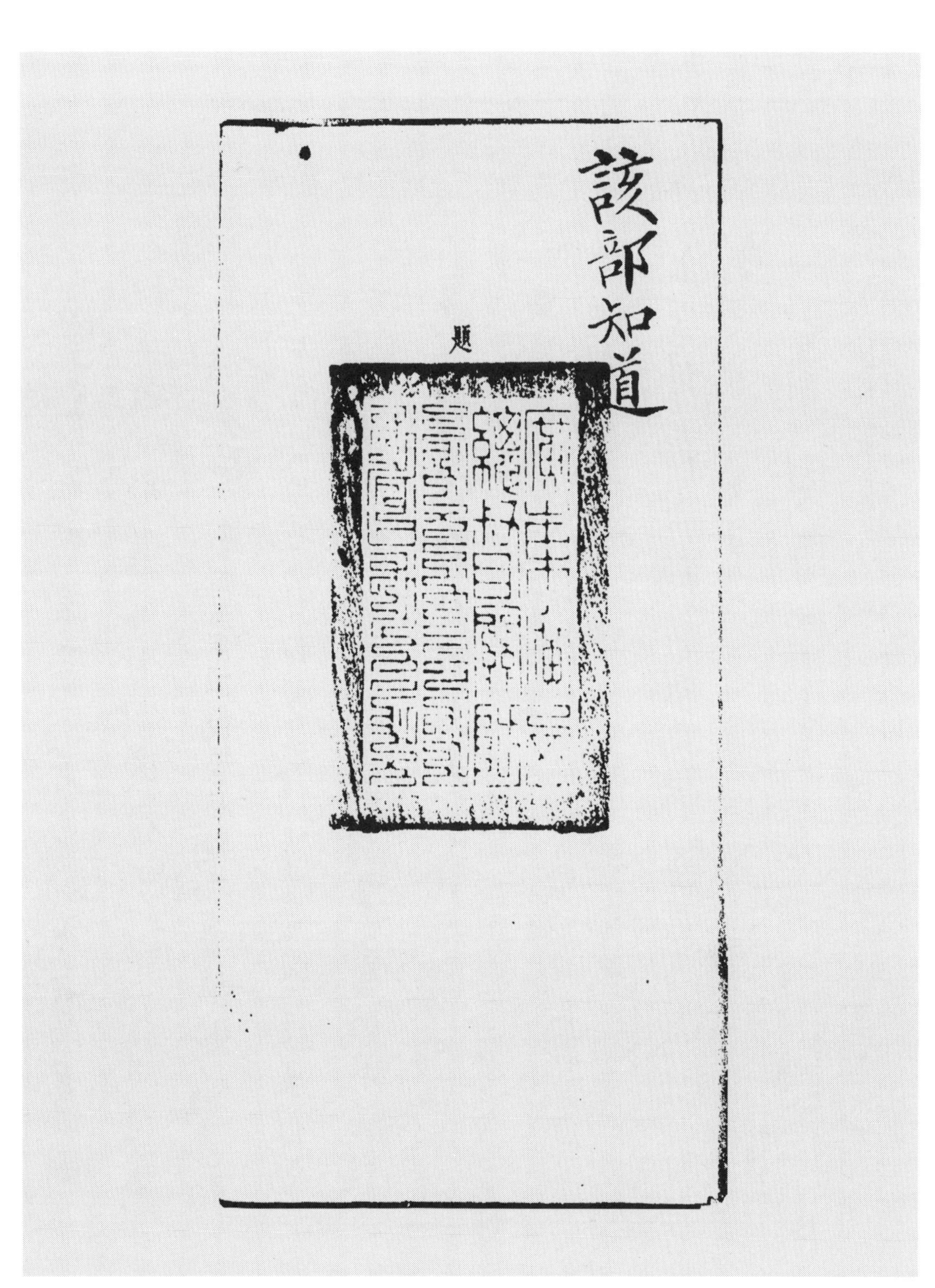

該部知道

題

兩廣總督林則徐題本　題報交卸兩廣督篆日期
道光二十年九月二十五日

兵部尚書兼都察院右都御史總督廣東廣西等處地方軍務兼理糧餉臣林則徐謹
題爲恭報微臣交卸日期仰祈
聖鑒事竊臣於道光貳拾年玖月貳拾伍日准兵部
火票遞到吏部咨道光貳拾年玖月初叁日奉
上諭前因鴉片烟流毒海内特派林則徐馳往廣東
海口會同鄧廷楨查辦原期肅清内地斷絕來源
隨地隨時妥爲辦理乃自查辦以來内而奸民犯
法不能淨盡外而興販來源並未斷絕甚至本年
暎夷船隻沿海遊奕福建浙江江蘇山東直隸盛
京等省紛紛征調靡餉勞師此皆林則徐等辦理
不善之所致林則徐鄧廷楨著交部分别嚴加議
處林則徐即行來京聽候部議兩廣總督著琦善

署理琦善未到任以前著怡良暫行護理等因欽
此臣當即恭設香案望
闕叩頭謝
恩即於玖月貳拾伍日將
欽頒道字伍拾號兩廣總督關防壹顆
欽頒乾字貳千壹百陸拾捌號鹽政印信壹顆
王命旗牌拾面杆副及歷年欽奉
上諭各書併文卷冊籍吏書人役等項檄委署廣州府
知府余保純署臣標中軍副將祺壽齎送撫臣
怡良接收護理臣謹即束裝起身來京聽候部
議所有微臣交印日期理合恭疏
題報伏乞

皇上聖鑒敕部查照施行謹具題

聞

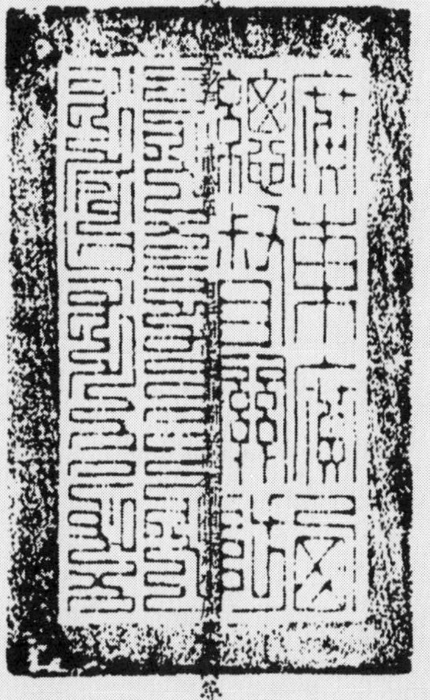

道光[illegible]等處地方軍務兼理糧餉臣林則徐

二四

兩廣總督林則徐題本　題報交卸兩廣督篆日期
道光二十年九月二十五日

兵部尚書兼都察院右副都御史總督廣東廣西等處地方軍務兼理糧餉臣林則徐謹
題爲恭報微臣交卸日期仰祈
聖鑒事竊臣於道光貳拾年玖月貳拾伍日准兵部
火票遞到吏部咨道光貳拾年玖月初叁日奉
上諭前因鴉片烟流毒海内特派林則徐馳往廣東
海口會同鄧廷楨查辦原期肅清内地斷絕來源
隨地隨時妥爲辦理乃自查辦以來内而奸民犯
法不能淨盡外而興販來源並未斷絕甚至本年
暎夷船隻沿海遊奕福建浙江江蘇山東直隸盛
京等省紛紛征調靡餉勞師此皆林則徐等辦理
不善之所致林則徐鄧廷楨著交部分別嚴加議
處林則徐即行來京聽候部議兩廣總督著琦善
署理琦善未到任以前著怡良暫行護理等因欽
此當即恭設香案望
闕叩頭謝
恩即於玖月貳拾伍日將
欽頒道字伍拾號兩廣總督關防壹顆
欽頒乾字貳千壹百陸拾捌號鹽政印信壹顆
王命旗牌拾面杆副及歷年欽奉
上諭各省併文卷冊籍吏書人役等項檄委署廣州府
知府余保純署臣標中軍副將祥壽齎送撫臣
怡良接收護理臣謹即束裝起身來京聽候部
議所有微臣交卸日期理合恭疏
題報謹具題
聞

兩廣總督林則徐題本

題參分巡惠潮嘉道王貽桂等員疎防竊案限滿贓犯未獲

257

題

王貽桂等著議處具奏該部知道

兩廣總督林則徐題本 題參分巡惠潮嘉道王貽桂等員疏防竊案限滿贓犯未獲 道光二十年九月二十五日

兵部尚書兼都察院右副都御史總督廣東廣西等處地方軍務兼理糧餉臣林則徐謹

題爲開叅疏防職名事據署理廣東按察使司印

務廣東督糧道陞補長蘆鹽運使王篤詳稱案

據代理潮陽縣知縣史樸申詳道光貳拾年貳

月貳拾玖日據地保黃合順稟據縣民蔡權中

投稱貳拾年貳月貳拾柒日夜叁更時候伊家

被賊撬開屋門入室行竊時房內點有燈火伊

醒起喊捕被賊臨時行强用刀嚇禁聲張撬開

箱櫃搜劫銀錢衣物逃逸喊同鄰佑追捕不及

等語往看屬實理合稟請勘緝等情同日並據

事主蔡權中開列失單報同前由各到縣據此

當即遴差勒緝贓賊一面會營前詣該處勘得

蔡耀中住屋壹所前後兩進平排叁間查驗屋
門及房內箱櫃俱有撬損痕跡餘無損壞亦無
賊遺油捻器械左鄰蔡順右係空地該處離縣
轄埔汛拾肆里附近並無設立墩鋪防兵勘畢
繪圖訊據事主蔡耀中地保黃合順鄰人蔡順
各供均與稟詞無異隨傳鋪戶眼同事主按照
失單將贓逐一確估共值紋銀貳百貳拾捌兩
陸錢叁分列冊同勘圖附卷除移行勒緝贓賊
務獲究辦外理合通詳等情當奉批司飭緝查
參等因又奉牌行據營員報同前由各到司俱
經移行勒緝查參去後茲疏防限滿贓賊未獲
准惠潮嘉道併據潮州府開列文員疏防統轄

竟盡各該[illegible]按察使

司[illegible]王篤查

看得潮陽縣民蔡耀中家於道光貳拾年貳月

貳拾柒日夜被賊行竊臨時行強接封錢衣

物一案先據該縣會營勘訊通詳併據營員呈

報均奉批飭行司勒緝查參等因移行遵照去

後茲疏防限滿贓賊未獲准惠潮嘉道併據潮

州府開列文員疏防各職名前來除移行勒緝

贓賊務獲究辦外所有疏防文職統轄係廣東

分巡惠潮嘉道王貽桂兼轄不同城係潮州府，

知府李蔭署潮州府同知事試用通判王集學

管係代理潮陽縣事即用知縣續經

題補乳源縣知縣史樸署潮陽縣吉安司巡檢事
試用從九品趙鴻詰相應開報伏候
題參再本案賊夥確數應俟獲犯審供爲定失事
處所係勘係在鄉間離麒麟埔汛拾肆里附近
並無設立墩鋪防兵又本案自道光貳拾年貳
月貳拾柒日夜失事起計至陸月貳拾陸日肆
個月疎防限滿今該縣於柒月貳拾肆日開列
職名具詳到府該府於捌月拾捌日轉詳貳拾
玖日到司計遲延均未及壹月例無庸分職名
應請免開署按察司即於玖月初壹日轉詳扣
除轉文日期並無遲逾合併聲明等由又先據
廣東潮州鎮總兵官李廷鈺開報武員疎防統

轄兼專各職名併聲明本案失事處所並無協
防外委職名無憑開報等由到臣該臣看得廣
東潮陽縣民蔡耀中家於道光貳拾年貳月貳
拾柒日夜被賊行竊臨時行强搜劫銀錢衣物
一案先經據報批行勒緝查參去後茲疎防限
滿贓賊未獲據署按察使王篤開列文員疎防
各職名詳請
題參又先據廣東潮州鎮總兵官李廷鈺開報武
員疎防各職名前來除嚴飭移行勒緝贓賊務
獲究辦外所有疎防文職統轄係廣東分巡惠
潮嘉道王貽桂兼轄不同城係潮州府知府李
廕署潮州府同知事試用通判王集專管係代

理潮陽縣事即用知縣續經
題補乳源縣知縣史樸署潮陽縣吉安司巡檢事
試用從九品趙鴻誥武職統轄係廣東潮陽營
游擊德明兼轄係調署潮陽營中軍守備事撫
標右營守備薛文政專汛係潮陽營右哨貳司
把總羅長斌相應
題參聽候部議再本案賊夥確數應俟獲犯審供
爲定失事處所據勘係在鄉間離麒麟埔汛拾
肆里附近並無設立墩鋪防兵又本案自道光
貳拾年貳月貳拾柒日夜失事起計至陸月貳
拾陸日肆個月疎防限滿今該縣於柒月貳拾
肆日開列職名具詳到府該府於捌月拾捌日

轉詳未拾玖日到司計遲延均未及壹月例無

處分職名應請免開該署司即於玖月初壹日

轉詳扣除轉文日期並無遲逾合併陳明臣謹

具

題伏乞

皇上聖鑒敕部議覆施行謹

題請

旨

兩廣總督林則徐題本 題參分巡惠潮嘉道王貽桂等員疏防竊案限滿贓犯未獲

道光二十年九月二十五日

道光[illegible]等處地方軍務兼理糧餉臣林則徐

兵部尚書兼都察院右副都御史總督廣東廣西等處地方軍務兼理糧餉臣林則徐謹

題為開參疏防職名事該臣看得廣東潮陽縣民蔡擢中家於道光貳拾年貳月貳拾柒日夜被賊行竊臨時行强按刧銀錢衣物一案先經據報批行勒緝查參茲疏防限滿贓賊未獲據署按察使王篤開列文員疏防各職名詳請

題參又先據廣東潮州鎮總兵官李廷鈺開報武員疏防各職名前來除嚴飭移行勒緝贓賊務獲究辦外所有疏防文職統轄係廣東分巡惠潮嘉道王貽桂兼轄不同城係潮州府知府李

陞署潮州府同知事試用通判王集事管係代
理潮陽縣事即用知縣穆經
題補乳源縣知縣史樸署潮陽縣吉安司巡檢事
試用從玖品趙鴻誥武職統轄係廣東潮陽營
遊擊德明兼轄係調署潮陽營中軍守備事撫
標右營守備薛文政專汛係潮陽營右哨咸司
把總羅長斌相應
題參聽候部議臣謹
題請
旨

兩廣總督林則徐題本

題參署廣東督糧道洪錫豫等員疎防行舟劫案限滿贓犯未獲（破損）

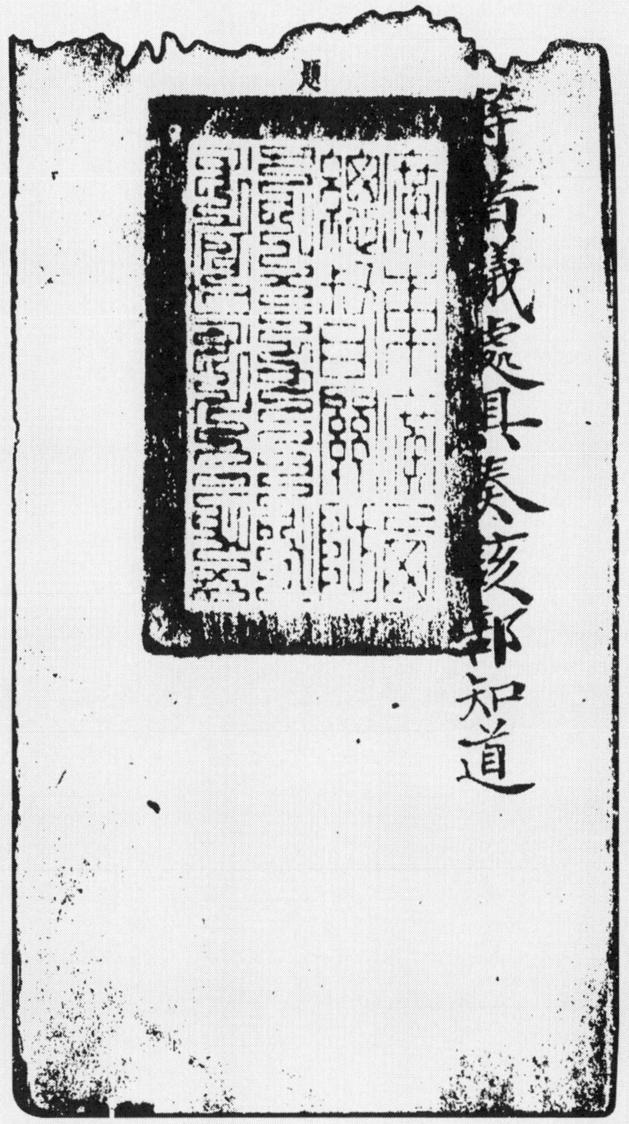

兩廣總督林則徐題本　題參署廣東督糧道洪錫豫等員疎防行舟劫案限滿贓犯未獲

道光二十年九月二十五日

二四　兩廣總督林則徐題本　題參署廣東督糧道洪錫豫等員疏防行舟劫案限滿贓犯未獲

道光二十年九月二十五日

兵部尚書兼都察院右都御史總督廣東廣西等處地方軍務兼理糧餉臣林則徐謹

題爲開參疏防職名事據署理廣東按察使司仰

務廣東督糧道陞補長蘆鹽運使王篤詳稱案

據代理番禺縣知縣陸孫鼎申詳案查前縣張

錫藩詳報道光貳拾年叁月拾貳日據唐升稟

稱伊家主變昇阿現任連平州知州道光貳拾

年貳月內家主着伊赴省買物伊於叁月初拾

日雇坐廖亞淡船隻在省河開行是夜叁更時

候行抵縣屬珠岡漏口河面被賊多人駕艇攏

近持械過船行刦伊與船户畏避賊人搜刦單

開首飾衣物回艇駛逸喊追不及該處並無汛

保理合查開失單報乞勘緝等情到縣據此當

即選差勒緝贓賊一面會同營員親詣該處傳
集事主人等勘得唐升船隻被刦處所係在縣
屬土名珠岡涌口河面兩邊俱係潮田河道寬
闊查驗船身蓬倉並無損壞亦無賊遺器械該
處距救頭汛約陸里附近並無設立墩鋪防兵
勘畢繪圖訊據事主唐升船戶廖亞溪各供均
與稟詞無異隨傳鋪戶眼同事主按照失單將
贓逐一確估共值紋銀壹百陸拾貳兩零玖分
列冊同勘圖附卷除移行勒緝贓賊務獲究辦
外理合通詳等情當奉批司勒緝查參等因又
奉牌行據營員報同前由各到司俱經移行勒
緝查參去後茲珠防限滿贓賊未獲准督糧道

兩廣總督林則徐題本　題參署廣東督糧道洪錫豫等員疎防行舟劫案限滿贓犯未獲
道光二十年九月二十五日

併據廣州府開列文員疎防統轄兼專各職名
到司准據此該署理廣東按察使司印務廣東
督糧道陞補長蘆鹽運使王篤查看得連平州
家人唐升船隻於道光貳拾年叁月初拾日夜
在番禺縣屬土名珠岡涌口河面被賊行劫首
飾衣物一案先據該縣會營勘訊通詳併據營
員呈報均奉批檄行司勒緝查叅等因移行遵
照去後茲疎防限滿贓賊未獲准督糧道併據
廣州府開列文員疎防各職名前來除移行勒
緝贓賊務獲究辦外所有疎防文職統轄係署
廣東督糧道事候補道洪錫豫兼轄同城係署
廣州府事南雄直隸州知州余保純不同城係

前署廣州府永寧通判事候補直隸州州判姚
鎮專管係前任番禺縣知縣續經陞補佛岡同
知張錫蕃番禺縣鹿步司巡檢孟逢印相應開
報伏候
題參再本案賊夥確數應俟獲犯審供爲定失事
處所據勘係在縣屬土名珠岡涌口河面距墩
頭汛約陸里附近並無設立墩鋪防兵又署廣
州府永寧通判姚鎮因本任通判盧殿補引
京旋於道光貳拾年肆月拾貳日回任姚鎮即日
卸署又前任番禺縣張錫蕃因委辦夷務於道
光貳拾年陸月初捌日卸事所遺知縣印務即
日行委候補知縣陸孫鼎代理均在疎防限内

又姚鎮係署事之員業已卸事張錫蕃業已陞
補佛岡同知均不復回任應請照例議結陞孫
鼎係代理之員應俟接緝壹年限滿或離署無
獲另文詳參又本案自道光貳拾年叁月初拾
日夜失事起計至柒月初玖日肆個月疎防限
滿今該縣於捌月貳拾叁日開列職名具詳到
府係開報前官應議職名在例限叁個月之內
至該府於貳拾陸日詳司署按察司即於捌月
貳拾捌日轉詳扣除轉文日期府司並無遲逾
合併聲明等由又先准廣東水師提督臣關天
培開報武員疎防統轄兼專協防遊巡各職名
到臣該臣看得廣東連平州家人啓升船隻於

道光貳拾年叁月初拾日夜在番禺縣屬土名
珠岡涌口河面被賊行刼首飾衣物一案先經
據報批行勒緝查參去後茲疏防限滿賊犯未
獲據署按察使王篤開列文員疏防各職名詳
請
題參又先准廣東水師提督臣關天培開報武員
疏防各職名前來除嚴飭移行勒緝贓賊務獲
究辦外所有疏防文職統轄係署廣東督糧道
事候補道洪錫豫兼轄同城係署廣州府事南
雄直隸州知州余保純不同城係前署廣州府
永寧通判事候補直隸州州判姚鎮專管係前
任番禺縣知縣續經陞補佛岡同知張錫蕃番

禺縣鹿步司巡檢王逢印武職統轄係前護理
廣東水師提標後營遊擊事新會營右營守備
續經
題請陞補水師提標前營都司伍通標兼轄係代
辦水師提標後營中軍守備事署該營右哨千
總該營右哨頭司把總羅麗驄專汛係兼顧水
師提標後營右哨貳司把總事該營右哨頭司
外委把總馬超羣協防係水師提標後營右哨
頭司外委把總馬超羣代理遊巡係署水師提
標後營中軍守備事新會營右營右哨千總湯
騏超相應
題參聽候部議再本案賊夥確數應俟獲犯審供

爲定失事處所確勘係在縣屬土名珠岡涌口
河面距墩頭汛約陸里附近並無設立墩鋪防
兵又文職任卸日期已於司詳內聲叙其武職
統轄前護理水師提標後營遊擊伍通標因新
任遊擊高亮於道光貳拾年叁月貳拾柒日引
見京旋到任伍通標卽日卸署又代理遊巡署水師
提標後營中軍守備湯騏超因新任水師提標
後營遊擊高亮於道光貳拾年叁月貳拾柒日
到任接遊巡湯騏超卽日卸代巡歸高亮因季
巡期滿於叁月底離巡均在疎防限內又本案
自道光貳拾年叁月初拾日夜失事起計至柒
月初玖日肆個月疎防限滿今該縣於捌月貳

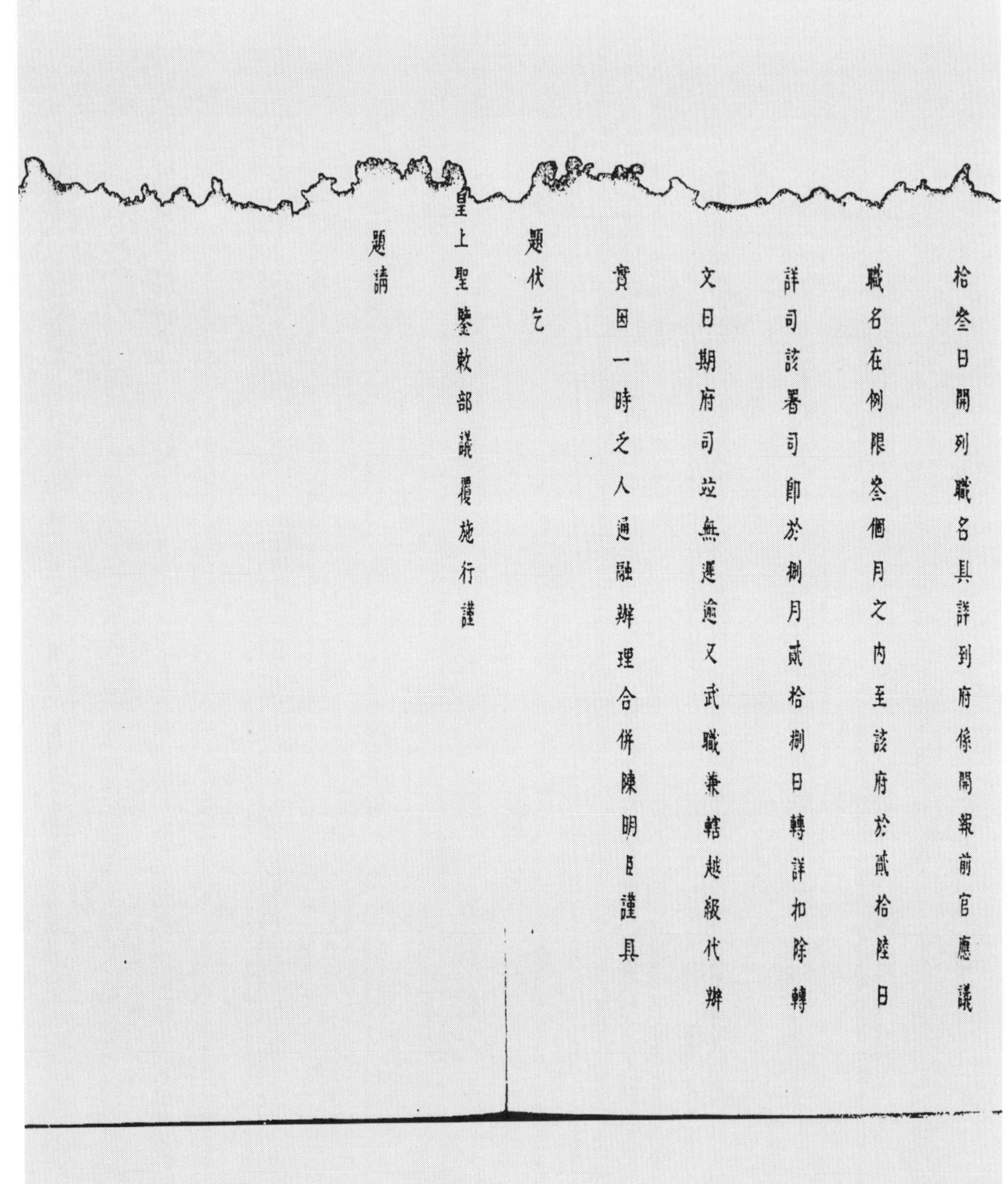

拾叁日開列職名具詳到府係開報前官應議
職名在例限叁個月之内至該府於貳拾陸日
詳司該署司即於捌月貳拾捌日轉詳扣除轉
文日期府司竝無遲逾又武職兼轄越級代辦
實因一時之人通融辦理合併陳明臣謹具
題伏乞
皇上聖鑒敕部議覆施行謹
題請

兩廣總督林則徐題本 題參署廣東督糧道洪錫豫等員疏防行舟劫案限滿贓犯未獲
道光二十年九月二十五日

道光[illegible]拾五[illegible]兵部[illegible]都察院右都御史總督廣[illegible]西等處地方軍務兼理糧餉臣林則徐

兵部尚書兼都察院右都御史總督廣東廣西等處地方軍務兼理糧餉臣林則徐謹

題爲開參疏防職名事。該臣看得廣東連平州客人唐升船隻於道光貳拾年叁月初拾日夜在番禺縣屬土名珠岡涌口河面被賊行刦首飾衣物一案，先經據報批行勒緝查參。茲疏防限滿，贓賊未獲，據署按察使王篤開列文員疏防各職名詳請

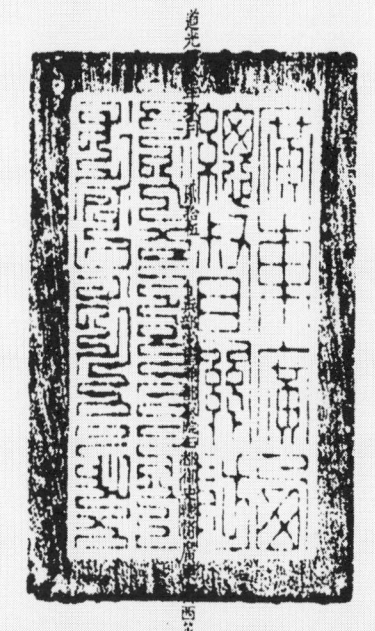

題參。又先准廣東水師提督臣關天培開報武員疏防各職名前來，除嚴飭移行勒緝贓賊務獲究辦外，所有疏防文職統轄係署廣東督糧道事候補道洪錫豫，兼轄同城係署廣州府事南雄直隸州知州余保純，不同城係前署廣州府事永寧通判事候補直隸州州判姚頻，專管係前任番禺縣知縣續經陞補佛岡同知張錫蕃，番

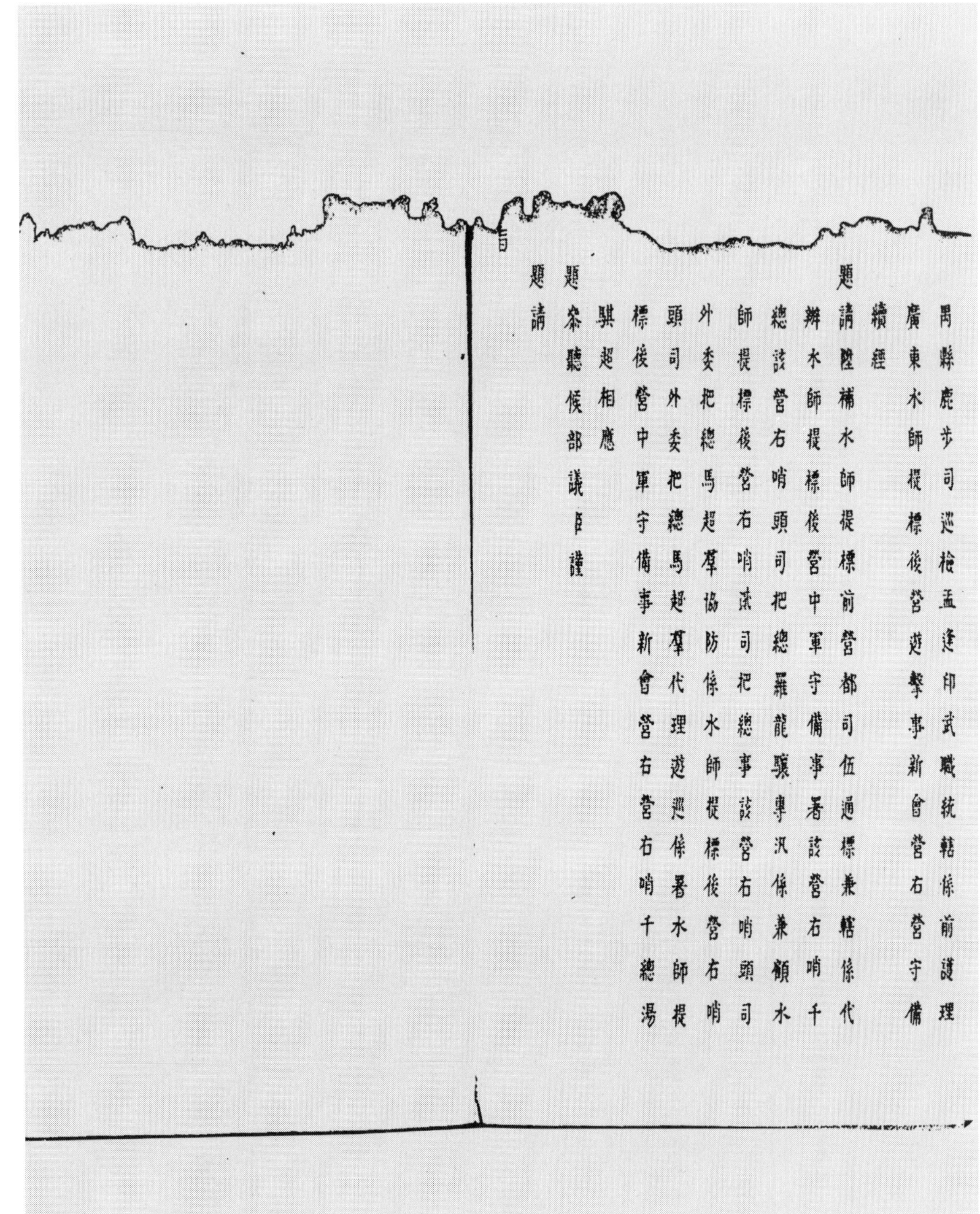

禺縣鹿步司巡檢孟逢印武職統轄係前護理
廣東水師提標後營遊擊事新會營右營守備
續經
題請陞補水師提標前營都司伍通標兼轄係代
辦水師提標後營中軍守備事署該營右哨千
總該營右哨頭司把總羅龍驤專汛係兼領水
師提標後營右哨貳司把總事該營右哨頭司
外委把總馬超羣協防係水師提標後營右哨
頭司外委把總馬超羣代理遊巡係署水師提
標後營中軍守備事新會營右營右哨千總湯
騏超相應
題叅聽候部議臣謹
題請
旨

署理兵部尚書賽尚阿等題本

題請如林則徐所請以祺壽陞補廣東黃岡協副將赴部引見

署理兵部尚書賽尚阿等題本 題請如林則徐所請以祺壽陞補廣東黃岡協副將赴部引見

道光二十年九月二十七日

署理兵部尚書賽尚阿等題本　題請如林則徐所請以祺壽陞補廣東黃岡協副將赴部引見

道光二十年九月二十七日

署兵部尚書臣賽尚阿等謹

題為請補副將事兵科抄出前任兩廣總督林則徐題

前事內開該臣看得廣東黃岡協副將係陸路

題補之缺接准部咨輪用現任應陞應補人員

行令照例揀選題補茲詳加揀選查有廣東撫

標中軍參將祺壽年肆拾叁歲鑲紅旗漢軍由

二等侍衛兼公中佐領補授今職該員年壯才

明諳練營務以之陞補黃岡協副將實堪勝任

除履歷冊送部查核外臣謹會同廣東巡撫臣

怡良廣東陸路提督臣郭繼昌合詞具

題等因於道光貳拾年伍月初貳日題柒月拾捌

日奉

旨該部議奏欽此欽遵於本日抄出到部
該臣等議得前任兩廣總督林則徐疏稱廣東黃岡
協副將係陸路題補之缺接准部咨輪用現任
應陞應補人員行令照例揀選題補茲詳加揀
選查有廣東撫標中軍參將祺壽年壯才明諳
練營務以之陞補黃岡協副將實堪勝任等因
具
題前來　查定例陸路參將歷俸貳年始准保
題等語廣東黃岡協副將係陸路題補之缺輪
用現任應陞應補人員行令照例揀選題補今
該督疏稱查有廣東撫標中軍參將祺壽年壯

壽

才明語練營務以之陞補黄岡協副將實堪勝
任等語查參將祺壽歷俸已滿貳年任内現無
事故題補副將與例相符應如所請祺壽准其
陞補廣東黄岡協副將該員於預保案内應行
引
見之員行令該督併案給咨該員赴部臣部帶領引
見後給與劄付令其赴任再此本科抄於道光貳拾
年柒月拾捌日到部玖月貳拾柒日具
題臣等未敢擅便謹
題請
旨

署理兵部尚書賽尚阿等題本 題請如林則徐所請以祺壽陞補廣東黄岡協副將赴部引見 道光二十年九月二十七日

道光貳拾年玖月 貳拾柒 日

經筵講官兵部尚書正白旗漢軍都統總管内務府大臣公 臣裕 誠 差

經筵講官署尚書理藩院尚書鑲藍旗漢軍都統 臣賽尚阿

尚 書 臣祁寯藻 未到任

署 尚 書 臣李宗昉

左侍郎正藍旗漢軍副都統 臣倭什訥

左 侍 郎 臣朱 嶟

右侍郎正藍旗滿洲副都統 臣宗室端華

右 侍 郎 臣魏元烺

武選清吏司掌印員外郎 臣珠 熉

郎中臣宗室奕彬

郎中臣達昌阿

員外郎臣誠厚

員外郎臣富彰

主事臣塔芳阿

候補主事臣李本仁

署理兵部尚書賽尚阿等題本 題請如林則徐所請以祺壽陞補廣東黃岡協副將赴部引見
道光二十年九月二十七日

祺壽鑲紅旗漢軍年肆拾叁歲由二等侍衛兼
公中佐領道光拾壹年拾壹月內補授兩廣督
標前營叅將拾玖年貳月內調補廣東撫標中軍
叅將今前任兩廣總督林則徐以該員年壯才明
諳練營務題請陞補廣東黃岡協副將

上諭　著准林則徐等奏官昕疎防限内獲犯過半賞還頂戴

道光二十年九月二十九日内閣奉

上諭林則徐等奏審明行刦餉銀盗犯分別擬辦一摺此案廣西蒼梧縣知縣官昕前因護解不慎降旨先行摘去頂帶仍照例革職留任勒限一年緝拏兹據奏稱該員於疎防限内獲犯過半兼獲盗首尚知愧奮官昕著賞還頂帶其革職留任處分仍照例分別辦理餘著刑部速議具奏欽此

上諭　著准林則徐等奏向培芳一參限内斃命正兇弋獲從犯開復原官

道光二十年九月二十九日内閣奉

上諭林則徐等奏審擬疊劫拒捕盜犯並請將革職留緝之員開復原官一摺此案前署廣西桂平縣事候補通判向培芳因緝捕不力降旨革職留於地方協緝茲據奏稱該員於二叅限内將疊劫巨盜拒捕斃命正兇及在場下手之犯遣丁協獲尚知愧奮向培芳著開復原官其應得處分仍著照例分别辦理餘著刑部速議具奏欽此

兩廣總督林則徐奏片

密陳查辦鴉片不能歇手並請戴罪赴浙隨營效力

十七号

硃

再，林則徐臣渥受
厚恩天良難昧每念一身之獲咎猶小而
國體之攸關甚大不敢不以見聞所及敬為
聖主陳之查此次英逆所憾在粵省而滋擾乃在浙省雖變動
若出於意外而窺伺已在於意中蓋逆夷所不肯灰心者以
鴉片獲利之重每歲易換紋銀出洋者不下數千萬兩若在粵
得以復興舊業何必遠赴浙洋伏聞其於定海一節大張告帖
無非以一斤只賣洋錢一圓是即在該國孟呀喇等處出
產之區尚且不敷成本其所以甘心虧折急於兌銷者或云
以給伙伴或云以充舍用並聞其在夷洋各埠賃船雇兵
而來費用之繁日以數萬金計即礮子火藥亦不能日久
支持窮蹙之形已可概見又夷人向來過冬以氈為暖不著

度，亦羞失素，惟此一心欲有始終之禁，而不能忍受。況有夷人在粵，已亡定海，陷溺之氣焰張者甚多矣。大抵相風戒嚴，自必據守舟山，揚帆南竄，而其國夷商之在粵者，自六月以來，貿易爲該夷所阻，亦各氣憤不平，均欲由該國派來兵船，爲之講理。是該逆夷亦自知非法之據，亦能如此情形於心，惟其處境情形，貪索

驕得，貪欲冀其桀驁，試其恫喝，是且利之術計，豈日後使夷奸，如一切皆不行，則必帖然俯伏。臣前此屢經體驗於夷情，即此時不值與之海上爭鋒，而以第固守藩籬，亦足使之坐困也。夫自古頑苗逆命，初無損於堯舜之朝，我

皇上以堯舜之治治中外，知鴉片之爲害，甚於洪水猛獸，即堯舜在

今日亦不能不爲驅除。

聖人執法懲奸，實爲天下萬世計，而天下萬世之人亦斷斷無以鴉片

兩廣總督林則徐奏片 密陳查辦鴉片不能歇手並請戴罪赴浙隨營效力

道光二十年九月二十九日

為不可禁之漸。若謂夷兵之來係由禁煙而起，則彼之以鴉片

入內地者，早已包藏禍心，發之於此時，與發之於異日，其輕重

當必有辨矣。以鴉片之流毒於內地，猶癰疽之流毒於

人身之癰疽，生知以潰而成膿為可患，則以潰而後施救療之

計。中事若在數十年前查辦，其時吸者尚少，禁令易行，猶如

未經成膿之癰，內毒或尚可散。今則毒流已久，譬諸癰疽，但係

痛不可不亟為拔膿，而逆夷從援撥詳，即與潰膿無異，然惟膿

潰而後痊多，果其如法醫治，托裏扶元，待至膿盡之時，自然結

痂收口。若因膿痛而別尋方藥，第一毒邪內伏，誠恐患在膏

肓之嗣。查辦鴉片以來章程

乾斷宸明

天威，容督蓋於二萬餘網之微，係漢夷情事之最緊，自行遞京求減，

兩廣總督林則徐奏片　密陳查辦鴉片不能歇手並請戴罪赴浙隨營效力

道光二十年九月二十九日

所有漢夷字原案可查、並有夷紙印封可驗、從前在虎門收化
烟土、先期出示、准令夷人觀看、俾將來呈繳之夷人亦據為夷文致
于亦以化其事者、大意謂
天朝法令足服人心、今夷書中具載其文、詳外域書館傳誦、
各國來船並具切結實明、始有夷帝轉諭夷人即正法、船貨沒
官、亦以漢夷字合為一紙自繪具成、查驗化國夷船、皆已絕
無形、惟英逆不遵法度、且肆鴟張、是以欽奉
諭旨斷其貿易、並未有撤洋之事、我者乃以仰懇
恩施、今該夷佔據地方戕害文武、逆情昭著、中外咸聞、非惟難許
通商、自當仰威服叛、第恐議者以為內地船礮非外夷之敵手、與
其曠日持久、何如設法羈縻、抑知夷情無厭、得一步又進一步、
若使威不能克、即恐患無已時、且他國效尤、更不可不慮、臣之愚昧
務思上崇
國體、下懾夷情、實不敢稍存游移之見、即以船礮而言、本為防海必需

硃：汝云英夷試其恫喝、是汝亦效英夷恫喝于
朕也、無理可惡

兩廣總督林則徐奏片　密陳查辦鴉片不能歇手並請戴罪赴浙隨營效力

道光二十年九月二十九日

硃

之物雖一時難以猝辦而為長久計亦不可不先事籌維且廣東利
在通商自道光元年以來粵海關已徵銀三千餘萬兩收其利者
必須預防其害若前此以關稅十分之一製礮造船則制夷已可
裕如何至尚形棘手臣節次伏讀
諭旨以稅銀何足計較仰見
聖主內本外末不言有無之至意但粵東關稅既比他省
豐饒則以通夷之銀量為防夷之用從此製礮必求極利造船必
求極堅似經費可以酌籌即裨益實非淺鮮矣臣於事務辦
理不善正在

硃

奏請治罪何敢更獻芻蕘茲苟有裨
國家雖頂踵捐糜亦不敢自惜倘蒙格外
天恩寬其一線或令戴罪前赴浙省隨營効力以贖前愆臣必當

殫竭血誠以圖克復並於粵省各海口隘防堵加嚴察看設法在措

形迹事似若無垂之隙籌慮仰懇

宸懷謹繕片密陳伏乞

聖鑒謹

奏

道光二十年九月二十九日奉

硃批覽奏均悉有據實查明具奏另有旨

上諭　著照林則徐所請以張熙宇調補廣東番禺縣知縣

道光二十年十月十七日内閣奉
上諭林則徐等奏請調補省會首邑知縣一摺著照
所請廣東番禺縣知縣員缺准其以張熙宇調補
該部知道欽此

上諭 著照林則徐等所請以梁星源調補廣東南海縣知縣

道光二十年十月三十日内閣奉

上諭林則徐等奏請調補省會要缺知縣一摺著照所請廣東南海縣知縣員缺准其以梁星源調補

該部知道欽此

吏科給事中周春祺奏摺　密奏林則徐在粤防堵周密可令其獨當一面戴罪圖功

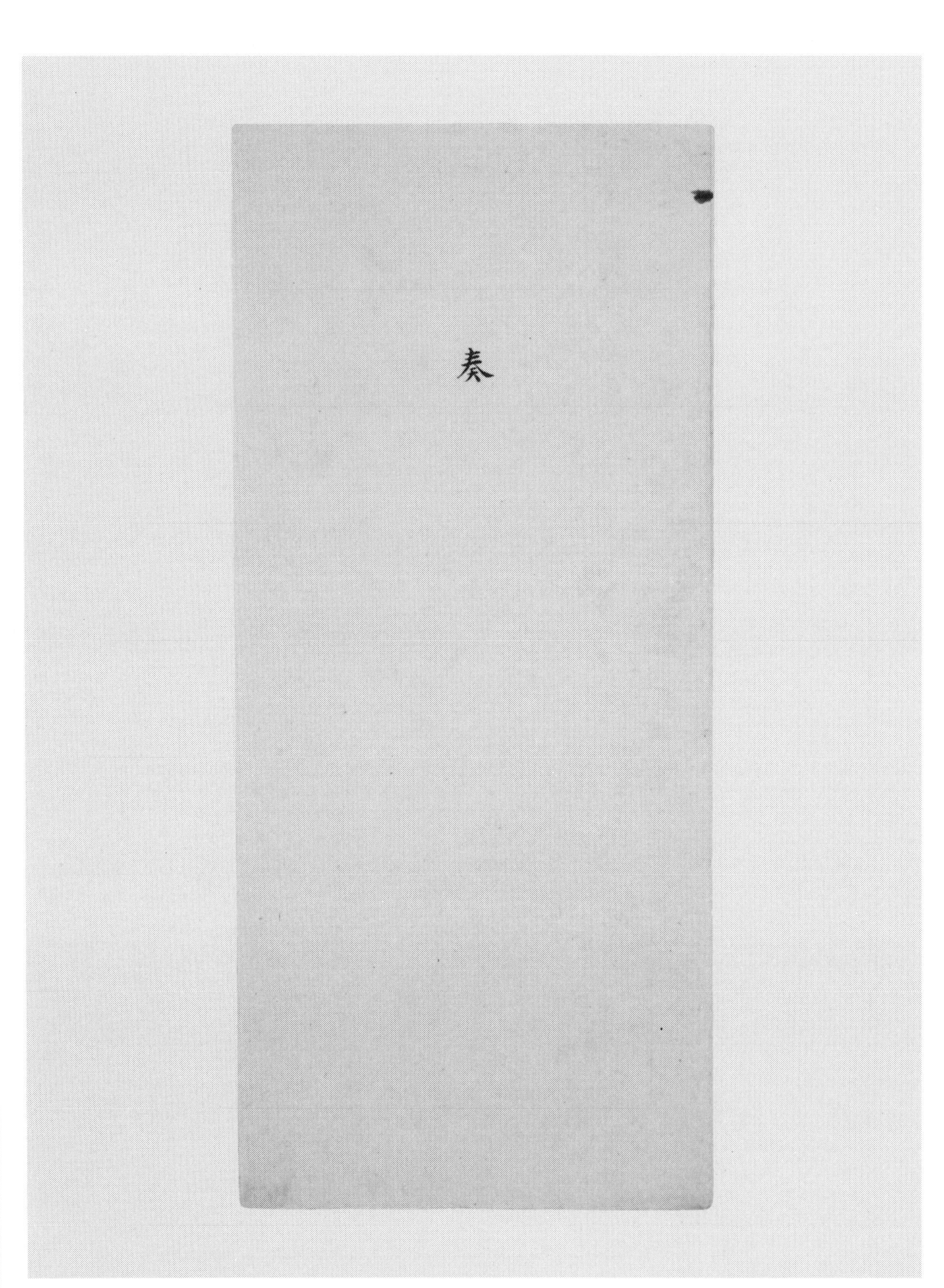

吏科給事中周春祺奏摺　密奏林則徐在粵防堵周密可令其獨當一面戴罪圖功

道光二十年十二月十七日

吏科給事中臣周春祺跪

奏為

聖恩寬大再敢竭誠密奏事竊臣前奏浙江提臣祝

廷彪不足為將士表率仰荷

聖明以衰庸罷黜凡在臣下莫不感悚臣查暎夷滋

事釁先粵東該省前後督臣雖經褫職

皇上仍令赴省聽候查詢差遣蓋亦因其辦事認真

才具尚有可用未忍以一眚遽棄也然臣謂令

外臣差遣或存形跡之嫌不加驅策轉得置身

事外現在夷情臣測明年春融後不能保其不

四出游奕畿輔重地尤宜妥為豫備督臣琦善

熟悉畿輔情形前次辦理已有成效可否出自

吏科給事中周春祺奏摺　密奏林則徐在粵防堵周密可令其獨當一面戴罪圖功

道光二十年十二月十七日

天恩令琦善仍回直隸總督之任必能益臻妥善至
林則徐等蒙
皇上特予嚴譴本因其辦理夷務時逾兩年致令該
夷赴近畿呈訴寃抑非因粵閩等省堵禦不力
也臣竊聞自南來者僉謂林則徐在粵防堵極
為周密古人云使功不如使過林則徐現已蒙
逾格鴻慈仍得差遣聽用若再荷蒙
矜宥假以尺寸之柄獨當一面令其帶罪圖功俾得
專精思慮臣雖至愚知林則徐必當揣摩圖報
于萬一我
皇上知人善任進退自有權衡小臣何敢妄參末議
惟欣逢

聖主赦過用人之際既有芻蕘之見不敢不冒昧密陳伏祈

聖鑒謹

奏

道光二十年十二月十七日

二四　閩浙總督顏伯燾等奏摺　瀝陳准林則徐鄧廷楨戴罪自贖馳驛赴浙會同籌辦攻剿

道光二十一年正月初六日

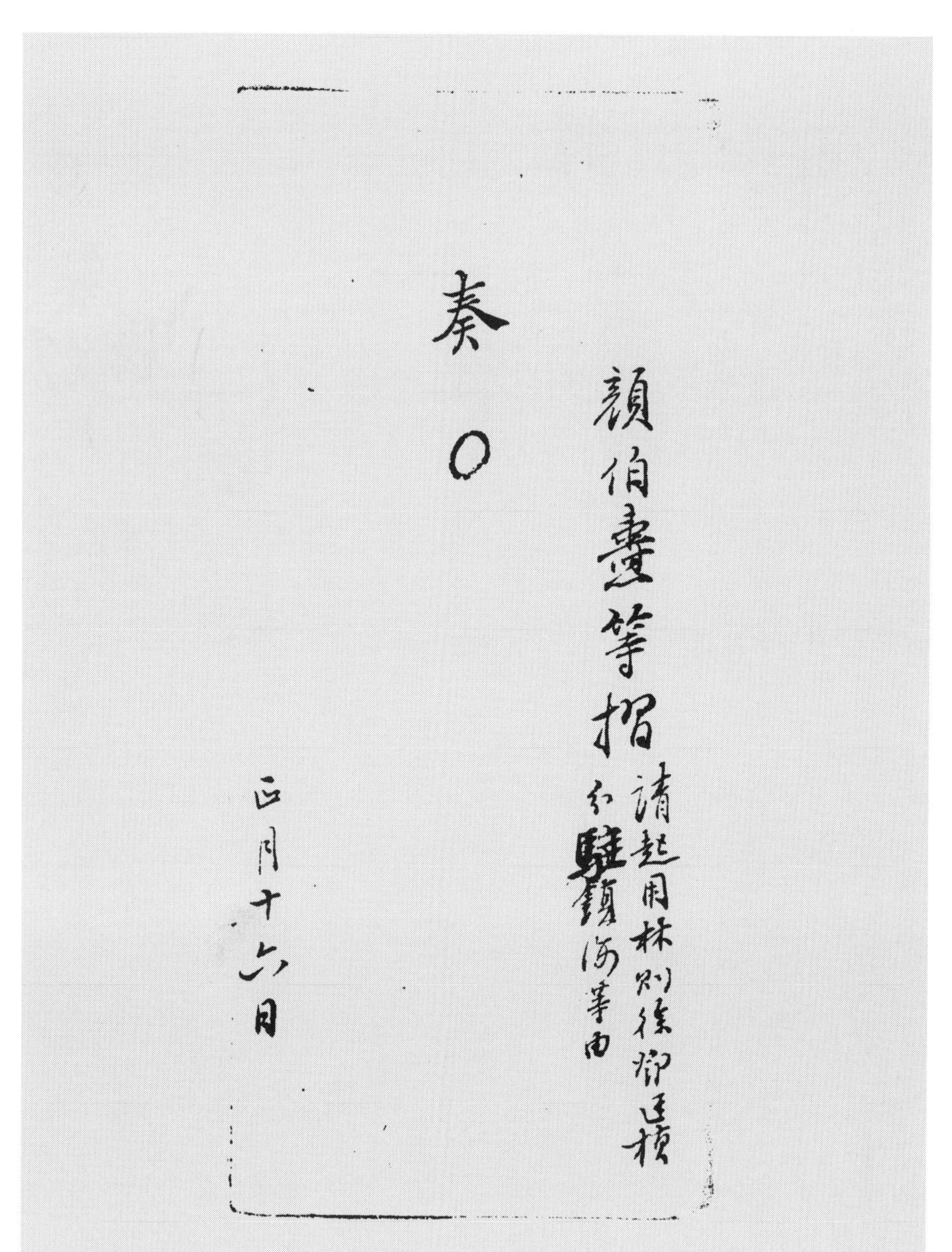

奏○

顏伯燾等摺

請起用林則徐鄧廷楨

分馳鎮海等由

正月十六日

閩浙總督顏伯燾等奏摺　瀝陳准林則徐鄧廷楨戴罪自贖馳驛赴浙會同籌辦攻剿

閩浙總督顏伯燾等奏摺　瀝陳淮林則徐鄧廷楨戴罪自贖馳驛赴浙會同籌辦攻剿

道光二十一年正月初六日

新授閩浙總督臣顏伯燾
浙江巡撫臣劉韻珂跪
奏為定海急宜克復攻勦固爲急務而籌辦尤須得人恭摺會
奏仰祈
聖鑒事竊臣顏伯燾於上年除夕經由江蘇常州會晤兩江
督臣裕謙備細詢問江蘇海防情形據臣裕謙面述半年
以來悉心經畫一切調遣製造行船制勝各事宜在在均已
周密確有把握江蘇海口似可無庸過慮臣顏伯燾復一
路探訪定海夷情查今夷船二十餘隻分泊定海道頭岑港
沈家門三處較前尚未加增亦無蠢動形迹但各處洋
民尚有私赴夷船潛通貿易者臣顏伯燾正月初四日行抵
浙江省城接臣劉韻珂函述於陸路旋自鎮海親面傳述
與臣顏伯燾沿途所訪大略相同臣等伏查定海城失守我

兵隔海相望半年之久未發一矢相加該夷初計陽為恭
順盡赴天津呈遞訴詞逆料重臣自北而南查辦需時
藉得閒暇修屋築臺列寨已據山川之險且分船赴粵
後敢逞其狡詐妄肆要求以致明肯重謀守防轉形失
計臣等並昧之見竊謂赴粵之夷既已突困反復則在
浙醜類數雖不甚據金塘定海雖為外洋實同腹地該夷
自去歲六月以來公然安居至守進亦可戰退亦可守僅
後再事遷延漢奸附和日衆則各縣嗜利之輩必致煽
惑益多是定海一日不復其為心腹之患有不可勝言者
且臣劉韻珂抵任後思患預防首先密飭地方各官並密
委妥員潛赴各縣設法安撫窮黎民心固結團練可
素嘗將各門添設各保商會

欽差大臣伊里布廣為深覈目下相度事宜剴切勸諭彼處各
縣紳士分造小船預備火攻之用並諭該紳士等潛覓渡兵間
道密為偵應並飭委員趕鑄銅礮以為出勝之計惟是戰
守固在周備而調遣尤宜得人臣到任後即為浙省巡撫
政務殷煩勢難分顧防剿即日礮船各備徵兵雲集臣伊
里布經從籌畫如何兼顧籌畫實形冗迫棄已革兩廣
督臣林則徐已革閩浙督臣鄧廷楨臣等均素知其才識有
用若是才力臣等據稟自揣深愧不如且又為該夷所畏忌
實屬能中傳該臣等能否為設理求城事既學
嚴譴旦罷置身事外臣等再四熟商與其功不如用之令其仰懇
皇上天恩准予戴罪自贖
飭令迅速馳驛赴浙林則徐隨地襄辦海防鄧廷楨隨赴寧波會

同仇覺中等擬一瀆，致勤聖主從之

逾格鴻慈，一雖假以事權，令得陳奏，乃爲有禆。如該二臣

不知奮勉圖功，即請將臣等以妄舉之罪。事勢

急迫，臣等冒昧瀝陳，不勝惶悚戰慄，所有臣等意

見相同，謹合詞恭摺由驛具

奏，伏乞

聖鑒訓示。謹

奏。

道光二十一年正月十六日奉

硃批：一片妄言，不料汝等有是意見，而又敢形於

奏牘，殊憎憤懣也。欽此。

正月初六日

兩廣總督祁𡎴等奏摺

恩賞林則徐四品卿銜代奏謝恩並報馳赴浙江日期

兩廣總督祁𡊮等奏摺　恩賞林則徐四品卿銜代奏謝恩並報馳赴浙江日期

道光二十一年閏三月二十日

兩廣總督臣祁𡊮
廣東巡撫臣怡良跪

奏為據情代

奏恭謝

天恩事臣等於閏三月十一日承准軍機大臣字寄

道光二十一年三月二十五日奉

上諭著祁𡊮怡良傳知林則徐賞給四品卿銜迅即

馳驛前赴浙江省聽候諭旨將此由五百里諭令

知之欽此臣等當即欽遵

諭旨傳知林則徐該員隨伏地叩頭恭謝

天恩旋據林則徐呈稱伏念則徐自十八年冬間奉

命來粵專辦海口事件嗣於十九年十二月由兩江

總督奉

旨調任兩廣總督沐
恩施之稠疊凜責任之匪輕乃以智淺才疏辦理不
善仰蒙
皇上不加嚴譴僅予革職留粵聽候查問差委數月
以來悚懼恐惶莫可名狀況覩逆夷之猖獗益
懷憤激於微忱未效寸長尤深兢惕兹復欽奉
恩命賞給卿銜馳赴浙江聽候
諭旨荷
鴻慈之逾格實夢想所難期除即於十三日遵
旨起程馳赴浙江外所有感激惶悚下忱理合呈請
據情代
奏叩謝

天恩等語臣等謹據情繕摺代
奏伏乞
皇上聖鑒林則徐於遞呈後即於本月十三日由粵
起程馳驛前赴浙江再此摺係附靖逆將軍臣
奕山等由六百里馳遞奏摺之便拜發合併聲
明謹
奏
另有旨

道光二十一年闰三月 二十 日

欽差大臣兩江總督裕謙奏摺　**密請賞派林則徐會同余步雲籌辦防剿事宜**

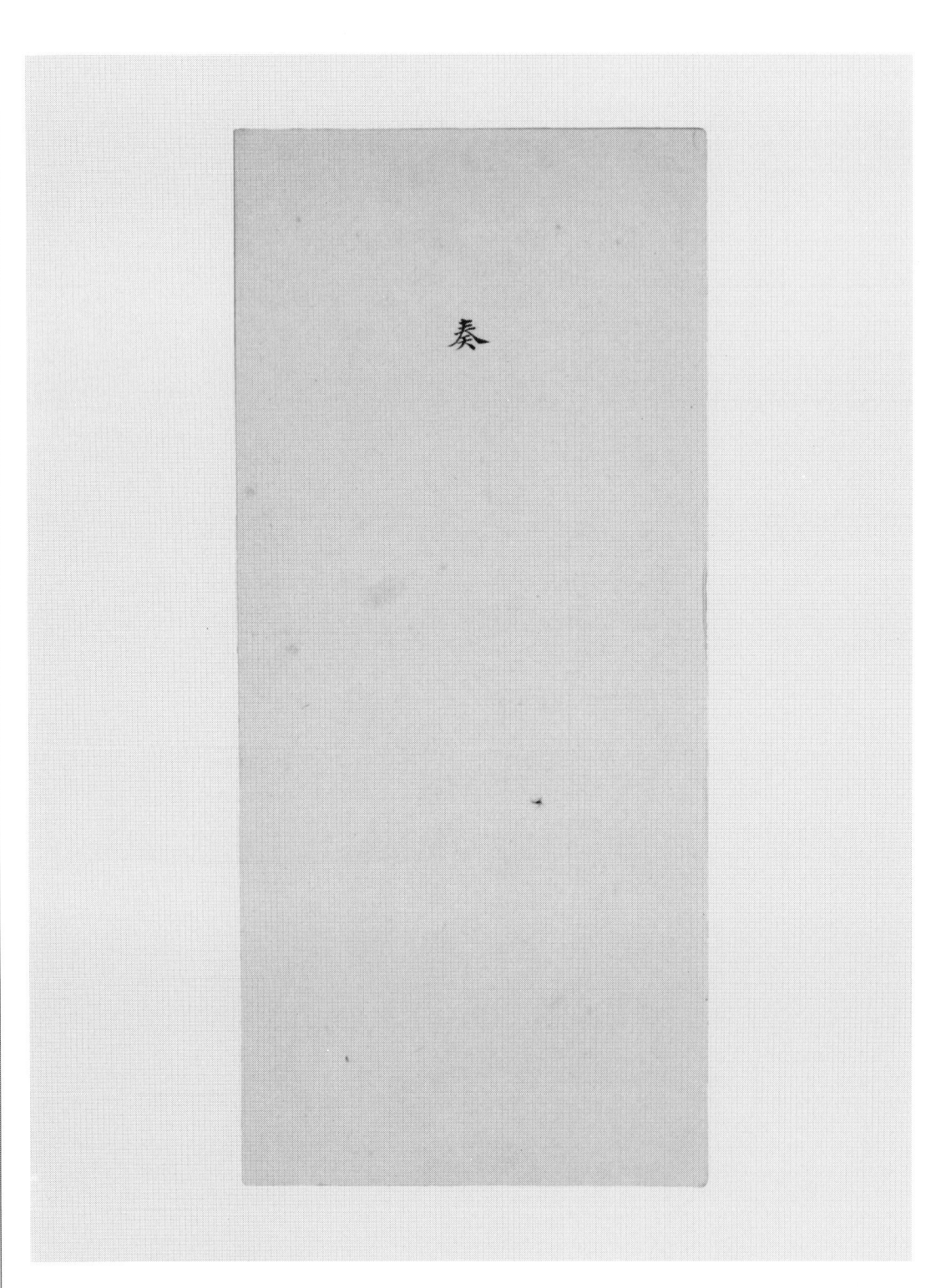

二四　欽差大臣兩江總督裕謙奏摺　密請賞派林則徐會同余步雲籌辦防剿事宜

道光二十一年四月十八日

欽差大臣兩江總督奴才裕謙跪

奏為遵

旨酌請

賞派差使并擬奴才駐劄地方恭摺密奏仰祈

聖鑒事竊奴才於蘇州舟次承准軍機大臣字寄道光

二十一年四月初五日奉

上諭本日裕謙奏接奉寄信諭旨擬卽起程並將闔

防暫行封貯等語覽奏均悉該督接奉陞任諭旨

已函囑浙撫前赴鎮海彈壓此時劉韻珂計已到

彼面商一切裕謙到兩江總督任後將各海口防

堵事宜辦理妥協卽著折回鎮海調度將弁並不

時查訪定海情形軍民果否相安夷船有無窺探

情事不准稍涉大意所有欽差大臣關防仍著裕
謙管帶以專責成至該督現雖授任兩江而浙省
為海疆門户與江蘇毗連不可稍分畛域現在欽
差大臣關防仍令該督管帶呼應最靈所有調撥
將備撫綏軍民一切緊要事宜均責成該督認眞
經理務使首尾相應毋得顧此失彼致有疎虞等
因欽此又於上海縣公寓承准軍機大臣密寄
道光二十一年四月初七日奉
上諭前諭令祁𡎴怡良傳知林則徐賞給四品卿銜
迅赴浙江聽候諭旨本日據祁𡎴等奏稱林則徐
業於上月十三日由粵馳驛赴浙等語著裕謙於
林則徐到浙後酌量相當差使奏明請旨欽此查

浙江撫臣劉韻珂於四月初四日行抵鎮海軍
營奴才即於是日起程十六日在上海縣接受兩
江總督關防任事業經恭摺
奏報在案竊念奴才質性凡庸仰蒙
皇上畀以兩江重任又
命管帶
欽差大臣關防經理浙江軍務受
恩愈重稱職愈難敢不勉竭血誠悉心籌度將江浙
二省聯成一氣為防剿皆可有恃之計惟吳淞
海口為江蘇之門户鎮海縣為浙江之門户相
離千有餘里又須渡江盤壩五易其舟節節阻
滯即晝夜兼程必得旬日始到其文報往來因

海濱並無驛路向係以船或人代馬以日行三百里為率計其往返程期亦須旬日夷船出沒於深水外洋朝南暮北並無一定即由內洋行走而乘風順潮頃刻可到若非於鎮海上海兩處各駐大員隨機布置竊恐有顧此失彼之虞即如奴才現在上海經理一切其鎮海定海二處幸有劉韻珂在彼督率調度始可放心否則軍務事件間不容髮既不便據各屬稟報之詞臆斷遙制又恐畏葸者臨事張皇粗疎者輕敵孟浪設誤事機所關匪細即奴才將江蘇防堵事宜籌辦妥洽折回鎮海後其於江蘇情勢亦復相同且兩江總督本任事務繁重辛丑鹽引甫經

定期開網在在均須就近督辦㕘遠駐鎮海亦
恐鞭長莫及查浙江之嘉興府城離乍浦海口
八十餘里由乍浦用小漁船沿海行駛如遇風
水俱順隨潮往來於鎮海定海二處均一潮可
達即風或頂阻不過兩潮亦可到彼民間船隻
絡繹不絕聲息相通又自嘉興内河另有捷徑
由松江而達上海計程二百數十里以船代馬
數時可到實為江浙適中之地且為兩省咽喉
要路令林則徐仰蒙
皇上天恩棄其瑕疵
賞給卿銜飭赴浙江約計程期四月内總可到浙該
員向為兵民所悅服逆夷所畏憚其一切設施

亦能體用兼備奴才素所深知如蒙
聖慈飭令林則徐駐劄鎮海軍營更替劉韻珂回省
即由該員會同浙江提臣余步雲督率鎮將妥
為籌辦仍不時往來定海巡查彈壓該員必能
激發天良仰副
委任奴才趕緊將上海防堵鑄礮各事宜籌辦妥協即
赴寶山崇明親加籌度布置再囑署江蘇撫臣
程矞采前來上海會同江南提臣陳化成實力
巡防奴才仍遵
旨折回鎮海將防剿事宜與林則徐余步雲面加商
定再回嘉興駐劄居中調度策應江浙二省
首尾相顧彼此可以互相關照不致有所掣肘

至江蘇洋面甚為安靜並無夷船蹤跡魚汛暢

旺兵民輯睦浙江洋面近亦靖謐雖仍有一二

夷船忽隱忽見並不敢有所窺探定海軍民相

安堪以仰慰

宸廑所有斈酌請

賞派林則徐差使并斈駐劄地方緣由是否有當理

合恭摺密

奏伏乞

皇上聖鑒訓示再此摺係因奏報夷務是以附驛馳

遞合併陳明謹

奏

另有旨

道光二十一年四月十八日

浙江巡撫劉韻珂奏摺　**代奏林則徐馳抵浙江候旨日期**

奏

浙江巡撫劉韻珂奏摺　代奏林則徐馳抵浙江候旨日期
道光二十一年四月二十二日

浙江巡撫臣劉韻珂跪

奏為據情代

奏到浙候

旨日期仰祈

聖鑒事竊臣於四月二十一日據四品卿銜林則徐

到鎮海呈稱閏三月十一日在廣東省城經督

臣祁𡊮撫臣怡良傳知承准軍機大臣字寄道

光二十一年三月二十五日奉

上諭著祁𡊮怡良傳知林則徐賞給四品卿銜迅即

馳驛前赴浙江省聽候諭旨將此由五百里諭令

知之欽此當即呈請粤省督撫臣代

奏恭謝

天恩並報明即於閏三月十三日自粤起程在案沿
途加緊行走於四月十八日馳抵浙江省城因
撫臣先駐鎮海軍營復由省城趲行於二十一
日馳抵鎮海合將抵浙日期呈請代為
奏報恭候
諭旨等情臣謹據情繕摺代
奏伏乞
皇上聖鑒再林則徐係奉
諭飭迅即馳驛來浙候
旨之員是以將其到浙日期由驛遞報合併陳明謹
奏
覽

道光二十一年四月　二十二　日

閩浙總督顏伯燾奏片

密陳裕謙可當廣東之任並以林則徐為副當能得力

再浙江定海縣善後事宜業經
欽差大臣裕謙辦理妥協浙江撫臣劉韻珂接手辦
理防堵亦頗嚴密廣東事關重大
特簡自必有人倘一時乏人
簡用裕謙似可當廣東之任惟其氣太銳敢乞
皇上密飭暫示羈縻事備而後動庶幾萬全無患四
品卿銜臣林則徐前在廣東辦理海口事宜以
粵民誓詞揆之知其能得人心亦有威望其王
庭蘭信函所稱民怨之者自指販烟之莠民而
言如以之為裕謙之副當能得力浙江海口或
即以撫臣劉韻珂長駐鎮海會同浙江提督臣
余步雲辦理其巡撫事務或即以藩司常恒昌

閩浙總督顏伯燾奏片　密陳裕謙可當廣東之任並以林則徐為副當能得力

道光二十一年五月二十六日

代辦重大事件仍令隨時稟商似亦不致掣肘
福建海口最多廈門尤為緊要臣即一手經理
浙江係臣所轄仍當刻刻留心不敢視同膜外
廣東事關一體尤須不分畛域期無遺誤廣東
督臣祁𡊮撫臣怡良辦理地方甚好惟祁𡊮已
經手夷務怡良更始終其事雖非所能專主將
來接手辦理能否不致迴護伏候
聖裁是否有當臣謹附片密
奏

覽

閩浙總督顏伯燾奏片 密陳裕謙可當廣東之任並以林則徐為副當能得力

道光二十一年五月二十六日

上諭　著免林則徐遣戍即發往東河效力贖罪

道光二十一年七月初三日内閣奉
上諭林則徐著免其遣戍即發往東河效力贖罪欽
此

上諭 著裕謙等飛飭沿途令林則徐折回東河效力贖罪

軍機大臣 字寄

欽差大臣兩江總督裕 浙江巡撫劉 道光二十

一年七月初三日奉

上諭本日已明降諭旨將林則徐發往東河效力贖

罪矣前有旨將該革員發往伊犁即由浙江起解

如該革員尚未起程或離浙江省不遠即飛飭沿

途地方飭知即令該革員迅速折回東河無稍遲

延將此諭令知之欽此遵

旨寄信前來

上諭　著牛鑑等截留林則徐飭令迅速折回東河效力贖罪

軍機大臣　字寄

河南巡撫牛　陝西巡撫富　道光二十一年

七月初六日奉

上諭昨已明降諭旨將林則徐發往東河效力贖罪

該革員如已由浙江起解前往伊犂經過河南陝

西兩省著牛鑑富呢揚阿即行截留飭令迅速折

回東河毋稍遲延將此各諭令知之欽此遵

旨寄信前來

署理江蘇巡撫程矞采奏片　飛飭沿途暨護解委員林則徐即令遵旨速赴東河效力贖罪

程矞采片

再臣接准兵部咨開內閣奉
上諭林則徐著免其遣戍即發往東河效力贖罪
欽此查林則徐奉
旨發往伊犁業經由浙江於□日咨令委員護解起
程計當未出江境當即飛飭沿途
各州縣暨護解委員查訪林則徐行抵何處
即令遵
旨迅速前赴東河毋稍遷滯理合附片具
奏
聞謹
奏

道光二十一年八月初一日奉

署理江蘇巡撫程矞采奏片　飛飭沿途暨護解委員林則徐即令遵旨速赴東河效力贖罪

道光二十一年七月十五日

硃批覽欽此

署江蘇巡撫　七月十五日

牛鑑片

再，臣接准軍機大臣字寄道光二十一年七月
初一日奉
上諭：昨已明降諭旨，將林則徐發往東河效力贖
罪，該革員經過河南、陝西省者，着牛鑑、富
呢揚阿即日截留，飭令迅速折回東河，毋稍遲
延。等因。欽此。臣查林則徐由浙省赴陝，則河
南為必經由之路，現未據各州縣禀報前來，
自係黃河決口，道路不通之故。除臣飛咨浙
浙江、江蘇撫臣委探截留外，臣隨遣弁
由陸往徐州、清江浦一帶探視，如果該
革員前來過境，即飭迅速來豫效力贖

河南巡撫牛鑑奏片 林則徐未據各屬禀報前來已遣弁探視飭令迅速來豫效力 道光二十一年七月二十日

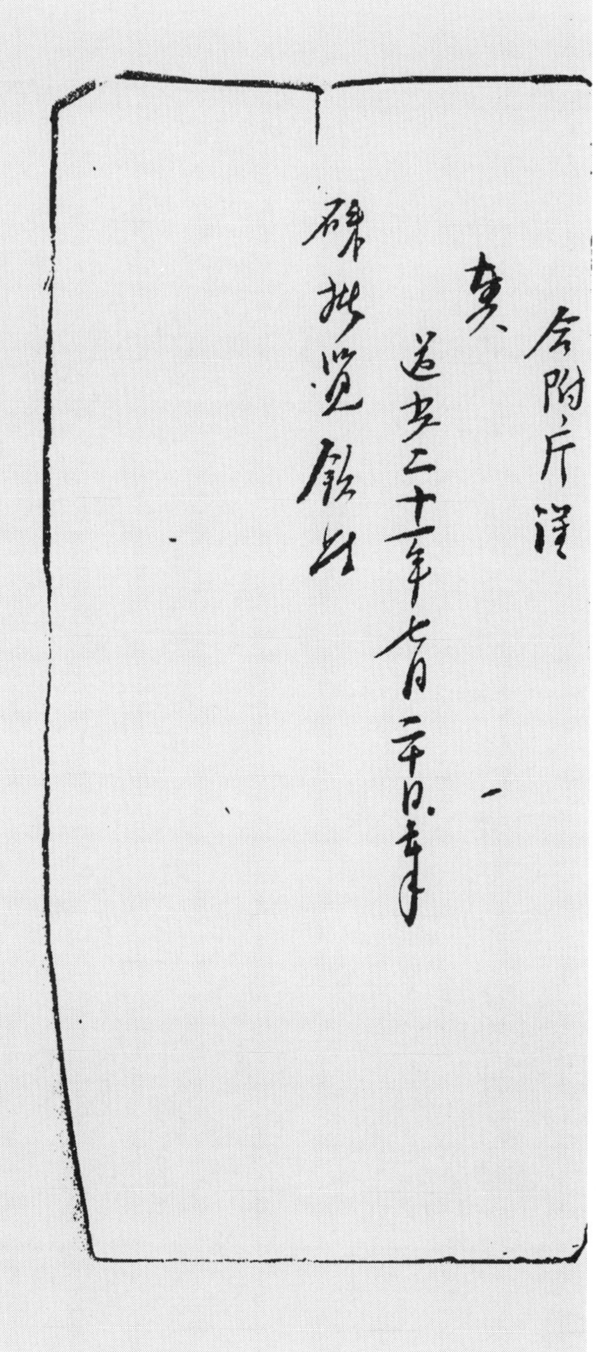
今附片謹
奏
道光二十一年七月二十日奉
硃批覽欽此

兩江總督裕謙奏片　林則徐計未出江南省境已飭沿途飭令兼程速赴東河

裕謙片

再奴才承准軍機大臣字寄道光二十一年七月

初三日奉

上諭本日已明降諭旨將林則徐發往東河効力贖

罪矣著即旨將該革員發往伊犁之由浙江起

解如該革員尚未啟程或雖啟程不遠即飛飭沿

途地方飭知該革員迅速折回東河無稍遲延欽此

奴才查林則徐先從浙江指派赴鎮海差遣

旨給咨起解七月初一日奴才在杭州途次曾經晤見

沿途節節水陸日程不能迅速約計此時尚未

出江南省境奴才業已傳發馬牌飛飭沿途

地方官查明該革員不論行抵何處即飭設法兼

兩江總督裕謙奏片　林則徐計未出江南省境已飭沿途飭令兼程速赴東河

道光二十一年七月二十七日

催其迅速赴東河，並咨會沿途經過之安
徽河南各省撫臣一體查探，如經飭令遲延，謹
附片陳明，伏乞
聖鑒。謹
奏。
道光二十一年七月二十七日奉
硃批：知道了。欽此。

南河總督麟慶奏摺

代奏林則徐蒙恩改發東河效力贖罪謝恩

四　南河總督麟慶奏摺　代奏林則徐蒙恩改發東河效力贖罪謝恩

道光二十一年八月初四日

江南河道總督臣麟慶跪

奏為據呈代

奏恭謝

天恩事竊臣於八月初三日接據林則徐呈稱則徐先於本年六月間在鎮海軍營奉浙江巡撫行

知欽奉

上諭林則徐著革去四品卿銜從重發往伊犁効力贖罪即由該處起解等因欽此隨蒙委員護解按照驛路行抵江蘇揚州府屬之儀徵縣例應起旱適值水發路淹未能前進七月十七日在儀徵奉到江蘇巡撫行准兵部咨奉

上諭林則徐著免其遣戍即發往東河効力贖罪欽

南河總督麟慶奏摺　代奏林則徐蒙恩改發東河效力贖罪謝恩
道光二十一年八月初四日

此則徐聞
命之下伏地碰頭莫名感悚竊念則徐前以廣東獲
咎遣戍伊犁洵屬罪所應得乃蒙
恩慈曲宥法外
施仁免其西塞之荷戈俾向東河而負鍤愧修防之
未能諳習省愆尤而倍切慚惶現因儀徵一帶
旱路未通亟由水路前進總冀早到東河工次
勉効駑駘庶幾稍贖前愆仰副
聖主格外矜全之至意所有感激下忱因已取道清
江浦理合呈請據情代
奏叩謝
天恩等語臣謹據呈代

奏伏乞

皇上聖鑒再林則徐即日兼程赴豫合併陳明謹

奏

覽

道光二十一年八月　初四　日

南河總督麟慶奏摺　代奏林則徐蒙恩改發東河效力贖罪謝恩
道光二十一年八月初四日

浙江巡撫劉韻珂奏片　**林則徐計未出江境已移咨沿途各督撫轉飭速赴東河**

再臣接准部咨欽奉
上諭林則徐著免其遣戍即發往東河効力贖罪欽此遵查林則徐前奉
諭旨發遣伊犂即經臣繕給咨牌委員押解起程由江蘇安徽河南陝西甘肅等省逐程轉解赴配該革員因沿途水阻行程未能迅速計此時尚未行出江境臣於奉
旨後即移咨沿途各督撫臣轉飭速赴東河並行該革員知照諒該革員奉文之後自必兼程前進不致遲延相應附片陳明伏乞
聖鑒謹
奏

浙江巡撫劉韻珂奏片 林則徐計未出江境已移咨沿途各督撫轉飭速赴東河

道光二十一年八月十七日

覽

道光

署理東河總督王鼎等奏片 **林則徐抵工日期**

王鼎等片

再林則徐已於八月十七日抵工合併陳明謹

奏

道光二十一年八月二十一日奉

硃批覽欽此

署理東河總督王鼎等奏片　**派令林則徐襄辦文案稽核總局**

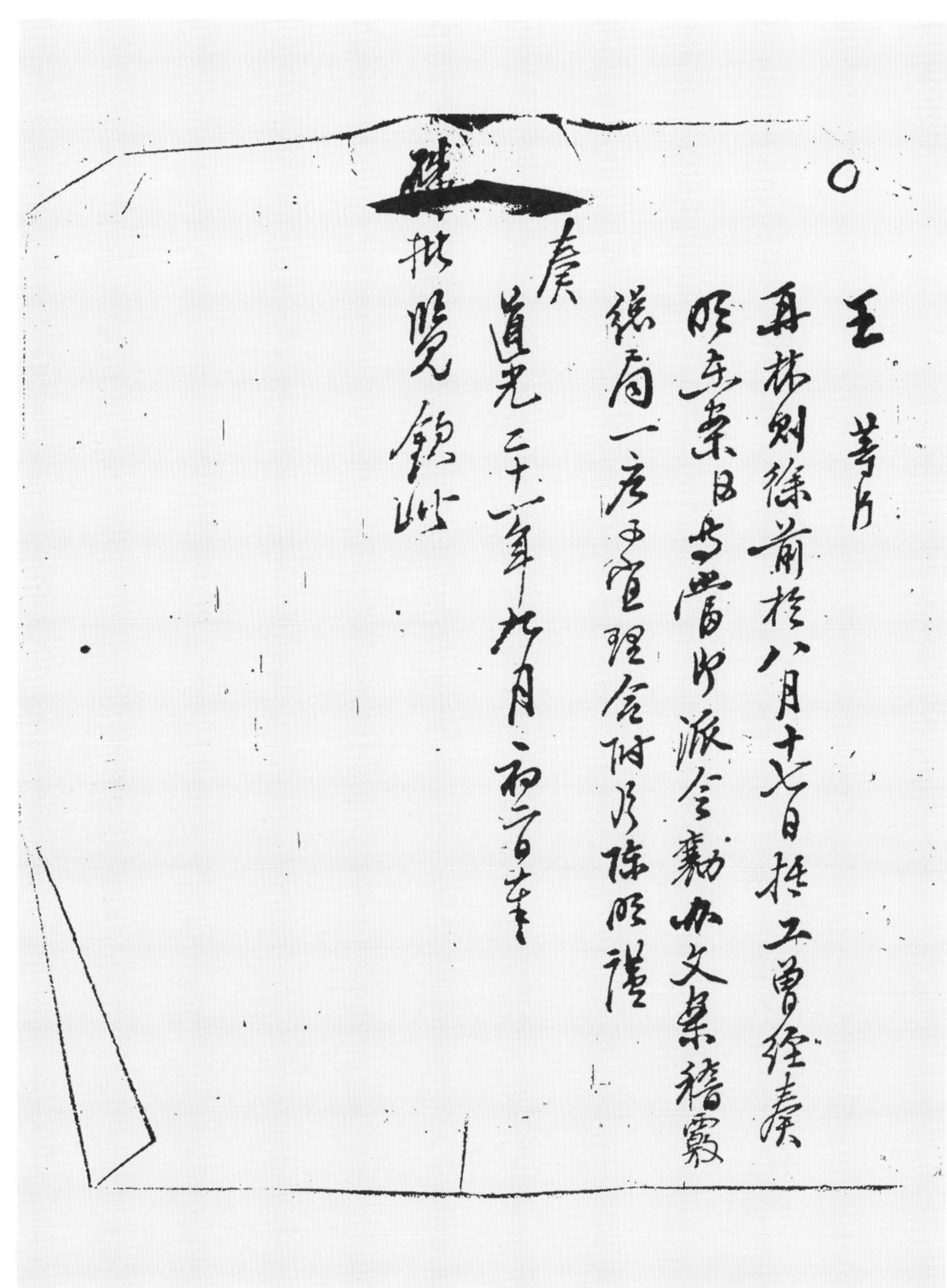

王　等片

再林則徐前於八月十七日摺内曾經奏

明在案日當即派令勷辦文案稽覈

總局一應事宜理合附片陳明謹

奏

道光二十一年九月初二日奉

硃批　覽　欽此

署理東河總督王鼎等奏片　派令林則徐襄辦文案稽核總局
道光二十一年九月初二日

上諭 著王鼎等具奏東河辦理情形並林則徐辦工一切是否必要

軍機大臣 字寄

欽差大學士王 河東河道總督朱 署河南巡撫

鄂 道光二十一年十月二十五日奉

上諭前據王鼎等奏邪展壩基跟挑引河等情當經

飭令鳩工趕辦距今將屆兩旬未將辦理情形續

奏朕心實深系念現在該處溜勢是否悉已北移

料垛到工已有若干開工後已進幾占工程共有

幾分目前已交冬節轉瞬即屆春融必須一氣趕

辦庶可剋期竣事著王鼎等嚴行督催毋任工員

稍有遲緩並著將現在所辦情形先行具奏江南

河營衆將張兆年逾七十現雖力疾赴工如該處

河形壩勢必須該衆將隨時相度自應仍留工次

如精力實已衰頽著飭令即回江南林則徐前據
奏令襄辦文案稽覈總局其辦工一切是否有必
須該革員勷理之處抑或别無要件並非不可少
之員亦即據實具奏將此諭令知之欽此遵
旨寄信前來

二四

署理東河總督王鼎等奏摺　張兆舊疾未復已飭令回江南林則徐辦工籌劃周詳深資得力

道光二十一年十一月初三日

署理東河總督王鼎等奏摺　張兆舊疾未復已飭令回江南林則徐辦工籌劃周詳深資得力

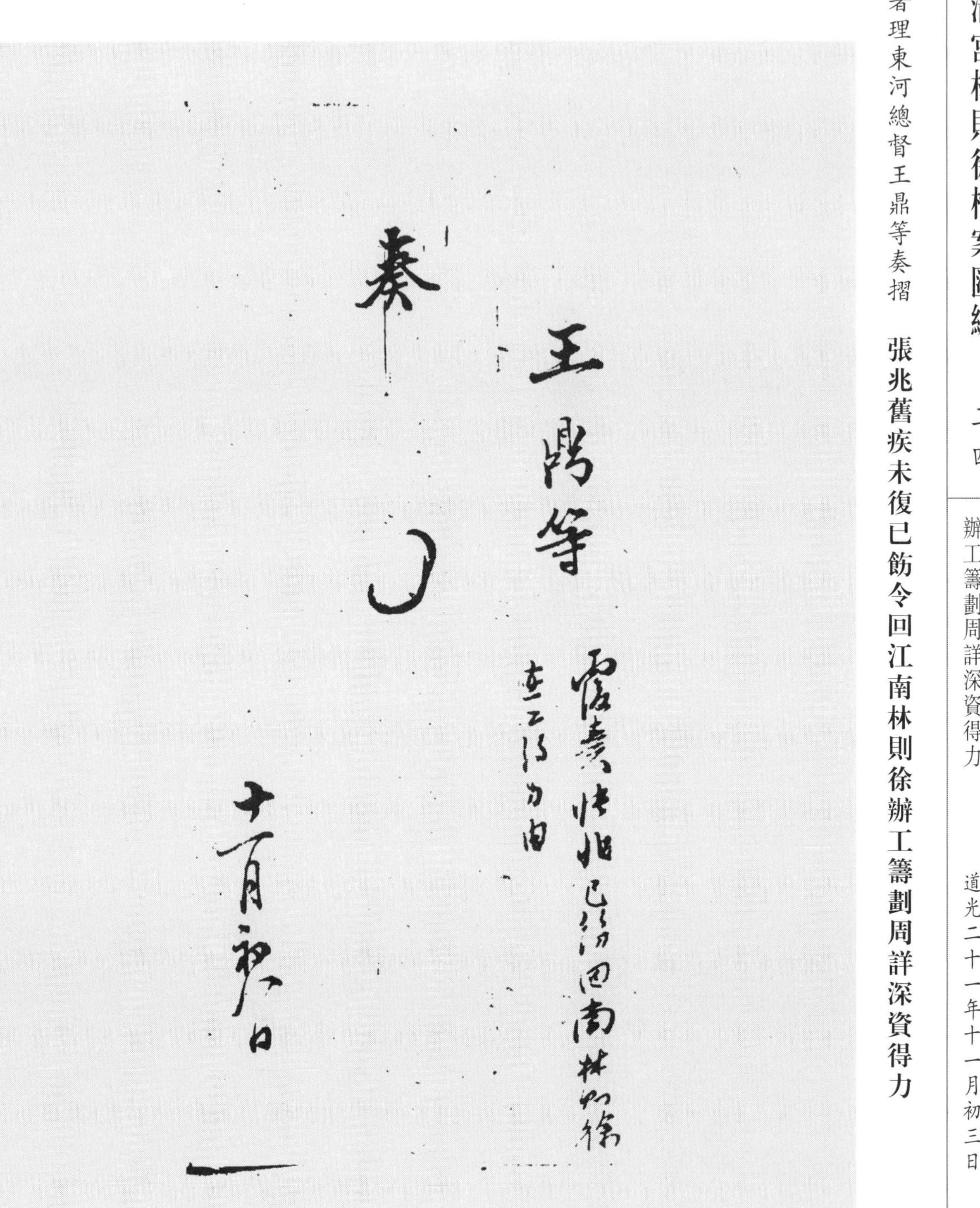
王鼎等
奏

署理東河總督王鼎等奏摺　張兆舊疾未復已飭令回江南林則徐辦工籌劃周詳深資得力

道光二十一年十一月初三日

臣王鼎臣朱襄臣鄂順安跪

奏為接奉

諭旨欽遵辦理據實奏

聞事竊臣等於十月二十日接奉

廷寄道光二十一年十月十五日奉

上諭前據王鼎等奏那展等因欽此除開工進占

丈尺及現辦各情形另行會摺具奏外查江南河

督奏將張兆已於十月二十三日到工臣等接見

數次見其舊疾未復之精神亦尚健壯

查壩工形勢該管業已進占當臣等天氣冱寒

之時若令其在壩督率深恐精力難支非所以

示體恤當與臣朱襄臣鄂順安會商飭令即回江

二四

署理東河總督王鼎等奏摺 張兆舊疾未復已飭令回江南林則徐辦工籌劃周詳深資得力

道光二十一年十一月初三日

南董於二十九日起身南去正擬繕片附奏
聞欽奉前因仰見
聖慈俯恤至隱而周不稍諉負張兆於衰邁凡
在工員弁無不倍深感奮至林則徐自奉
旨命援工以來經臣王鼎等奏明飭辦文案稽核
總局凡屬大工應辦之事無不籌畫周詳辦
理妥協現當大壩進占臣等與林則徐每日
不在工次惟臣王鼎臣鄂順安本不諳河務臣
朱襄雖在南河多年而甫經擬任於東河情
形尚未熟悉林則徐曾任河東河道總督及河
南藩司於此方河工情形均所深悉遇有隨時
應行商酌之處詳晰明練深資得力仰懇

二四

署理東河總督王鼎等奏摺　張兆舊疾未復已飭令回江南林則徐辦工籌劃周詳深資得力
道光二十一年十一月初三日

聖明垂詢謹合詞據實具奏伏祈
皇上聖鑒謹
奏
道光二十一年十一月初八日奏
硃批
欽此
十一月初三日

上諭　著王鼎等趲工及早合龍督飭林則徐董率工員趕緊催辦

軍機大臣　字寄
欽差大學士王　河東河道總督朱　署河南巡撫
鄂　道光二十一年十一月初八日奉
上諭王鼎等奏進占丈尺及引河挑成分數一摺據
稱自十月二十日截至十一月初一日止西壩已
做成三十三丈挑水壩做成三十一丈其各分引
河牽計已挑成三分有餘將來試放清水再搶挑
溝線等語所辦尚屬周妥惟河溜勢漸趨東須防
搜底初進數占亦應將前空埽池逐節加空深長
以期根底穩實引河以下抽溝溝線工段著照所
議分派下游各廳承挑並咨會南河同時趲挑至
楷料蘇麻現已報明備辦五分仍當嚴飭各州縣

上諭 著王鼎等趲工及早合龍督飭林則徐董率工員趕緊催辦
道光二十一年十一月初八日

硃

迅速解運務期源源接濟工需及早合龍以慰廑念又另摺奏參將張兆業回南河林則徐襄辦河工深資得力等語覽奏均悉著即督飭林則徐董率工員趕緊催辦毋稍遲緩將此各諭令知之欽此遵

旨寄信前來

上諭　東河合龍在即著林則徐即行起解仍發伊犁效力贖罪

道光二十二年二月初七日内閣奉

上諭上年降旨將林則徐發往伊犁效力贖罪嗣因

東河需人委用將林則徐調赴河工差遣現在東

河合龍在即林則徐著仍遵前旨即行起解發往伊犁效力

贖罪欽此

硃

欽差大臣王鼎等奏片

林則徐東河效力深資得力惟係革任總督恭候聖裁

王　等片

再林則徐欽奉

諭旨前往東河效力經臣　等奏派勷理文案稽覈總

局深資得力惟係革任總督應恭候

聖裁謹

奏

道光二十二年二月十六日奉

硃批已有旨了欽此

上諭　辦理洋務情形及為民除害本意

奉
上諭朕以鴉片烟流毒中國貽害生民前歲特降諭
旨飭令各省嚴禁再三剴切申誡因廣東為外夷
通商之所特令林則徐前往查辦各國夷商均遵
約束獨嘆咭唎逆夷義律以燒燬烟土之故藉口
因林則徐辦理不善旋即降旨革職遣戍乃該逆
滋事於道光二十年六月潛竄浙洋竊據定海繼復
於天津海口呈遞稟詞朕惟中外一體念切懷柔
不以其侵犯在先訴辨在後遽加屏絕復命琦善
前往廣東確查核辦又將伊里布在浙擒獲逆夷
頭目安突德等多名特予寬典免其誅戮於定海
退出之時即行給還乃該逆夷狡詐反覆要求無
厭明知琦善意存撫馭不設防守竟爾稱兵首禍

疊犯大角沙角各礮臺傷我提鎮大員擾我海疆
黎庶是逆夷因私販烟土而肇啓釁端復陽為乞
請而陰施詭計背信負恩神人共憤朕之命將出師
實由此也及至靖逆將軍奕山等到粵逆夷已竄
入内港窺伺省垣彼時帶兵守土大吏僉以該逆
貪利性成希冀通市懇將商欠該夷銀兩准令給
還朕至誠待物從不以逆億為懷如果得利相安
不至別圖滋擾區區之施實非所吝蠢爾醜類何
足為饜此又朕軫念薄海民生不得已之權宜也
孰意逆夷包藏禍心欺天滅理粵東甫經斂跡閩
浙又復揚波定海再竄連城襲據以致督臣殉節
鎮將捐軀荼毒生靈罪難擢數爰命揚威將軍奕

經等師師攻剿數月以來賊退寧波旋陷乍浦是該逆在粵則以厚施為飽颺之謀在浙則以擄掠為齎糧之具察其凶狡情狀實已罪惡貫盈

上天降監必加誅夷小民何辜罹茲慘酷朕撫躬循省五內焦勞每念毒蘖未除顛連莫拯痛心自責夙夜難安將軍參贊督撫及內外文武諸臣亦宜仰

體朕懷亟蘇民困勿存苟安之見狃於目前勿懷倖免之私致貽後患至於將弁兵丁動謂船堅礮利兇鋒難當因而見賊倉皇望風先潰殊不知賊之深入早已自蹈危機果人人奮勇直前有進無退加以鄉民義勇層層接應則主客之勢既異衆寡之數又殊因地乘機何難制勝是逆夷之肆意

猖獗皆士氣不揚所致也其從逆漢奸原係窮蹙
愚民或以生計維艱為利所誘遂至甘心從賊暫
飽身家試思蹂躪者誰之鄉里搶奪者誰之貲財
賊來則驅之使前俾當鋒及賊去則委之於後仍
蹈刑誅苟有人心當知悔恨朕為天下生民主豈
一能聽烟毒橫流不行禁止。又豈能任奸夷傲擾日
肆貪殘爾閫帥疆臣身膺重寄宜何如激發天良
申明紀律凡奮勇爭先者賞不逾時退縮不前者
誅之無赦如此則何攻不克何守不固耶從前辦
理不善諸臣除分別懲警外餘令戴罪圖功原冀
其知感知奮勉贖前愆儻復坐失事機殃民縱寇
國法具在不能為若輩再寬也至士民中果有謀

是。朕上負
皇考付託之重
恩下不能保吾
民生之命思及此
曷肯不竭力禁之
更曷敢不竭力禁
之耶也

若祇顧前苟安一時不思大害遠

目前雖

勇出衆之材激於義憤團練自衛或助官軍以復
城邑或扼要隘以遏賊鋒或焚擊夷船擒斬大憝
或聲明大義開啓愚頑能建不世之殊勲定膺非
常之懋賞總之禁烟所以恤民命禦寇所以衛民
生朕宵旰思艱兢兢業業爾諸臣亦惟和衷共濟鼓
勵戎行不難不竦以作士氣必能翦除夷孽掃蕩
海氛與天下蒼生共享昇平之福兹將辦理夷務
前後情形及朕為民除害之本意特諭中外知之
欽此

前任總督林則徐盤查廣西各屬道光十九年倉貯米穀數（首缺）

情當經前司核明據情詳請咨明户部更正報
撥併分咨各省免其追繳又冊開桂林平樂梧
州潯州南寧太平柳州慶遠思恩泗城鎮安拾
壹府併直隸鬱林州所屬各廳州縣舊管接前
署布政使司郭文匯到任盤查冊報實在存常
平倉額貯穀壹百貳拾柒萬肆千叁百柒拾捌
石玖斗貳升陸合肆勺又存乾隆拾叁拾肆兩
年分捐納監生穀肆千伍百貳石柒斗玖升又
存社倉額貯穀貳拾伍萬捌千貳百柒拾陸石
伍升又各年社倉息穀玖千捌百捌拾肆石壹
斗陸升肆勺又東南米價日昂等事案內捐納
監生穀貳萬叁千柒百叁拾肆石壹斗貳升柒

合又各年官租穀伍千叁百壹拾伍石肆斗伍
升伍合陸勺又恤養軍流遣犯口糧本穀陸千
玖百肆拾石叁升又恤養軍流遣犯口糧息穀
伍拾石伍斗柒升壹勺以上捌項共穀壹百伍
拾捌萬叁千捌拾貳石壹斗玖合伍勺新收道
光拾玖年社倉息穀壹百陸拾石又收天保縣
拾玖年分軍流遣犯口糧息穀壹拾石又收道
光拾玖年分兵糧官租穀伍千肆百貳拾柒石
壹斗貳升玖合玖勺叁項共穀伍千伍百玖拾
柒石壹斗貳升玖合玖勺開除撥支道光拾玖
年冬季分兵糧官租穀壹千肆百捌拾伍石叁
斗柒升叁合又除撥支貳拾年春季分兵糧官

租穀壹千叁百壹拾叁石玖斗伍升貳合玖勺
又除撥支永康天保貳州縣道光拾玖年分初
到配軍流壹月口糧息穀叁石肆斗捌升陸合
叁項共除撥支穀貳千捌百貳石捌斗壹升壹
合玖勺實在存各府州屬常平倉額貯穀壹百
貳拾柒萬肆千叁百柒拾捌石玖斗貳升陸合
肆勺又乾隆拾叁拾肆兩年分捐納監生穀肆
千伍百貳石柒斗玖升又社倉額貯穀貳拾伍
萬捌千貳百柒拾陸石伍升又各年社倉息穀
壹萬肆拾肆石壹斗陸升肆勺又東南未價日
吊等事案內捐納監生穀貳萬叁千柒百叁拾
肆石壹斗貳升柒合又各年官租穀柒千玖百

肆拾叁石貳斗伍升玖合陸勺又恤養軍流遣
犯口糧本穀陸千玖百肆拾石叁升又恤養軍
流遣犯口糧息穀伍拾柒石捌升肆合壹勺以
上捌項共穀壹百伍拾捌萬伍千捌百柒拾陸
石肆斗貳升柒合伍勺查前項穀石內有各府
州屬道光拾玖年分原借支兵糧常平倉穀壹
萬伍千叁百伍拾玖石捌升肆合肆勺現在飭
令嚴催領價買補應俟買補還倉另案彙冊詳
咨報銷又桂林府屬靈川興安貳縣道光拾年
青黃不接詳明減價平糶常平倉穀壹萬壹千
柒百石先因屢催未據領價買補行據桂林府
轉據該貳縣詳報道光拾拾壹兩年秋成未能

豐稔穀價昂貴難以買補詳請緩買等情業經
前司據情詳請咨明內部緩買在案續據興安
縣於道光拾壹年領價採買旋因糧價未平恐
妨民食未據報買歸倉應俟秋收催令報買全
完專案報部其靈川縣已於道光拾捌年拾月
內請領穀價回縣業經照數買補齊全歸倉造
具冊結倉收由府道盤驗加結移司專案造冊
詳請咨部核銷併於奏銷冊內登明造報又鎮
安府屬天保縣道光拾玖年分詳明借給里民
軍流本穀壹百石已據照例加息免息催收還
倉併於拾玖年奏銷冊內造報又桂林府屬臨
桂縣奏參交代案內訊明歷任實在短缺霉折

常平倉穀貳萬貳千捌百壹拾叁石柒斗貳升
肆合玖勺內參後已據各員賠繳併代賠抵補
穀價飭發動用買補已於嘉慶貳拾壹年併道
光元貳肆捌等年報買歸倉穀貳萬壹百叁石
玖斗柒合捌勺造報各該年奏銷送部查核嗣
於道光拾貳年已報買全完歸倉穀貳千柒百
玖石捌斗壹升柒合壹勺均經造入各該年奏
銷冊內登明造報又梧州府屬岑溪縣奏參交
代案內訊明前故縣趙濟短交未買盤折霉浥
常平倉穀壹萬陸千玖百伍拾貳石柒升柒勺
該追賠穀價銀壹萬叁千叁百捌兩柒錢玖分
貳釐叁毫伍絲叁忽內據梧州府將查抄該犯

屬寓所衣物造冊繳報估値銀貳拾伍兩玖錢
肆分陸釐已據變價解繳另據安徽省將查抄
該故員原籍房產估値價銀伍拾兩玖錢伍分
壹釐業經詳請咨移照數報撥外所有前項應
追短交穀價銀兩業於嘉慶貳拾肆年恭逢
恩詔案內開單造冊詳請具
奏奉准部覆奏准豁免在案業經造冊籌項專案
詳請
奏咨動撥奉部議覆另行核辦併於奏銷冊內造
報又潯州府屬奏參貴縣交代案內訊明前署
縣黄炳及前參縣程龍孫虧短常平穀壹萬貳
千壹百肆拾壹石伍斗柒升貳合壹勺壹抄內

參後先後交存縣庫穀價動用買補已於嘉慶
貳拾貳拾壹兩年報買歸倉穀玖千肆百叁拾
石叁斗壹升叁合捌勺業經造入各該年奏銷
送部查核尚計未補穀貳千柒百壹拾壹石貳
斗伍升捌合叁勺壹抄業經造冊籌項擧案詳
請
奏咨動撥奉部議覆另行辦理又柳州府屬奏參
融縣來賓貳縣交代案內短缺常平社倉歸入
奏報案內限買穀貳萬叁千玖百伍石伍斗貳
升柒合玖勺內參後完繳穀價於嘉慶貳拾及
道光貳年報買歸倉穀叁千貳拾陸石陸斗伍
升玖合肆勺造報各該年奏銷冊內送部查核

兩廣總督祁𡎴題本　前任總督林則徐盤查廣西各屬道光十九年倉貯米穀數　道光二十二年十月二十七日

尚未補參案歸入奏展未買常平社倉穀貳萬
捌百柒拾捌石捌斗陸升捌合伍勺該追賠穀
價銀兩除查抄寓所衣物及原籍產業變價報
撥由粵籌項飭令買補其餘應追穀價銀兩內
有列入欽奉
恩詔案內彙造冊單詳送咨部核明
奏准豁免外尚有馮覩朔名下未完銀兩現在歸
入無著款內業經造冊籌項專案詳請
奏咨奉部議覆另行核辦以上臨桂岑溪貴縣融
縣來賓等伍縣各參案虧缺未補常社穀石除
嘉慶貳拾及貳拾壹貳叁肆等年並道光元貳
肆捌各年已報買歸倉穀數造報各該年奏銷

外尚有嘉慶貳拾肆年原限買補未經買足並
貳拾伍年奏限未買穀肆萬叁千貳百伍拾貳
石壹升肆合陸勺壹抄又奏報案內先後查出
及奏報後驗查獲到核明各屬盤折霉浥動缺
未補常社官租缺穀除嘉慶貳拾及貳拾壹貳
叁肆伍各年已報買補催收歸倉穀數造入各
該年奏銷登報外尚未補穀柒千肆百捌拾叁
石伍斗肆合連前各參案短缺共計未補常平
社倉缺穀伍萬柒百叁拾伍石伍斗壹升捌合
陸勺壹抄內除岑溪貫縣融縣來賓上林等縣
未補參案虧缺常社穀肆萬伍千玖百柒拾石
柒升伍合壹勺壹抄其未追穀價銀兩已奉豁

免案經遵照部行彙同各免案造冊詳請
奏咨籌撥買補奉部議覆另行查辦外尚未補穀
肆千柒百陸拾伍石肆斗肆升叁合伍勺內惟
臨桂縣報買歸倉穀貳千玖百玖拾柒石玖斗
伍升肆合捌勺尚實未補穀壹千柒百陸拾柒
石肆斗捌升捌合柒勺現在嚴催買補俟報買
歸倉另行彙冊詳送
奏咨報部查核併於奏銷冊內登明造報至前項
奏報先後查出各屬未補盤折霉浥穀石內有
思恩府屬上林縣奏報案內先後查出未補盤
折霉浥嗣已列入參案揭報短缺常平倉穀伍
千伍百壹拾貳石肆斗玖升肆合貳勺先經訊

明前署縣劉繼棟楊起鳳貳任共應追短交津
貼穀價銀叁千捌百伍拾捌兩柒錢肆分伍釐
玖毫先經彙同虧短倉庫各款照例定擬專案
詳請題
奏咨行者追查抄辦理所有前項短交穀價銀兩
內據楊起鳳之堂弟楊鳴鳳於參後完繳穀價
銀伍拾玖兩貳錢叁分壹釐陸毫該買穀捌拾
肆石陸斗壹升陸合陸勺已於嘉慶貳拾叁年
限買奏咨缺穀案內詳明飭令買穀歸倉造報
該年奏銷在案尚計未補穀伍千肆百貳拾柒
石捌斗柒升柒合陸勺該穀價銀叁千柒百玖
拾玖兩伍錢壹分肆釐叁毫節經詳請咨催各

該員原籍追繳未准追完解粵嗣於恭逢
恩詔案內由各該員原籍詳查取結送部核豁在案
其楊起鳳壹員應追銀兩已奉部覆
奏准豁免業經彙核分晰造冊詳請
奏咨奉部議覆另行核辦至劉繼棟名下應追銀
兩奉部咨覆不准豁免仍應飭追等因若候該
員原籍追繳完日解粵再行飭領買補歸款有
需時日應由粵西先行在外籌撥俟解繳到日
歸還原款均經彙同楊起鳳已免銀兩造冊籌
項專案詳請
奏咨奉部議覆另行核辦又續叅義寧灌陽靈川
叅縣交代案內短缺常平倉穀貳萬貳千陸百

玖拾石陸斗貳升玖合貳勺內義寧縣短缺穀
伍千玖百貳拾捌石壹斗柒升肆合柒勺除奉
後完繳穀價銀陸百餘兩外餘俱欽奉
恩詔案內奉部奏准豁免業經查明該故員吳紹澧
實短穀價銀款分晰造冊籌項詳請
奏咨奉部議覆另行核辦尚有灌陽靈川貳縣短
缺未補穀壹萬陸千柒百陸拾貳石肆斗伍升
肆合伍勺該追賠穀價銀兩業將分賠銀兩分
晰造冊詳請咨部核辦所有灌陽靈川貳縣已
未追補穀價併查抄變抵各細數及遵照分賠
各緣由已於各該縣冊內分晰登明造報又平
樂府屬昭平縣奏報案內查出盤折霉浥未補

社倉穀叁千肆百叁拾玖石陸斗柒合捌勺已
撥糶糴買補穀壹千陸百柒拾貳石壹斗壹升
玖合壹勺尚未報買穀壹千柒百陸拾柒石肆
斗捌升捌合柒勺現在糶入缺穀案內辦理又
奏參茘浦縣交代案內短缺霉浥常平社倉穀
叁千玖百肆拾陸石肆斗叁升柒合柒勺應追
賠穀價銀兩已列入
恩詔案內糶案詳請咨部奉部奏准豁免在案業經
查明原短穀價造冊籌項詳請
奏咨奉部議覆另行查辦又續參潯州府屬桂平
縣交代案內挪缺常社倉穀貳萬壹千捌百叁
拾壹石玖斗玖升柒合玖勺玖抄先因咨追監

追無完恭逢
恩詔案內彙造冊單詳送
奏咨請豁先後奉准部覆
奏准豁免業經查明各員原短穀價銀數分晰造
冊籌項詳請
奏咨奉部議覆另行核辦又續奉柳州府屬象州
交代案內未補穀貳千叁百柒拾陸石陸升肆
合所有初次分賠壹半銀兩除已追完外其餘
未完銀兩業奉部咨奏准豁免尚有再次分賠
壹半銀兩以定案在
恩詔以後毋庸辦理等因當經遵照咨行著追除已
追完歸補穀價外其未追完銀兩若俟追完解

粤再行歸補，有需時日，均經彙同前後分賠銀兩造册彙案詳請
奏咨，奉部議覆，另行辦理。又續叅鬱林州屬博白縣交代案内，訊明前署縣博敦霉浥盤折常平倉穀陸千捌百肆拾陸石壹斗捌升伍勺，該追賠穀價，聿貼銀兩，業經照例分賠着追，並歸入無着辦理，應俟追繳籌項飭發買補還倉。所有分賠併無着及查抄變抵各細數，已於該縣册内分晰登明，造報。又續叅太平府屬寧明州交代案内，訊明前署州薛佩組任内盤折霉浥常平倉穀貳千柒百柒拾柒石捌斗陸升貳合玖勺玖抄，每石例價銀伍錢，聿貼銀貳錢，共應追

賠穀價併津貼銀壹千玖百肆拾肆兩伍錢肆
釐玖絲叁忽除原籍查抄房產變抵銀柒拾玖
兩壹錢肆分先儘倉項外尚短應追穀價併津
貼銀壹千捌百陸拾伍兩叁錢陸分肆釐玖絲
叁忽連短交前任及本任攤捐各款銀兩照例
定擬將該官犯薛佩組擬杖壹百徒叁年仍勒
限追繳限滿不完照律治罪該參員事犯在道
光拾壹年正月拾貳日
恩詔以前俟限滿有無完繳再行分別援減詳請
奏結奉准部覆飭行照例監追嗣因貳年限滿監
追無完業經會同臬司照例擬結應否准其援
減發落詳請咨部在案所有查封寓所衣物變

價銀伍兩壹錢陸分應即照數歸補其完不足
數銀兩仍著落賠繳應俟追繳完日飭發買補
歸款辦理又柳州府屬雒容縣道光玖年夏間
猝被水患各倉漂失霉爛共穀壹萬肆千叁拾
陸石貳升伍合內漂失耤田穀肆石社倉額穀
貳千叁百石常平倉穀壹萬壹千柒百叁拾貳
石貳升伍合均經
奏明籌項分年飭發買補又雒容永福貳縣被水
案內碾給貧民壹月口糧動用常平穀貳千貳
拾肆石伍斗伍升又社倉穀壹百陸拾陸石貳
斗先經造冊詳咨報銷嗣奉部覆核與定例不
符行令查明係照何例另造妥冊送部核辦等

因轉行遵照已據該縣另造各冊彙案詳咨奉
准部覆將被淹田畝給過修費銀兩查照定例
刪減再行另造妥冊送部核辦亦經核飭遵照
應俟造冊到日彙案詳咨外尚有道光拾叁年
詳請覆奏給事中摧克精題奏倉庫情形案內
各屬交代有提存司道府州庫穀價未買穀陸
萬餘石又存貯縣庫穀價未買穀叁拾陸萬餘
石現在嚴飭各府州查開存價穀數詳報併提
貯穀價察看情形立定年限買補歸倉造冊送
部查核外餘俱實貯在倉茲准據各道府州造
具盤查各府廳州縣倉貯實在米穀冊結前來
理合分晰造具清冊彙同各道府州印結察核

具
題併送內部查核再本案應以道光貳拾年正月
初壹日起扣至是年叁月底止叁個月限滿茲
陸續催准各道府州取具冊結盤查出結到司
並無遲逾惟鹽法道所轄之鬱林州併所屬冊
結於道光貳拾貳年柒月貳拾陸日始准移送
到司並未將具結加結遲逾各職名隨案開送
除移取開送到日另行詳辦外又藩司到任例
限叁個月委員盤查各屬倉貯米穀出結造冊
詳送具
題如到任未及叁月統歸接任查辦又藩司到任
應盤各屬倉貯米穀統照督撫盤查之例辦理

若與督撫莅任同日或相隔未久尚在限內者
自可併案查辦以歸簡易各等因遵照在案茲
查前司王惟誠於道光拾玖年拾貳月拾捌日
到任先經詳明委員盤查應扣至貳拾年叁月
拾柒日叁個月限滿嗣奉前任兩廣總督林則
徐於道光貳拾年正月初壹日到任係在前任
藩司王惟誠盤查限內所有應盤各屬倉貯米
穀業經詳明併案辦理毋庸另行造冊結報以
免冗繁又本案例應由司加具印結同送推職
司邵甲名係於道光貳拾壹年叁月拾陸日到
任前任兩廣總督林則徐盤查在先藩司到任
在後未便遽行加結合併聲明等由造冊結詳

繳前來除冊結分送部科查核外理合恭疏

題報伏乞

皇上聖鑒敕部議覆施行臣謹

題請

旨

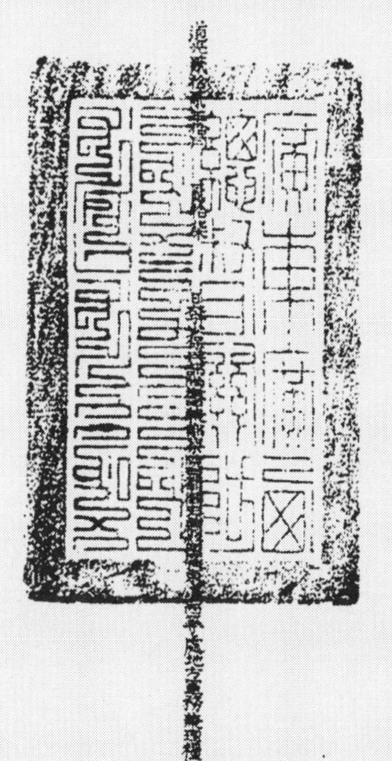

二四 兩廣總督祁墳題本 前任總督林則徐盤查廣西各屬道光十九年倉貯米穀數

道光二十二年十月二十七日

太子少保兵部尚書兼都察院右都御史總督廣東廣西等處地方軍務兼理糧餉革職留任臣祁墳謹
題為請嚴倉穀之虧空等事竊照督撫新任例應
將通省存倉米穀限叁個月查核奏
聞茲前督臣林則徐於道光貳拾年正月初壹日到
任隨經檄飭布政使移行各道府將所屬倉穀
實力盤查取結詳報去後茲據廣西布政使邵
甲名詳稱桂林等拾貳府州屬存倉共米肆萬
壹千玖百貳拾捌石貳斗壹升柒合柒勺伍抄
又存兵糧米改穀貳拾壹萬伍百捌拾柒石壹
斗伍升捌合柒勺貳抄陸撮又應存穀壹百伍
拾捌萬伍千捌百柒拾陸石肆斗貳升柒合伍
勺準據各道府州造具盤查各府廳州縣倉貯
實在米穀冊結前來理合分晰造具清冊彙同
各道府州印結加結詳繳察核具
題併送內部查核等由前來除冊結分送部科查
核外臣謹
題請
旨

伊犁將軍布彥泰等奏片 奏報文沖林則徐到戍日期並當差情形

再奏

旨發往伊犁效力贖罪之原任河道總督文沖于

本年十一月初三日到戍派在印房當差原

任兩廣總督林則徐于十一月初九日到戍派

在糧餉處當差理合附片具

奏

聞謹

奏

道光二十二年十一月初十日奉

硃批知道了欽此

布彥泰謹

道光十一月初十

上諭　著祁墳查明覆奏波啓善奏經林則徐派往澳門與英接仗情形

軍機大臣　字寄
兩廣總督祁　道光二十三年七月二十一日奉
上諭本日名見雲南副將波啓善據奏道光二十年
七月在廣東叅將任内經林則徐派往澳門與暎
咭唎接仗殺斃一百餘人其額上被飛礮打傷等
語已有旨將該員發往廣東以副將即補矣所奏
打仗情節是否實有其事著祁墳確切查明遇便
覆奏將此諭令知之欽此遵
旨寄信前來

湖廣總督裕泰等奏片

林則徐等籌防襄河生息經費請留濟修濬江漢緊要隄河工程

臣裕泰跪
臣趙炳言

奏再查前督臣林則徐等因襄河各堤形勢緊要
向未籌給防險經費
奏明將寶武局發典生息錢文同所得息錢共八
萬七千七百六十餘串並與司道籌措捐補湊
足十萬串之數發交漢岸鹽商生息每年可獲
息錢九千六百串以四千串歸還錢本其餘作
為襄河正堤防險經費等因欽奉
上諭允准當即轉飭遵照在案其息錢每串按照市
價以銀七錢計算每年繳庫平銀六千七百二
十兩自道光十八年七月初六日起至二十二
年年底止共歸還錢本銀一萬二千六百兩餘

銀一萬七千六百四十兩現存道庫未據各屬請領疊經臣等札查去後茲先後接據漢陽府知府夏廷楨安陸府知府聯英稟據漢川沔陽天門潛江京山鍾祥荆門等州縣稟稱境内所轄堤塍歷係捐廉按分地段置蓋窩鋪擡篷並備有守水器具物料防護偶有損壞隨時添補為數甚微兼有各圩業修堤器具原留為防險之用無須另為製備其丁役人夫飯食以及燈燭等費數亦無多向由該州縣捐發請循照舊章自行籌辦不敢妄冀領項各等情批據湖北鹽法道程煥采會同藩司朱士達核議具詳前來臣等查濱襄各堤雖因河身淤墊險工較多

第均係官督民修之工本應責令防護若官為發項鄉民無不圖省小費必致袖手推諉轉於汛防無裨且楚北江漢堤塍同屬喫重亦未便僅籌襄河防險經費而置大江於不論致滋藉口湖查近年以來江漢各堤遇有潰缺民間力難修復往往請借無款可籌者指不勝屈今各州縣既俱不願請領臣等再四籌維與其將此項息錢分給防險徒事虛糜不若留為江漢各屬如遇修濬緊要堤河工程需費無出者酌撥濟用較為有益除飭令按年繳解照案提歸錢本餘項存貯鹽道庫內俟有要工稟請

奏明量為動撥毋許稍有浮濫外謹合詞附片陳

明伏乞
聖鑒謹
奏
依議

御史福珠隆阿奏片　林則徐馭英商太過現粵督撫一味曲順均足誤事請宸衷獨斷

再前於道光十九年三月二十二日奴才恭讀邸
鈔林則徐截回夷人躉船起獲菸土二萬二百
餘箱奏請觧京一摺奴才當將該大臣所辦失宜
於夷情國計均無裨益等情於三月二十六日
具奏在案從前林則徐馭夷太過肇釁于先刻
下該處督撫欲曲順夷情又失于不及過與不
及均足悞事而此時較前尤要務乞
皇上宸衷獨斷俯納芻蕘不勝冒瀆惶悚之至謹
附片具
奏

上谕　著布彦泰傳諭派員隨林則徐履勘阿克蘇烏什和闐庫車情形

軍機大臣　字寄

伊犂將軍布　道光二十四年十月二十九日奉

上諭前因阿克蘇和闐等處辦理墾荒酌給回户承種並據烏什辦事大臣奏請裁屯撤兵節經諭令達洪阿親往查勘會同布彦泰妥議具奏兹據達洪阿奏舊疾復發驟難就痊已明降諭旨准其開缺回旗調理矣阿克蘇等城民回雜處現在開墾荒地若令民户認種究竟能否相安及酌給回户承種日後有無流弊之處必須另行派員親歷各該城體察情形熟籌定議伊犂前辦開墾事宜經該將軍奏明委林則徐查勘辦理尚為妥協著即傳諭林則徐前赴阿克蘇烏什和闐周歷履勘並著

上諭　著布彦泰傳諭派員隨林則徐履勘阿克蘇烏什和闐庫車情形
道光二十四年十月二十九日

布彦泰選派明白曉事之協領一員隨同前往勘
視仍由該將軍察覈情形斟酌議定奏明辦理再
本日據常清奏查出庫車可墾荒地捐廉興工請
給無業回子承種等語著一併交林則徐就近往
勘由該將軍覈明具奏務期日久相安毋啟爭佔
之弊是為至要輯瑞維祿奕山各摺前已鈔寄此
次常清原摺並著鈔給由該將軍一併轉給林則
徐閱看再伊犁所屬辦理墾地開渠各該員捐資
出力著有微勞著該將軍於工竣後據實保奏候
朕施恩將此諭令知之欽此遵
旨寄信前來

伊犁將軍布彥泰奏片　密陳林則徐承修龍口首段工竣實為人才難得請弃瑕録用

布彥泰

再此次開墾阿齊烏蘇荒地一切應辦工程俱
係捐資人員分段承修龍口首段係原任兩廣
總督林則徐承修查龍口地勢北岸係碎石陡
坡高二三丈至八九丈不等水傍坡流須刨空
石坎南岸坐在河流之中必須建壩築隄釘樁
拋石方免沖刷之虞應修要工渠寬三丈至三
丈七八尺不等深五六尺至丈餘不等長六里
有奇先經奴才指明緊要處所囑令認真妥修務
期堅固以垂永久茲奴才週歷履勘其所辦要工
六里有奇一律完竣委係十分堅固自五月興
工至今計期四月有餘除料物不計外實用工
十萬有零據林則徐原呈內稱林則徐受

恩深重獲咎遣戍遇此開墾要務尤宜踴躍急公情
愿認修龍口要工藉圖報効將来工竣斷不敢
希冀乞
恩等語查林則徐到戍已及兩年深知愧奮每於
接見時留心察看見其賦性聰明而不浮學問
淵博而不泥誠實明爽歷練老成洵能施諸行
事非徒託空言以炫目前者比久經
聖明洞鑒奴才鼠目寸光平生所見之人實無出其右
者竊謂人才難得如林則徐之遣戍伊犁實為
應得之罪然以有用之材置之廢閒之地殊為
可惜如蒙
天恩棄瑕録用俾得及時報効林則徐必倍深頂感

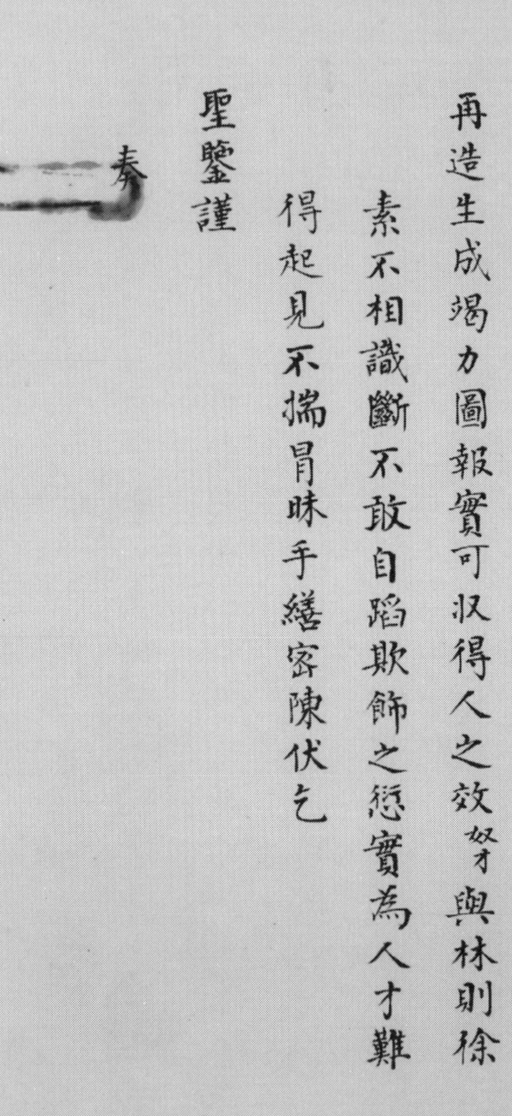

再造生成竭力圖報實可収得人之效勞與林則徐素不相識斷不敢自蹈欺飾之愆實為人才難得起見不揣冒昧手繕密陳伏乞
聖鑒謹
奏

上諭 著布彥泰傳諭林則徐一併履勘喀什噶爾荒地

軍機大臣 字寄

伊犁將軍布 道光二十四年十二月初八日奉

上諭前因阿克蘇等處開墾荒地降旨令布彥泰傳諭林則徐前赴各城確勘定議並派協領一員隨同前往諒已遵照辦理矣本日據開明阿奏查出喀什噶爾閒荒地畝堪以開墾現已捐資興工俟開齊後招撥回户分給承種等語此項閒荒地畝與阿克蘇等處事同一律著該將軍再行傳諭林則徐並派出之協領一併前赴喀什噶爾詳細履勘應如何妥為籌畫經久無弊之處由該將軍定議具奏開明阿原摺鈔寄該將軍即行轉給林則徐閲看將此諭令知之欽此遵

旨寄信前來

伊犁將軍布彥泰奏摺

代奏林則徐履勘南路荒地謝恩並請暫留全慶會勘

伊犁將軍布彥泰奏摺　代奏林則徐履勘南路荒地謝恩並請暫留全慶會勘

道光二十四年十二月十四日

奴布彥泰跪

奏為遵

旨傳諭林則徐前赴回疆各城查勘地畝並請暫留

回京之辦事大臣就近會勘以資體察恭摺覆

奏仰祈

聖鑒事竊奴承准軍機大臣字寄道光二十四年十

月二十九日奉

上諭前因阿克蘇和闐等處辦理墾荒酌給回戶承

種並據烏什辦事大臣奏請裁屯撤兵節經諭令

達洪阿親往查勘會同布彥泰妥議具奏茲據達

洪阿奏舊疾復發驟難就痊已明降諭旨准其開

缺回旂調理矣阿克蘇等城民回雜處現在開墾

荒地若令民户認種究竟能否相安及酌給回户
承種日後有無流弊之處必須另行派員親歷各
該城體察情形熟籌定議伊犂前辦開墾事宜經
該將軍奏明委林則徐查勘辦理尚為妥協著即
傳諭林則徐前赴阿克蘇烏什和闐周歷履勘並
著布彥泰選派明白曉事之協領一員隨同前往
勘視仍由該將軍察覈情形斟酌定議奏明辦理
再本日據常清奏查出庫車可墾荒地捐廉興工
請給無業回子承種等語著一併交林則徐就近
往勘由該將軍覈明具奏務期日久相安毋啟爭
佔之弊是為至要輯瑞維祿奕山各摺前已鈔寄
此次常清原摺並著鈔給由該將軍一併轉給林

則徐閲看等因欽此弩跪誦之下仰見
皇上量材器使
訓示周詳俾回疆開墾事宜查勘得人弩曷勝欽感
當即恭宣
恩諭傳令林則徐欽遵辦理林則徐伏地碰頭叩謝
天恩並據呈稱林則徐身獲重咎仰荷
聖慈遣戍伊犁予以自新之路雖在戍已逾兩年承
辦開墾等事正恐未能周妥茲蒙
特命前赴南路各城查勘所墾荒地沐
恩施於再造感愧彌深懼
委任之難勝悚惶倍切惟有認真履勘體察情形據
實呈請覈奏除即日料理起程外懇祈代

奏叩謝
天恩等情奴才恭繹
諭旨飭選明白曉事之協領一員隨同前往當查伊
犁協領內勤慎明白者固不乏人若係尋常事
件儘堪委辦惟念此次勘地須體察回疆一切
情形其何處可招戶民何處祗應撥給回子耕
種全在揆情度勢因地制宜且民戶認種能否
相安撥給回子有無流弊尤必從長計議務為
久遠良圖旂營協領各員識力尚恐未周職分
亦覺較小奴才因思喀喇沙爾辦事大臣全慶現
已奉
旨更換本應俟代回京該大臣通達事理醇謹安詳

所辦喀喇沙爾墾田招户事宜籌畫均能周到
在南路見聞既切而於各城墾荒之事又無所
用其迴護若令與林則徐公同履勘洵能指引
形勢尤可商推機宜且回子人等耳目本皆淺
近林則徐雖係曾任大員目下尚無品秩得一
現任辦事大臣會同履勘自覺呼應較靈奴才斟
酌再三不敢拘泥合無仰懇
天恩准令全慶暫緩北上俟會勘地畝竣事再行回
（朱批：所見甚好）
京當差現在林則徐即由伊犁起身至喀喇沙
爾會同全慶就近先勘庫車地畝其阿克蘇烏
什和闐等城即可以次順道履勘惟新授喀喇
沙爾辦事大臣書元到任尚需時日自應委人

先行接署以便全慶卸事起程查札拉芬泰調
任庫車已由伊犁前往計日即可到彼接任應
請以常清暫署喀喇沙爾辦事大臣於庫車交
卸後就近即往接印俾全慶得與林則徐同赴
各城次第履勘除由孥先行知照各大臣外仍
囑其每勘明一城地畝即將情形詳加體察分
別籌議寄至伊犁孥再行悉心酌覈
奏請
訓示遵行斷不敢稍任草率以期仰副
聖主足食儲邊深籌遠計之至意所有傳
諭林則徐並暫留全慶會勘各緣由理合先行覆
奏伏乞

皇上聖鑒謹

奏

另有旨

道光二十四年十二月　十四　日

上諭 著布彥泰准令全慶暫緩北上會同林則徐履勘阿克蘇等處荒地

軍機大臣 字寄

伊犁將軍布 道光二十五年正月十四日奉

上諭布彥泰奏遵旨傳諭林則徐前赴回疆各城查勘地畝並請暫留全慶會勘一摺前因阿克蘇烏什和闐庫車等處辦理開墾事宜降旨令布彥泰傳諭林則徐前往履勘並令選派協領一員隨同前往茲據該將軍奏旗營協領識力尚恐未周請令喀喇沙爾辦事大臣全慶暫緩北上會同林則徐履勘等語所見甚好著即照所議辦理全慶俟會勘地畝事竣再行回京其喀喇沙爾辦事大臣著常清於庫車交卸後就近前往署理俾全慶得與林則徐次第履勘所有勘明各城地畝情形仍

由該將軍彙覈具奏請旨辦理將此諭令知之欽

此遵

旨寄信前來

伊犁將軍布彦泰奏片　林則徐起程日期已恭録諭旨飛行其欽遵前赴喀什噶爾

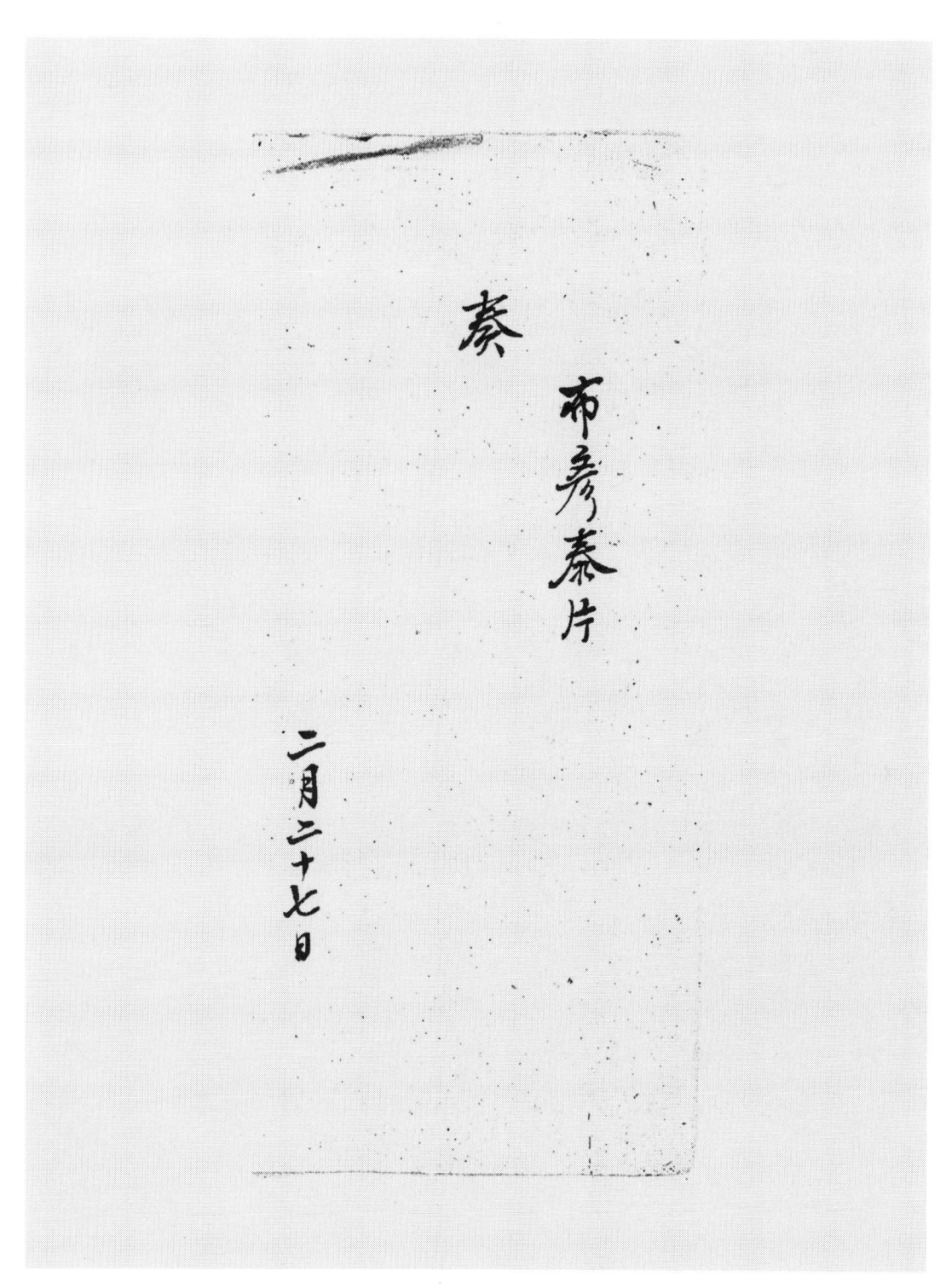

再奴才承准軍機大臣字寄道光二十四年十二月
初八日奉
上諭前因阿克蘇等處開墾荒地降旨令布彥泰傳
諭林則徐前赴各城確勘並派協領一員隨
同前往諒已遵照辦理矣本日據開明阿奏查出
喀什噶爾閑荒地畝堪以開墾現已捐資興工俟
開齊後招撥回戶分給承種著該處閑荒地畝
與阿克蘇等處為同一律著該將軍再行傳諭林
則徐並派出之協領一併前赴喀什噶爾詳細履
勘其如何妥為籌畫經久無弊之處由該將軍會
議具奏開明阿原摺著鈔寄該將軍即行轉給林則
徐閱看將此諭令知之欽此查林則徐已於十二

伊犁將軍布彥泰奏片 林則徐起程日期已恭録諭旨飛行其欽遵前赴喀什噶爾

道光二十五年正月二十六日

月十六日自伊犁起程前往當經即恭録
諭旨暨飭潤明阿原奏一併飛行林則徐着欽遵
順道前赴喀什噶爾將請墾荒地畝逐細履
勘查該處為極邊要區接壤卡外與各城情形有
所不同能否安置民戶抑或給予回子認種之
處并囑令尤須詳慎斟酌地方情形熟籌遠慮
總期日久相安永無流弊是為至要一俟察勘
籌議到日由奴才再行悉心覈核
奏請
訓示遵行斷不敢稍任草率以仰副
聖主廑念邊陲之至意所有傳
諭林則徐着欽遵辦理緣由謹附片覆奏

伊犁將軍布彦泰奏片　林則徐起程日期已恭録諭旨飛行其欽遵前赴喀什噶爾

道光二十五年正月二十六日

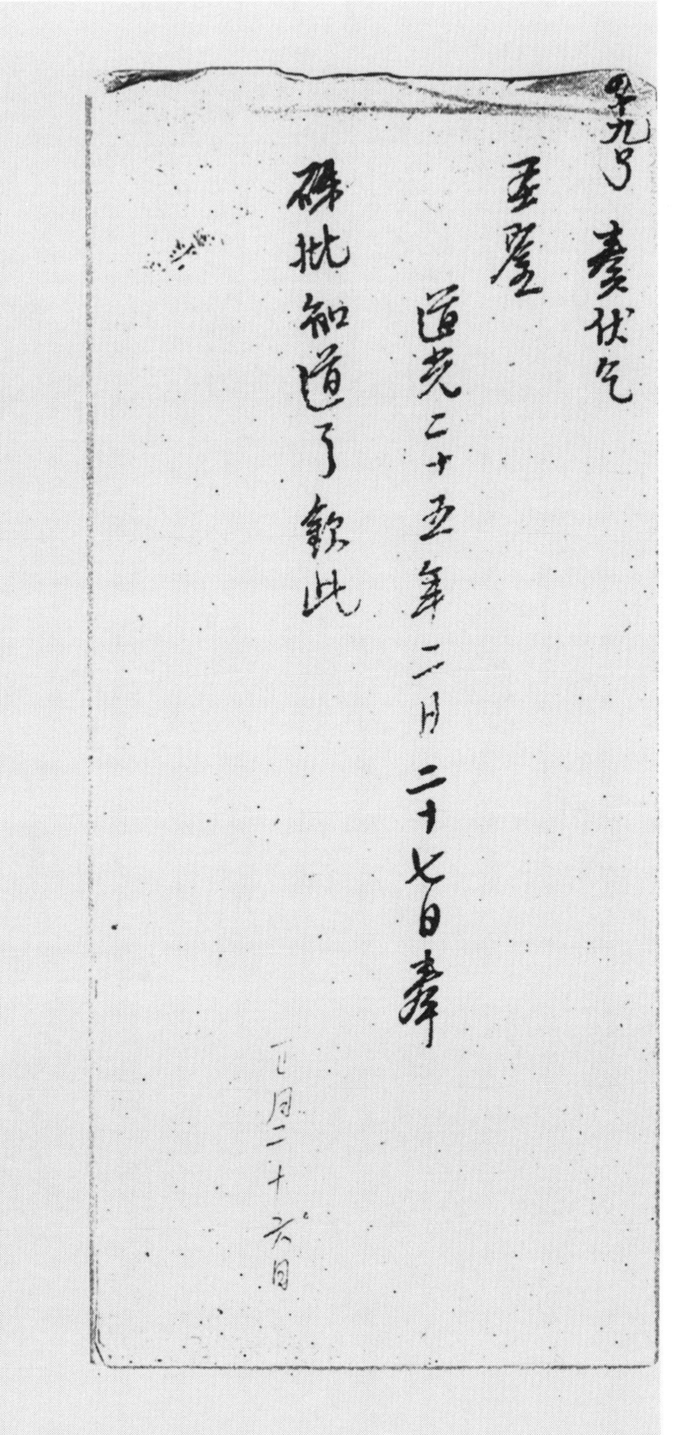

奏伏乞

聖鑒

道光二十五年二月二十七日奉

硃批知道了欽此

正月二十六日

前任喀喇沙爾辦事大臣全慶奏摺　**林則徐經行喀喇沙爾並卸篆起程會勘日期**

奏

前任喀喇沙爾辦事大臣全慶奏摺 林則徐經行喀喇沙爾並卸篆起程會勘日期

道光二十五年二月初八日

奴才全慶跪

奏為准咨會勘地畝謹將卸篆起程日期恭摺奏

聞仰祈

聖鑒事竊奴才接准伊犁將軍布彥泰咨開現在遵

旨傳諭林則徐前赴回疆各城查勘地畝並

奏令奴才就近會勘先至庫車遞及阿克蘇烏什和

闐喀什噶爾次第履勘以常清暫署喀喇沙爾

辦事大臣咨會查照辦理等因竊念奴才自蒙

簡調喀喇沙爾雖閱年餘而所辦祇係本城事務於

回疆別城地方並未經歷既經伊犁將軍

奏令會勘咨照前來奴才自應遵辦當查此時甫交

二月各處地上積雪方消正可乘時履勘林則

徐昨經行過喀喇沙爾面囑奴才亦即起身適常
清於庫車卸事後前來奴才謹於二月初八日將
辦事大臣印篆一顆及吐爾扈特霍碩特兩游
牧庫爾勒布古爾兩回城各情形暨任内應辦
一切事宜文卷飭委印房章京特克紳布賫交
常清接收任事奴才即於是日由喀喇沙爾起身
趕與林則徐同到庫車一齊會勘惟奴才才識淺
陋倍切冰兢謹當遵照布彥泰原
奏内事理會同悉心查勘商榷機宜每勘明一城
即將實在情形詳加體察分別籌議咨呈布彥
泰酌覈奏請
訓示祇遵斷不敢稍有草率以期仰副

聖主足食籌邊之至意所有努卸篆起程緣由理合

恭摺具

奏伏祈

皇上聖鑒謹

奏

知道了

道光二十五年二月　初八　日

伊犁將軍布彥泰奏片

全慶不日可行抵庫車會同林則徐履勘荒地

再奴才承准軍機大臣字寄道光二十五年正月
十四日奉
上諭布彥泰奏遵旨傳諭林則徐前赴回疆各城查
勘地畝並請暫留全慶會勘一摺前因阿克蘇烏
什和闐庫車等處辦理開墾事宜降旨令布彥
泰傳諭林則徐前往履勘並令選派協領一員隨同
前往茲據該將軍奏稱營協領識力尚恐未周請
令喀喇沙爾辦事大臣全慶暫緩北上會同林則
徐履勘等語所見甚好著即照所議辦理全慶俟
會勘地畝事竣再行回京其喀喇沙爾辦事大臣
著常清於庫車交卸後就近前往署理俾全慶得
與林則徐次第履勘所有勘明各城地畝情形仍
由該將軍會銜具奏請旨辦理將此諭令知之欽此
奴才當即恭錄

伊犁將軍布彥泰奏片　全慶不日可行抵庫車會同林則徐履勘荒地
道光二十五年二月十五日

諭旨飛行全慶林則徐等欽遵次第履勘去訖查全
慶等不日即可行抵庫車俟其勘明情形具摺
到時奴才再行悉心核議
奏請
諭旨遵行斷不敢稍任草率以仰副
聖主廑念回疆之至意謹附片覆
奏伏乞
聖鑒
道光二十五年三月十五日奉
硃批知道了欽此
布彥泰片
二月十五日

上諭　著全慶會同林則徐親赴喀喇沙爾覆勘墾荒情形

軍機大臣　字寄

前任喀喇沙爾辦事大臣全　道光二十五年

三月初七日奉

上諭全慶奏續籌展墾事宜勘明環城周圍及庫爾勒北山根等處有可墾地一萬數千餘畝現交常清覆勘辦理等語該處既有可墾地畝其開渠引水招徠户口各事宜必應詳慎辦理全慶現派會勘庫車等城地畝著先行傳諭常清將喀喇沙爾擬墾之地暫停籌辦全慶俟各城事竣後仍會同林則徐親赴該處詳加覆勘妥議具奏將此諭令知之欽此遵

旨寄信前來

伊犁將軍布彦泰奏摺　全慶林則徐呈報勘明庫車地畝體察實在情形請給回耕種

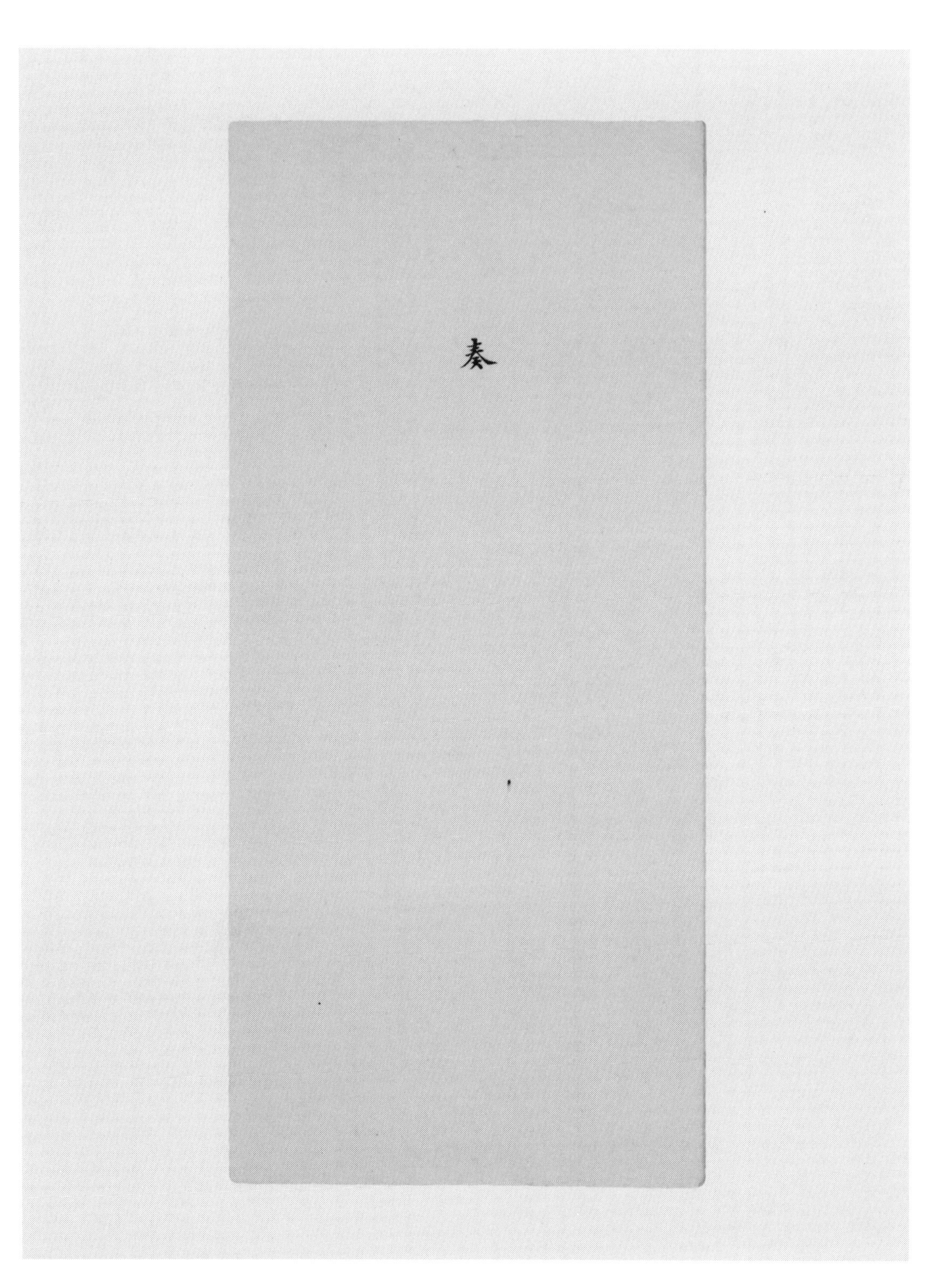

伊犁將軍布彥泰奏摺　全慶林則徐呈報勘明庫車地畝體察實在情形請給回耕種
道光二十五年三月二十四日

奴才布彥泰跪

奏為全慶林則徐呈報勘明庫車地畝體察實在
情形奴才覆加酌核緣由奏乞
聖鑒事據全慶林則徐呈稱道光二十四年十月奉
上諭阿克蘇等城現在開墾荒地若令民戶認種究
竟能否相安及酌給回戶承種日後有無流弊之
處著即傳諭林則徐前赴阿克蘇烏什和闐周歷
履勘仍由該將軍察覈情形斟酌定議奏明辦理
再據常清奏查出庫車可墾荒地捐廉興工請給
無業回子承種等語著一併交林則徐就近往勘
由該將軍覈明具奏務期日久相安毋啟爭佔之
弊是為至要常清原摺轉給林則徐閱看等因欽

此又奉
上諭布彥泰奏遵旨傳諭林則徐前赴回疆各城查
勘地畝並請暫留全慶會勘一摺著照所議辦理
全慶俟會勘地畝事竣再行回京所有勘明各城
地畝情形仍由該將軍彙覈具奏請旨辦理等因
欽此全慶林則徐遵於二月十五日行至庫車
查該處所墾荒地在距城七十里之托伊伯爾
底地方當即會同往勘逐段丈量該地東西牽
算各長二千三百六十丈南北牽算各長一千
八百七十五丈覈與原奏六萬八千餘畝之數
有贏無絀土脈腴潤易於發生所引渭干河水
亦足以資灌溉恭繹歷奉

諭旨於酌給民户或回子承種之處
訓示再三仰見
聖慮周詳務垂久遠尤應欽遵體察備細熟籌以期
相安無弊查屯田為自古安邊良法果能從內
地移民就産使之生聚日多則各保田廬即可
永資捍衛於邊防大有裨益因查庫車一帶現
有貿易舖户籍隸內地者數十人彼既牟利遠
來何如授田為業當將各户傳齊面加詢問有
無携眷到此能否領地認種抑可輾轉招農但
具互保切結糧不虧欠户不逃亡擬即酌給地
畝令其商同稟覆去後隨據僉稱回疆距內地
甚遠庫車尤屬褊小非比伊犁烏魯木齊等處

為關外户民衆多之區即比之喀喇沙爾亦更
在千里而遥雖有内地民人小本營生只能隻
身到此往來販運去住無常若携眷則需費過
多力難强負而至今蒙撥地給種原為有利可
圖但牛具籽種及一切人工資本無從設措若
向内地轉招農户實係費無所出且糧石必得
出售然後農民獲利柰回疆穀麥不能如内地
之隨處流通現在庫車回子有業者不用買糧
無業者又因窮苦不能買糧即使多種多收本
地無可糶賣若運赴遠處售變則賣價轉不敵
運脚之多穀賤傷農難免客民裹足況新開之
地貼近回庄若民回一處並耕尤恐事多轇轕

是以伊等不敢承種亦難轉招只得據實稟覆
等情全慶等覈其情詞實非諉飾當復細加訪
察該處除商民數十人貿易外願為土著者並
無其人招致戶民需費過多無從籌款且地經
回子用力墾成若給民人耕種亦恐日久未必
相安又核原奏內稱回子生齒日繁多無產業
遊手好閑易生事端等語亦係實在情形是原
奏請給回子承種係為因地制宜起見查回疆
則例內有入官地畝賞給回子耕種專條如蒙
天恩仍准賞給庫車回子耕種則是以回疆之產濟
回疆之人仍由官為分派隨時約束稽查似不
至別有流弊堪以仰副

聖諭務期日久相安之至意惟量驗所濬渠道間有
丈尺未敷仍責成承辦之官吏伯克等速再加
挑務令多為容納以利灌輸其應需牛具籽種
均令回子自行備辦毋庸官為經理至原奏聲
明試種一年俟二十六年秋成後酌徵租銀等
語應請
勅部查照則例所載庫車回子歲納糧數按畝核定
飭遵或交該處大臣俟試種一年後另行查看
酌議升科之處呈請酌核具奏前來覆查庫車
地方褊小民人無多弩曾屢經其地知為實在
情形回子既生齒日繁多無産業而招户又勢
所不能全慶林則徐所議以回疆之産濟回疆

伊犁將軍布彥泰奏摺　全慶林則徐呈報勘明庫車地畝體察實在情形請給回耕種

道光二十五年三月二十四日

之人係屬因地制宜可否給與回子承種納糧
之處伏候
聖裁謹將全慶林則徐呈報查勘庫車地畝體察情
形並礬覆加酌核緣由恭摺具
奏伏乞
聖鑒訓示遵行謹
奏
軍機大臣會同戶部議奏

道光二十五年三月廿四日

軍機大臣　字寄
伊犁將軍布　前任喀喇沙爾辦事大臣全
道光二十五年四月十七日奉
上諭奕經等奏查出和爾罕可開荒地試驗水利充
裕一摺現在全慶會同林則徐查勘各城墾荒事
宜著於行抵葉爾羌時即將和爾罕荒地情形一
併確切查明是否可以開墾並應否賞給無業回
戶承種交糧之處妥為定議由布彥泰覈明具奏
原摺鈔給閱看將此諭知布彥泰全慶並傳諭林
則徐知之欽此遵
旨寄信前來

上諭 著布彥泰體察回情不强所難毋稍遷就傳諭全慶林則徐知之

硃

軍機大臣 字寄

伊犁將軍布 道光二十五年五月初九日奉

上諭前據布彥泰奏勘明庫車開墾地畝一摺當交

軍機大臣會同戶部議奏茲據覈議具奏著即照

所議辦理因思回疆各城開墾荒地朕意原以內

地民人生齒日繁每有前往各城營生謀食者如

能將此項荒地招致戶民承種則地無曠土境鮮

遊民日久可成土著俾得安所樂生原非為該處

所以初降旨時有查明具奏之語乃各城隨奏隨辦皆係耆瑞作俑以致共相效尤而

回戶另籌生計亦非沾沾為有裨經費起見現在

庫車地畝既據全慶等往勘請給回子承種納糧

復經布彥泰覈奏自係因地制宜惟事當創始不

可不豫防流弊著布彥泰等體察各處回情如有

勅派苦累情事即不可强以所難毋得稍存遷就
原摺著鈔給閲看將此諭知布彦泰並傳諭全慶
林則徐知之欽此遵
旨寄信前來

上諭　著布彥泰會同德全核明全慶林則徐查勘庫車濬渠各情形

軍機大臣　字寄

伊犂將軍布　道光二十五年五月二十九日

奉

上諭前據常清奏辦理庫車開墾事務請將開渠出力之官吏伯克等分别鼓勵旋據布彥泰奏稱經全慶林則徐前往查勘所濬渠道量驗丈尺間有未敷仍責令加挑等語常清現已交卸庫車篆務著布彥泰於德全到任後會同覈明該處所辦渠工果否如式單内保奏之官吏伯克等是否最為出力據實覆奏俟奏到時再降諭旨常清所奏原單發給閲看仍著遇便繳還將此諭知布彥泰並諭令德全知之欽此遵

旨寄信前來

軍機大臣穆彰阿等奏摺 布彥泰奏撤烏什屯兵地畝撥回耕種議改汛兵亟招民户認種

大學士軍機大臣穆彰阿等謹

奏為會議具奏事。道光二十五年五月初二日伊犁將軍布彥泰奏請將烏什屯兵撤屯安汛地畝撥給回子耕種納糧一摺，奉

硃批：軍機大臣會同該部議奏。欽此。據原奏内稱：全慶、林則徐呈稱，勘畢庫車墾地之後，即行抵烏什會同履勘。該處地畝東西兩面長四十五里至九十餘里不等，南北兩面長二三里至十四五里不等。查維祿原奏各工屯田連踏勘地共八萬三千四百餘畝，兹按四至通盤圜估，除砂磧鹻地約有三分之一不計外，尚有十萬三千餘畝。所引畢底爾河及駱駝巴什、柳樹泉各水

利足資灌溉湖自乾隆三十一年額設屯兵一千名至今實存三百四十名每名種地二十畝統計一種二歇只需地二萬四百畝下餘之地既多承種各兵似不難揀擇膏腴勤加力作乃現在逐屯查看該兵等率皆苦累緣烏什三面環山地氣寒冷連遭氷雹收成甚歉一年之虧遂貽數年之累又屯防兵丁派出時並不分別屯操大抵不諳耕作者居多不免傭工回子禁之則恐誤官糧聽之則已乖名實是以屯務不得不改然烏什地處臨邊非如喀喇沙爾堪以裁撤屯兵者可比查嘉慶四年戶部議准烏什大臣奏請裁撤屯兵一百五十名歸城操演遺

軍機大臣穆彰阿等奏摺　布彥泰奏撤烏什屯兵地畝撥回耕種議改汛兵亟招民户認種　道光二十五年六月初七日

地撥給回户耕種奉
旨依議欽此又於道光十二年正月内奉
上諭據長齡等奏烏什阿奇木伯克濟木薩等呈請
在於寶興屯工地内建築回城令屯兵歸城操演
每歲額交糧石即由回户交納著照所議辦理等
因欽此欽遵各在案此次可否援照前案將屯兵
歸城操演所有三屯分駐之地擬於駱駝巴什
等處即以屯房作為汛地派弁帶兵分駐原設
屯兵即可改為汛兵所遺牛具等物量予變價
添補軍械至各屯熟田及久荒舊地因烏什僻
在邊隅人民稀少無户可招祗得查照成案撥
給回户耕種納糧通計該地十萬三千餘畝即

分給續增回子一千三百戶亦屬有盈無絀據
印房章京轉據阿奇木伯克公邁瑪特里普結
稱給領之地斷不至拋荒拖欠如不能安分務
農致有私賣私租等弊伊與衆伯克情甘坐罪
等語又前奉部查原奏所請每戶撥給地七十
九畝每歲交糧三石與道光八年每戶攤地七
塔哈爾半交糧三石之數有無贏絀等因緣回
語謂口袋為塔哈爾回子不知計畝但以籽種
為數七塔哈爾半之籽種合計即是一百五十
畝之田此次維祿所請較之道光八年科則幾
至加倍現詢之回子皆願照此納糧計此一千
三百戶之地實納糧三千九百石比原設屯兵

實交糧二千七百餘石爲數加多除口糧一千四百二十石仍須給與外其原給籽種牛料共糧九百餘石均可歸於節省統覈收放糧數每年尚存賸糧七百餘石惟未經定議以前仍責成管屯員弁嚴督各兵勤加耕作如蒙奏准俟秋成後再行撤换彼時如有應議事宜由烏什大臣自行籌議奏辦等情呈請覈奏前來。䇿細覈各條均屬妥協可否照依所議辦理之處伏候聖裁等語。臣等伏查烏什地方原設屯兵一千石嗣後遞年覈減陸續裁撤歸城現在實存三百四十名每名種地二十畝交糧十五石每歲應徵糧五千一百石除扣留籽種糧六百八十石暨支牛料二百七十餘石口糧一千四百餘石實交糧二千七百餘石前於道光二十四年九月據烏什大臣維祿奏請將該處屯兵全行裁撤所遺工地連新勘地共八萬三千餘畝就續增回戶中挑選一千戶照依乾隆三十五年成案每戶給地七十九畝每歲交糧三石共交糧三千石等因經臣等查該處屯兵有關邊務未可輕議裁撤所請撥給回戶歲交糧三千石數之屯兵種地多至四培而實交糧數所多僅止三百石按畝計糧轉形短少且與道光八年查出私墾地畝分給回民每戶攤地七塔哈爾半交糧三石之數有無贏絀請

軍機大臣穆彰阿等奏摺　布彥泰奏撤烏什屯兵地畝撥回耕種議改汛兵亟招民户認種　道光二十五年六月初七日

旨勅下伊犁將軍詳加履勘妥議章程具奏奉
旨允行在案茲據該將軍奏稱全慶林則徐會同履
勘查照維祿原奏通盤圜估實在可種之地尚
有十萬三千餘畝該處屯兵大抵不諳耕作又
以收成歉薄苦累不堪傭雇回民勢所難免是
該兵等祇有交糧之名已無種地之實所請給
增回子一千户及所餘無業回子三百户將十
萬三千餘畝分給耕種援照嘉慶四年及道光
十二年成案將屯兵歸城操演即於駱駝巴什
等處以屯房改為汛地派弁分駐屯兵改為汛
兵牛具變價添補軍械等因兵部查烏什地方
所設屯兵原為屯田而設今既據該將軍奏稱

該兵大抵不諳耕作祇有交糧之名並無種地之實苦累不堪請改招回戶耕種援照成案將屯兵歸城操演 臣等查烏什地處臨邊該兵既無耕種之責自應令其歸城操演以重邊防至該處屯房改為汛地派弁帶兵分駐之處亦應如該將軍所奏辦理其屯兵三百四十名均著改為汛兵所有牛具變價添補軍械自應准其添補以備操演仍令該將軍造具所添名目件數細冊報部備查其所遺工地及新勘各區自宜亟招眷戶認種交糧妥議章程廣為招募查道光二十四年四月 臣部議覆喀喇沙爾屯工改招戶民案內招集內地眷民六百餘家每畝

徵糧六升五合除供支外積貯甚為充盈今該
處屯田如能仿此辦理使遠方聞風踵至行之
日久外附户民漸歸土著久荒曠土悉屬膏腴
庶於籌備經費之中即寓安插户民之意乃據
奏稱烏什人民稀少無户可招亦請援照成案
撥與回户耕種納糧仍照維祿原奏每户撥地
七十九畝每歲交糧三石較之道光八年科則
幾至加倍計與屯兵實交糧數亦有盈餘自係
為因地制宜隨時變通起見其於撫馭邊氓整
飭營伍不為無益惟屯兵糧額實係五千一百
石除各種繁費外尚有二千七百餘石今既改
為汛兵所節省者僅止籽種牛料等糧九百餘

石而鹽菜口糧仍須給予若竟以三千九百石之數與二千九百餘石比較則此項鹽糧將從何出若謂卽在三千九百石之中支給則覈之屯糧原額已少二百餘石是徒有七百餘石存賸之名未收八萬餘畝新墾之利總數似多糧額愈減況屯兵以二十畝之地交糧十五石卽照一種二歇計算可知該處收成不爲歉薄且查道光十二年實興工裁屯案内額徵糧石係由回戶照數交納而現在所請交納糧石殊形爲數無幾其應如何酌中定額之處亦應詳細確查通盤覈計期於輿情成例兩不相妨以臻妥善至量改以後應辦事宜仍請

勅下伊犁將軍責成該管大臣等嚴加督率細察情

形務使汛弁分駐之地控制得宜兵丁操演之

時技藝嫺熟段落界限一律清釐彈壓稽查悉

臻允協承種地畝不至日久抛荒應納官糧不

至漸歸拖欠庶曠土皆成沃壤巡防益壯軍威

以仰副

聖主綏輯民生乂安邊境之至意所有臣等會議緣

由是否有當伏乞

皇上訓示遵行再此摺係户部主稿合併聲明謹

奏

上諭　著全慶會同林則徐履勘伊拉里克墾荒情形

軍機大臣　字寄

前任喀喇沙爾辦事大臣全　烏嚕木齊都統

惟　道光二十五年六月十九日奉

上諭布彥泰奏查明伊拉里克地方在吐魯番境内

向隸烏嚕木齊都統管轄距伊犁二千餘里之遥

所有開墾事宜請由惟勤自行具奏辦理等語此

次伊拉里克開墾地畝仍著全慶林則徐前往該

處詳細履勘即將大地分田招民安戶及考覈工

費各事宜悉心妥酌與惟勤通盤籌畫聯銜具奏

將此諭知全慶惟勤並傳諭林則徐知之欽此遵

旨寄信前來

軍機大臣穆彰阿等奏摺 **會議阿克蘇新墾地畝給回一節請飭布彥泰等覆加酌核**

臣穆彰阿等謹
奏爲遵
旨會議具奏事内閣抄出伊犁將軍布彥泰阿克蘇
新墾地畝覆加酌覈等因道光二十五年五月
二十七日奉
上諭布彥泰奏勘明阿克蘇新墾地畝一摺著軍機
大臣會同該部議奏欽此查原奏内稱恭照道光
二十四年九月二十三日奉
上諭著達洪阿親往阿克蘇將可墾之地逐加履勘
何以與喀什噶爾等處情形不同其招徠内地眷
户認地墾種何以礙難辦理之處務當詳細體察
咨商布彥泰會同具奏等因欽此嗣因前任叅贊

達洪阿告病開缺回旗調理當蒙傳奉
上諭著即傳諭林則徐周歷履勘又經奏奉
諭旨全慶俟會勘地畝事竣再行回京各等因欽此
欽遵在案茲全慶等於勘過庫車烏什兩處地
畝之後折回阿克蘇查得該處新墾荒地十一
萬九千餘畝除沙岡等處不堪耕種外覈與原
奏十萬畝之數尚餘地二千餘畝自上年興工
後欽奉
諭旨暫行停工詢知內地之人在此處者為數多於
他城然皆未能攜眷就中約分三種其一係發
遣人犯現有六十餘名此等本應重罪發給伯
克為奴自毋庸議其一係傭趁游民約可招集

百人祇尋短工度日即給以地畝亦無耕種之資誠恐糧歉身逃非徒無益一係貿易商民俱不諳農務實不能再赴二百里外兼顧耕田故自十餘年來巴爾楚克墾田屢次招徠厚給資本伊等俱不能承應至招募內地戶民需費太多亦難轉募等情以上三種人既俱不能承種若不酌給本地回子地利未免抛荒如蒙

天恩仍准賞給阿克蘇回子就近承種陞科自應責成該城辦事大臣等妥善經理果否堪於二十六年秋後陞科之處仍由原議之辦事大臣察看情形據實奏辦奴才覆加詳覈全慶林則徐所稱阿克蘇朗哈里克荒地所穵渠道覈與原

奏里數短歉尚多樹株現時不能播種且距城
二百七十里之遥既不能招民認墾勢不得不
撥給本地回子承種内地樹株不計其數砍伐
請限一年查新調阿克蘇辦事大臣札拉芬泰
不日即可到任於該處開墾新地本非經手無
所用其迴護所有未盡事宜可否
飭交札拉芬泰再行體察據實具奏之處伏候
聖裁等語臣等伏查道光二十四年九月内阿克蘇
辦事大臣輯瑞捐廉開墾荒地酌給回户一摺奉
硃批本年所降諭旨原係查明一律奏辦何以並未
具奏即定有章程業於六月内興工矣著該部覈
議具奏欽此當經臣部議奏該處可墾地十萬畝

開渠引水足資耕種由該大臣章京暨阿奇木伯克郡王愛瑪特捐資辦理自應免其報銷其定擬二十六年陞科每畝五升應准其酌中覈定其以普爾錢四百文抵銀一兩查與該處歷年報銷冊內以普爾錢合折銀數有增無減亦應准其照辦惟此項地畝給與回戶無庸招覓眷民一節雖據聲稱與三城情形不同但該處向來有無民人雜處而回戶是否安分務農臣部無從懸揣應請

旨飭下伊犁將軍就近確切查明務期於

國計民生兩有裨益並令該大臣另定章程奏明辦理等因奏奉

諭旨遵行在案茲據奏稱該處內地民人除發遣人犯毋庸議及其傭趁游民並無耕種之資誠恐糧歉身逃非徒無益其貿易商民不諳農務不能再赴二百里外兼顧耕田至招募內地户民需費太多仍請

恩施准給回子耕種自係該處實在情形應請

旨飭下伊犁將軍布彥泰並新調阿克蘇辦事大臣札拉芬泰據實查明有無窒礙並令將多出之地二千餘畝一律挑挖渠道砍伐樹株立限妥速辦理奏請陞科仍將每年折收普爾錢文抵撥經費按年造冊報部覈銷務令回户等各安本業經久無弊以臻妥善所有臣等會議緣由

理合恭摺具奏伏乞

皇上聖鑒再此摺係户部主稿合併聲明謹

奏

道光二十五年六月二十三日奉

旨依議欽此

臣穆彰阿
臣潘世恩
臣賽尚阿
臣祁寯藻
臣何汝霖
臣宗室瑞華
臣賈　楨

臣 花沙納
臣 徐士芬

圖書在版編目（CIP）數據

清宫林則徐檔案匯編.24/中國第一歷史檔案館　福建省林則徐研究會　編.—福州：海峽文藝出版社，2020.3

ISBN 978-7-5550-2127-8

Ⅰ.①清…　Ⅱ.①中…②福…　Ⅲ.①林則徐（1785~1850）—檔案資料—匯編　Ⅳ.① K827=52

中國版本圖書館 CIP 數據核字（2019）第 265454 號

清宫林則徐檔案匯編　24

中國第一歷史檔案館　福建省林則徐研究會　編
責任編輯　陳　婧
美術編輯　劉小岳
出版發行　海峽文藝出版社
經　　銷　福建新華發行(集團)有限責任公司
社　　址　福州市東水路 76 號 14 層　　**郵編**　350001
發 行 部　0591-87536797
印　　刷　福建新華印刷有限責任公司　　**郵編**　350011
廠　　址　福州市福新中路 42 號
開　　本　889 毫米 × 1194 毫米　1/16
字　　數　826 千字
印　　張　37.75
版　　次　2020 年 3 月第 1 版
印　　次　2020 年 3 月第 1 次印刷
書　　號　ISBN 978-7-5550-2127-8
定　　價　300.00 元